■ 河南省教育厅人文社会科学重点研究基地——大别山区经济社会发展研究中心研究成果

农村人口就地就近向城镇转移的意愿与政策研究

——以河南省为例

彭荣胜 著

华中科技大学出版社
http://press.hust.edu.cn
中国·武汉

内容简介

在习近平新时代中国特色社会主义思想指导下,各省市区坚持把推进农业转移人口市民化作为新型城镇化首要任务,深入推进以人为核心的新型城镇化战略,提高新型城镇化建设质量,促进大中小城市和小城镇协调发展,推动城乡融合发展。本书贯彻落实《国家新型城镇化规划(2021—2035年)》文件精神,认真分析了农村人口就地就近向中小城市和特色小城镇转移的相关政策,抽样调研河南省地方农村人口就地就近向城镇转移的意愿,得出影响农村人口城镇化转移的主要因素有房价、收入、家庭耕地面积、子女因素、村庄与城镇距离等,并在此基础上理性探讨了农村人口城镇化转移的主要特征,提出了以人为本的农业转移人口市民化的建议,以期为深入推进以人为核心的新型城镇化战略,提高新型城镇化建设质量提供有益借鉴。

图书在版编目(CIP)数据

农村人口就地就近向城镇转移的意愿与政策研究:以河南省为例/彭荣胜著.
—武汉:华中科技大学出版社,2023.9
ISBN 978-7-5680-9698-0

Ⅰ.①农… Ⅱ.①彭… Ⅲ.①乡村人口-人口迁移-研究-河南 ②城市化-研究-河南 Ⅳ.①C924.24 ②F299.276.1

中国国家版本馆CIP数据核字(2023)第148494号

农村人口就地就近向城镇转移的意愿与政策研究:
以河南省为例　　　　　　　　　　　　　　　　彭荣胜　著
Nongcun Renkou Jiudi Jiujin xiang Chengzhen Zhuanyi de Yiyuan yu Zhengce
Yanjiu: yi Henan Sheng Wei Li

策划编辑:胡弘扬	
责任编辑:贺翠翠	
封面设计:廖亚萍	
责任校对:刘小雨	
责任监印:周治超	
出版发行:华中科技大学出版社(中国·武汉)	电话:(027)81321913
武汉市东湖新技术开发区华工科技园	邮编:430223
录　　排:孙雅丽	
印　　刷:武汉市洪林印务有限公司	
开　　本:710mm×1000mm　1/16	
印　　张:14.5	
字　　数:243千字	
版　　次:2023年9月第1版第1次印刷	
定　　价:88.00元	

本书若有印装质量问题,请向出版社营销中心调换
全国免费服务热线:400-6679-118　竭诚为您服务
版权所有　侵权必究

摘　　要

就地就近城镇化是实现新型城镇化的有效途径,是推动区域协调发展、破解城乡二元结构的必然选择。本研究以中部人口大省河南为例,调查分析农村人口就地就近转移的意愿,揭示农民就地就近城镇化的微观动力机制,探讨农村人口就地就近转移的就业问题与破解路径,总结提炼农村人口就地就近转移的模式,探寻不同模式的主导力量与实现途径,最后以顺应"农民意愿"为前提,瞄准就地就近城镇化过程中需要解决的关键问题,从多个层面进行制度供给创新,并提出可操作的政策建议。研究显示:

(1)河南农村人口就地就近转移的意愿较高。从影响因素来看,家庭年收入和婚姻状况等因素对就地就近转移的决策产生了显著影响,年龄和受教育程度则与转移决策有一定相关性;产业支撑水平、基础设施建设情况、政府引导与扶持情况以及农村人口的综合素质等因素对促进就地就近转移也有重要作用。

(2)农村人口就地就近转移是实现乡村振兴的有效途径,乡村振兴为就地就近城镇化创造了有利条件,二者相辅相成、互促互进。调查分析发现,国家乡村振兴战略的实施一定程度上提升了农民就地就近城镇化的意愿,对国家乡村振兴战略的知晓度越高,越倾向于就地就近城镇化;乡村振兴对45岁以下青壮年农民就地就近城镇化意愿的影响显著大于46岁以上中老年,乡村振兴示范乡镇农民就地就近城镇化的意愿远高于非示范乡镇。据此,在推进就地就近城镇化过程中,应加大乡村振兴宣传力度,提升农民乡村振兴的参与度。

(3)对河南光山县的个案分析显示,该区域农村人口就地就近转移的意愿强烈,并呈现出"购房但不落户"的转移特征。其中,子女成家、子女教育等是农户在城镇购房的主要动机所在,而城镇就业难度大、不愿意放弃农村承包地等是转移人口不落户的主要原因。据此,应充分尊重农民意愿、顺势而为,在传统农区走"居住与身份分离"的就地就近城镇化道路,同时鼓励就地就近转移人口到农村兼业,并大力发展农产品加工业及其关联产业,以解决此过程中的就业瓶颈问题。

(4)城市扩展、产业驱动是农村人口就地就近向中小城市转移就业的两种重要形式;依托因地制宜发展起来的特色产业,则是农村人口就地就近向特色小城镇转移就业的主要渠道。作为农业大省、人口大省,河南农村人口就地就近转移的就业问题仍然相当严峻,表现为:产业支撑度不够,就业空间较小;劳动力市场结构性矛盾突出,"人岗相适"的就业岗位不足;企业生产波动性大,就业稳定性差;权益保障度不高,工资性收入较低等。据此,促进河南农村人口就地就近转移就业的途径是:尊重农民意愿,打造与转移人口能力相匹配的就业岗位;大力推进农业产业化经营,挖掘农业就业潜力;加快小城镇建设,有效吸纳农村剩余劳动力;加强农民工培训工作,提高农村劳动力素质;规范企业用工制度,保障农民合法权益;增强员工归属感,构建和谐企业。

(5)对河南黄淮4市的个案调查发现:异地就业仍然占有较大比重,兼职农业是本地就业最主要的方式,小城镇镇区就业比重低且与农业的关联度高,以及就业层次低、稳定性差是目标区域就近转移人口就业的4个突出特征。传统农区农产品种类多、产量大,第二产业发育不充分、非农产业规模小等"区情",以及农业生产经验丰富、土地情结浓厚与素质能力偏低等转移人口的"特质性"是上述特征形成的主要原因。据此,按照充分尊重区情、尊重农民意愿、发挥优势、顺势而为的指导思想,解决传统农区就地就近向小城镇转移人口就业问题,具体措施有:加快生态农业园建设,夯实非农产业发展基础;大力发展农业资源关联产业,并促使其向小城镇集中;科学把握城镇化本质,鼓励就近转移人口到农村兼业。

(6)就地就近城镇化的模式具有多元性。按照推动主体的不同,可以分为政府主导型模式、市场主导型模式、民众主导型模式。按照驱动产业的不同,可以分为工业驱动模式、农业驱动模式、第三产业驱动模式。对典型案例的解析发现,新乡市的制度红利模式是就地就近城镇化的欠发达地区样本。其主要推进路径有:实施"人地挂钩"试点,建立城乡统一的土地市场;以土地增值收益推动新型农村社区建设;以新型工业化带动新型城镇化,并推动其与服务业融合发展,与农业现代化协同发展;引导推进城乡基础设施统一布局和建设,逐步构建城乡均等化、一体化的公共服务和公共产品供给机制,建设城乡一体的公共设施体系。其推动主体包括政府、村集体组织、农民与建筑商,但政府起主导作用;在发展资金的多元化来源中,政府财政资金是主渠道。

近年来,蓬勃发展的信阳市乡村旅游有效吸引了劳动力回流,促进了农村人口就地就近转移,从而形成了旅游驱动模式。调查显示,在旅游业的带动下,信阳市农村劳动力回流规模呈现上升态势,回流劳动力在乡村旅游中的就业呈现多元化,餐饮服务、住宿服务、旅游商品(土特产品)销售、休闲农业种植等占比较高。获得"人岗相适"的就业机会、拥有较高的综合与相对收益、实现乡村生产方式"非农化"与农民生活方式城镇化,是劳动力回流的主要动因。不过,目的地开发意识不强、乡村旅游缺乏战略引领等诸多问题也影响着农村劳动力回流的稳定性。据此,应采取四项措施促进农村劳动力稳定回流:更好发挥政府作用,着力解决目的地管理中的关键问题;尊重区域发展规律,加快培育乡村旅游开发的空间重点;把握消费需求特点,有效对接产品"卖点"与游客"买点";统筹公共产品供给,不断增强对乡村回流人口的黏附力。

(7)推进产业生态化是经济高质量发展的必然要求,也是拓展农村人口就地就近转移空间的重要手段。信阳市产业生态化水平逐年提升,其中压力得分存在波动,状态得分逐渐向好,生态化响应得分有明显增加。在此基础上识别出信阳市产业生态化存在的3个问题,即产业生态化水平整体偏低,废物排放控制和代谢循环水平提升较慢,创新发展和集约发展还需再加速。促进信阳市产业生态化的路径是:促进各种发展要素加快向中心城区聚集,避免县区之间对人口、资源与产业的恶性竞争,以提升信阳市中心城区的经济首位度、人口首位度;对绿色工厂进行分级,建立工业企业绿色制造体系梯次培育机制;要围绕产业布局招商引资,推动主导产业扩能延链,以优化产业布局;推动传统企业技术改造和数字化转型,鼓励企业加大研发投入,建立人才招引培养体系,以促进企业技术改造和创新;推动惠企政策直达快享,完善企业服务体系,建立企业公共服务平台,以持续优化营商环境;推进污染防治攻坚,加强生态保护修复,倡导绿色生产生活,以不断提升生态环境治理水平。

(8)促进生态产业化是增强农村人口就地就近转移意愿的必然选择。信阳市生态产业化发展还存在诸多问题：从模式来看，生态农业、生态旅游、林下经济都有涉及，但是普遍发展规模小，产值低。除生态旅游和茶产业有一定影响力外，其他模式都没有形成产业。从政府规划来看，生态产业化的发展框架不清晰，虽然有部分生态产业化发展规划，但整体执行力不强，效果不明显。从居民角度看，生态资源归属问题不清晰，收益分配存在争议。从资源开发来看，由于生态资源统计与转化问题长期没有得到解决，加之缺乏应有的人才与资金支撑，生态资源开发的难度较大。

信阳生态产业化应从6个方面着手，即摸清本底与统筹规划、推进生态资源的资产化、构建生态产权制度和市场体系、培育生态产业化经营主体、健全生态补偿制度、建立生态审计和监督机制。在发展方式上，应聚焦5个方面：建立生态农业产业模式，大力发展特色农业；建立生态旅游产业模式，加快发展休闲度假康养旅游业；建立生态林业模式，多措并举开发林下经济；建立生态文化模式，推进文旅深度融合；打造生态产品品牌，提升生态产业形象。在碳汇资源价值开发方面，主要政策建议是：组建碳汇工作办公室，推进碳汇专家库的建设和管理，组织开展碳汇体系建设、实施和监管工作；成立碳汇促进会（协会），搭建政府与企业沟通平台，发挥社会组织的桥梁作用，引导促进本市高耗能企业购买本市森林碳汇产品，为营林造林提升碳汇水平提供资金；编制实施信阳市林业碳汇经营规划，加强森林抚育经营和低效林改造，实施高效固碳树种结构调优工程；对标补差，积极申报国家林业碳汇试点城市。

（9）农村人口就地就近转移过程中面临的困境和问题大多是由制度因素引发的。近年来，各地政府也在不断探索如何破除或改革不利于新型城镇化发展的关键制度，并取得了一批阶段性成果以及可资借鉴的地方经验。户籍制度、土地制度、社会保障制度、就业制度改革的启示是：坚持以政府调控为主导、坚持以完善制度为根本、坚持以法律保障为后盾。据此，引导农村人口就地就近转移的制度供给与政策建议是：在户籍制度方面，明确户籍制度的公共服务功能，立法保护户籍制度改革的有效性，废止依附户籍制度的不合理法规政策；在土地制度方面，加快完善土地登记制度，健全土地征收制度，同时建立完备的土地流转体系与土地收益分配制度；在社会保障方面，逐步构建统一的社会保障制度，扩大农村社会保障项目的覆盖面，并推进城乡社保制度的集成改革；在就业制度方面，强化农民就业权益的法律保护，加大就业供给侧结构性改革力度，完善转移劳动力就业培训体系。

前　　言

　　就地就近城镇化是实现乡村振兴的有效手段,是推动区域协调发展、城乡一体化的必然选择,是走"尊重农民意愿"城镇化道路的客观需要。进入新时代,同全国总体形势一样,河南农村人口转移出现新变化,表现为异地城镇化的动能在减弱,而就地就近城镇化步伐开始加快。然而,也应该看到,在这一过程中,还存在一些有待深入探讨的问题。第一,产业基础相对薄弱的地区,如何寻求破解中小城镇产业发展难题的办法,为转移人口提供与其"特质性"相适应的工作岗位,是就地就近城镇化研究中不可回避的课题。第二,我国地域辽阔,区域差异较大,各地自然条件、资源禀赋、经济发展水平、社会环境状况均有所不同,这就决定了全国不会(也不应该)有统一的就地就近城镇化模式。目前亟待对各地就地就近城镇化的方式与方法进行归纳与总结,同时探索新的就地就近城镇化模式。第三,农民是城镇化的主体,新型城镇化必须尊重农民意愿、顺势而为,因而有待加强从"农民意愿"的角度分析就地就近城镇化的微观驱动机制,并在此基础上进行制度设计与政策引导研究。

　　全书共分为12章。第一章主要解读农村人口就地就近转移的重大意义,以及河南农村人口就地就近转移的特征与成因;第二章至第四章调查分析农村人口就地就近转移的意愿,揭示农民就地就近城镇化的微观动力机制,有选择地剖析乡村振兴战略对农村人口就地就近转移意愿的影响,并以河南光山县为例进行个案分析;第五章至第六章,系统探讨农村人口就地就近转移的就业问题与破解路径,并以河南黄淮4市为例开展实证分析;第七章至第九章,提炼总结农村人口就地就近转移的模式,探寻不同模式的主导力量与实现途径,重点解析制度红利模式与旅游业驱动模式;第十章至第十一章,聚焦农村人口就地就近转移的产业支撑问题,对河南信阳市的产业生态化、生态产业化开展个案分析;第十二章,瞄准就地就近城镇化过程中需要解决的关键问题,从多个层面进行制度供给创新,并提出可操作的政策建议。

本书是河南省高等学校哲学社会科学应用研究重大项目(2018-YYZD-12)、河南省新文科研究与改革实践项目(2021JGLX117)的研究成果,同时得到了信阳师范大学应用经济学省级重点学科、河南省教育厅人文社科重点研究基地(大别山区经济社会发展研究中心)的资助。本书在撰写与出版过程中,还得到了信阳师范大学学科建设办公室、社会科学处以及商学院、旅游学院的领导与老师的大力支持,也得益于华中科技大学出版社的支持与帮助,在此一并向大家表示衷心感谢。

由于时间、资料等方面的约束,以及著者自身水平的限制,书中难免存在差错和浅陋之处,希望读者不吝赐教,以便再版时修订完善。

著者

2023年5月10日

目录

第一章 导言 / 1

一、农村人口就地就近转移的重大意义 / 1

二、河南农村人口就地就近转移的特征与成因 / 6

第二章 农村人口就地就近转移的意愿与动力机制 / 14

一、河南农村人口就地就近转移的意愿 / 14

二、河南农村人口就地就近转移的动力机制分析 / 21

三、提升河南农村人口就地就近转移意愿的经验借鉴 / 32

四、提升河南农村人口就地就近转移意愿的对策建议 / 35

五、本章小结 / 38

第三章 乡村振兴战略对农村人口就地就近转移意愿的影响 / 40

一、文献评述 / 40

二、乡村振兴提升农民就地就近转移意愿的理论解读 / 42

三、观测地域与样本特征 / 44

四、乡村振兴战略对河南农民就地就近转移意愿的影响及其成因 / 47

五、结论与建议 / 52

第四章 农村人口就地就近转移意愿的个案分析 / 54

一、文献评述 / 54

二、观测地域与样本特征 / 56

三、就地就近转移的意愿及其影响因素与成因 / 58

四、尊重农村人口意愿的就地就近转移路径 / 62

五、本章小结 / 65

第五章 农村人口就地就近转移的就业问题与破解路径 / 66

一、河南农村人口就地就近转移的就业渠道与状况 / 67

二、河南农村人口就地就近转移就业存在的问题及其成因 / 75

三、河南农村人口就地就近转移就业的经验借鉴 / 77

四、促进河南农村人口就地就近转移就业的主要途径 / 82

五、本章小结 / 86

第六章 农村人口就地就近转移就业的个案分析 / 87

一、文献评述 / 87

二、观测地域与样本特征 / 88

三、河南黄淮4市就地就近转移就业状况及其成因 / 91

四、促进河南黄淮4市就地就近转移就业的政策引导 / 96

五、本章小结 / 100

第七章 农村人口就地就近转移的主要模式 / 101

一、文献评述 / 101

二、推动主体不同的河南农村人口就地就近转移模式 / 103

三、驱动产业不同的河南农村人口就地就近转移模式 / 106

四、城镇发展带动的河南农村人口就地就近转移模式 / 113

五、本章小结 / 114

第八章 农村人口就地就近转移的制度红利模式解析 / 116

一、制度红利模式的新乡市样本 / 116

二、新乡市制度红利模式的实现路径 / 117

三、新乡市制度红利模式的实施成效 / 120

四、新乡市制度红利模式解析 / 122

五、本章小结 / 124

第九章 农村人口就地就近转移的旅游业驱动模式 / 125

一、基于乡村旅游发展的信阳市劳动力回流状况 / 125

二、信阳市农村劳动力回流的乡村旅游发展动因 / 130

三、信阳市农村劳动力稳定回流的旅游发展问题 / 133

四、促进信阳市农村劳动力稳定回流的建议 / 136

五、本章小结 / 138

第十章 农村人口就地就近转移的产业生态化个案分析 / 140

一、信阳市产业生态化水平评价及演化分析 / 140

二、信阳市产业生态化存在的问题 / 149

三、产业生态化的国内外经验及启示 / 151

四、信阳市产业生态化的促进路径与建议 / 156

五、本章小结 / 160

第十一章 农村人口就地就近转移的生态产业化个案分析 / 162

一、信阳市生态产业化发展现状 / 162

二、信阳市生态产业化存在的问题 / 167

三、生态产业化发展的国内外经验借鉴 / 168

四、国内外生态产业化对信阳市的启示 / 175

五、促进信阳市生态产业化的建议 / 176

六、本章小结 / 180

第十二章 农村人口就地就近转移的制度创新与政策引导 / 181

一、文献评述 / 181

二、河南农村人口就地就近转移面临的关键问题 / 185

三、农村人口就地就近转移的制度障碍及改革经验 / 186

四、促进河南农村人口就地就近转移的制度供给与政策引导 / 195

五、本章小结 / 199

参考文献 / 201

第一章
导言

农村人口就地就近向城镇转移本质上就是就地就近城镇化。就地就近城镇化是指农村人口没有进行远距离迁移，而是在原居住地进行现代化改造或者就近向所在地中心村、新型农村社区、邻近的小城镇（含县城）、特色小镇、中小城市转移，并实现生产方式、生活方式与思想观念现代化的过程。就地就近城镇化是与异地城镇化相对而言的，是新型城镇化的重要表现形式，是促进区域协调发展、城乡一体化，走"尊重农民意愿"城镇化道路的客观需要。

一、农村人口就地就近转移的重大意义

根据世界城镇化发展普遍规律，城镇化率在30%～70%属于快速发展期。我国目前仍然处在这一时期，如果继续走粗放式的城镇化道路，势必会导致资源环境恶化、产业升级缓慢、区域发展差距增大、城乡不平衡加剧、社会矛盾增多等一系列风险，可能落入类似拉丁美洲的"中等收入陷阱"，进而阻滞现代化进程。与此同时，我国地域辽阔、空间差异大，客观上存在多元的城镇化发展模式，主观上也需要多元的城镇化发展模式，以因地制宜地解决区域发展不平衡问题，而就地就近城镇化就是多元模式中的一种，是具有突出的中国特色的城镇化道路（李强、张莹、陈振华，2016）。

(一)就地就近城镇化是弥补异地城镇化不足的重要举措

众所周知,自20世纪80年代末开始的异地城镇化(又称传统城镇化),在促进我国经济社会快速发展的同时,也带来了诸多社会治理与公平问题。在大中城市,随着农村劳动力的大量流入,人口密度持续上升,空间资源稀缺程度加剧,引发了交通拥堵、房价飙升、用水紧张、环境污染等"城市病"。在农村,人口持续流出导致人口"老龄化"、村庄"空心化"、产业"空洞化"、基础设施毁损严重、社会治安恶化等一系列问题。因缺乏父母关爱,留守儿童的身心健康受到影响;因缺乏子女陪伴,留守老人的幸福感大大降低。农村人口在城乡之间"候鸟式"的迁徙,既给交通运输带来了极大的周期性压力,也让流动人口管理问题频出。与此同时,受二元城乡结构的制度约束,进城务工的农民难以落户城市,即使在城市工作多年,其真正的身份往往还是"农民","半城镇化"特征明显。这些流动人口尽管为当地的经济社会发展做出了应有的贡献,但他们仍然是城市的"边缘人",不能与城市户籍人口享有同等的教育、医疗、住房、就业等公共服务,无法与当地居民共享发展成果,这种不公平、不平等问题严重阻碍着和谐社会的构建。显然,就地就近城镇化既可以避免人口在大中城市的过度聚集,也可以让部分农村劳动力就地就近消化以缓解日益严重的"农村病",还可以为促进乡村振兴提供重要的人力资源保障。

我国城镇化水平的区域差异非常显著,总体上呈现东高西低的特征。2008年东部、中部、西部的城镇化率分别为60.84%、44.74%与38.29%,中部、西部分别较东部低了16.10个、22.55个百分点①。10年后的2018年,东部、中部、西部的城镇化率分别为70.38%、56.69%与52.01%,中部、西部分别较东部低了13.69个、18.37个百分点。这也就意味着,经过10年的发展,中部、西部与东部的城镇化水平差距只分别缩小了2.41个、4.18个百分点。

从城镇化率增长速度上看,则呈现西高东低的特征。2008年以来,东部地区的城镇化率年均增长0.95个百分点,10年平均增长率为1.47%;中部地区的城镇化率年均增长1.20个百分点,10年平均增长率为2.40%;西部地区的城镇化率年均增长1.37个百分点,10年平均增长率为3.11%。值得注意的是,区域城镇化率高低与我国人口流动方向有着密切关系。2018年在城镇化率排名前

---

① 根据历年中国统计年鉴计算所得,下同。

六的省域中,有5个是流入人口全国前五的省(市),即广东、浙江、上海、江苏、北京①,平均城镇化率为76.56%。与此相对应的是,流出人口前五的安徽、河南、四川、湖南与江西的城镇化率普遍偏低,平均城镇化率只有54.13%,较前者低了22.43个百分点。其中,安徽、河南、湖南与江西的城镇化率在中部地区的8个省份中名列后4位,四川的城镇化率也仅仅略高于西部地区12个省(市、区)的平均水平。

(二)就地就近城镇化是缓解城乡发展不平衡问题的必然选择

中国特色社会主义进入新时代,我国社会主要矛盾已经转化为人民日益增长的美好生活需要和不平衡不充分的发展之间的矛盾,而中国发展最大的不平衡在城乡之间。由于农业比较收益低,在经济利益的驱动下,多数青壮年农业劳动力都"理性"地转移到大中城市务工谋生,"三留守"人员(老人、妇女、儿童)则构成了农村的主体。这种状况进一步恶化了农业农村的发展条件,使得农业农村的"推力"进一步强化,从事农业生产的劳动力数量与质量持续下降,进而导致农业必要劳动力严重短缺,农业的基础地位进一步削弱,农村的落后面貌难以得到改变,农民与城镇居民的收入差距不断扩大,城乡发展不平衡问题日益突出。根据1978年可比价格计算,1980—2009年,农村居民人均可支配收入复合年增长率为6.69%,而城镇居民人均可支配收入复合年增长率为6.91%,二者相差0.22个百分点。1980年,农村居民人均可支配收入185.7元,城镇居民人均可支配收入436.1元,二者相差250.4元,前者为后者的42.6%。2009年,农村居民人均可支配收入1213.5元,城镇居民人均可支配收入3025.4元,二者相差1811.9元,前者只有后者的40.1%,城乡居民人均收入的绝对与相对差距均呈现扩大的态势。

不难理解,就地就近城镇化是实现城乡一体化的有效途径,是解决城乡发展不平衡问题的重要举措。一方面,就地就近城镇化把农业发展作为新型城镇化的重要内容(李强、张莹、陈振华,2016),通过农业产业化、规模化经营,促进农业生产方式转变,推进传统农业向现代农业转型。另一方面,就地就近城镇化通过村庄整治、集中居住,实现土地节约集约利用,提高农业收益率,增加农民收入(车蕾、杜海峰,2018);同时通过环境美化,打造生态宜居空间,提高

---

① 城镇化率第3位的是天津市。

公共服务的数量与质量,让农村居民享有城市文明,从而实现生活方式的现代化转型,进而全方位缩小与城镇的发展差距。

(三)就地就近城镇化是实现乡村振兴的有效手段

2012年11月党的十八大明确提出"新型城镇化"概念,2014年4月《国家新型城镇化规划(2014—2020年)》出台。从新型城镇化的特征与实现目标来看,新型城镇化与乡村振兴既不是相互替代,也不是相互补充,而是相互促进的关系。

首先,就地就近城镇化是培育乡村振兴增长极的重要举措。乡村振兴需要区域经济增长极引领。区域经济发展规律表明,在大区域的发展初期,应实施非均衡发展战略,即优先发展部分条件较好的地区,使其成长为区域经济增长极,进而带动其他地区快速发展。我国改革开放40多年的重要经验之一就是遵循与坚持了这一发展规律,也就是培育并充分利用东部沿海地区的珠三角、长三角、环渤海地区以及中西部地区的城市群等国家级或区域经济增长极对全国经济发展的带动作用。经济增长极的带动作用主要表现为其把各种发展要素向周边进行有效辐射(扩散),从而形成涓滴效应。众所周知,地理要素的扩散遵从接触扩散与等级扩散规律,前者是指要素按照空间距离由近及远地扩散,后者是指要素按照区域等级的差异由高向低扩散。两类扩散方式是同时发生的。换言之,一个地区等级越高、距增长极越近,就越容易承接更多的发展要素,其发展速度就越快。

截至2018年底,我国农村地区常住人口占全国总人口的40.4%,土地面积约为全国总面积的94.0%。尽管目前全国已经步入工业化后期的前半阶段,但农村地区的工业化水平还很低,城乡发展极不平衡。由于受空间距离、发展等级的限制,我国大多数农村地区承接来自上述经济增长极的要素非常有限。此外,中西部城市群等区域增长极目前总体上还处于要素聚集阶段,也就是聚集作用大于辐射作用,因而对乡村的带动作用还不够强。所以,对于地域辽阔的农村地区而言,要实现振兴目标,就必须培育一定数量贴近农村、与农业农村关系密切的区域经济增长极。显而易见,从农村孕育而来,又服务于农村的小城镇正是这样的空间所在。按照我国的空间划分,小城镇(包括县城)属于农村地域的一部分①。我国小城镇数量众多,且呈点状镶嵌于广袤的农村大地。在推动乡村振兴过程中,首要任务就是遴选一批区位条件好、交通便利,或人口规模大、资源丰富,或有一定产业基础的小城市、小城镇(包括县城)、特色小镇及新型农村社区等,逐步把其培育成引领乡村振兴的区域经济增长极。为此,国家增强小城镇基础设施的建设力度,引导各种要素向其聚集,提升人口与产业的承载力,进而为承接农村人口转移、实现就地就近城镇化提供良好的空间条件,而人口集中度的提升又会进一步带动产业聚集与基础设施的改善,从而进一步发挥它们在大中城市与乡村之间的纽带作用,逐步成为乡村振兴的增长极。

其次,就地就近城镇化是破解农业劳动力问题的必然要求。乡村振兴的首要任务是强农业。然而,我国客观上存在农业劳动力过剩与短缺并存的问题,这一问题严重阻碍农业发展、农村进步。一方面,现阶段我国农村仍然存在大量富余人口,不利于农村土地流转与农业规模化、专业化生产。与此同时,截至2019年,我国常住人口城镇化率为60.60%,距国际公认的人口拐点70%的城镇化率还有大约10个百分点的差距,这也意味着在实施乡村振兴战略过程中,必须同时继续加快推进农村人口转移。换言之,推进就地就近城镇化也是乡村振兴的现实需要。另一方面,由于长期以来农业比较收益低,农村人口大量流出,农村劳动力尤其是青壮年劳动力显著不足。加之农业生产的季节性特征明显,留守劳动力数量与农忙季节的需求缺口愈来愈大。已有研究表明,中国东部和中部区域的农业劳动力流出数量已经越过农业劳动力流出最优点,农业劳动力短缺问题严重(韩占兵,2014)。一个关于河南省南部的个案研究显示,2015年包括山地、丘陵、准平原等3个观测点的农业劳动力短缺率(短缺数量与必要劳动力数量的比值)分别为23.2%、22.1%与18.5%,较2011年分别提高了15.9个、15.8个与11.9个百分点,农业劳动力短缺率呈加速增长态势(李喜梅,2016)。从实质上看,农村过剩的是年龄大、身体差、文化素质不高的劳动力,而短缺的则是青壮年劳动力,属于典型的结构性失衡。这种失衡使得农业生产的效率低下,用工成本不断攀升,劳动风险则有增无减,很大程度上制约了农业生产的规模化、专业化及农业竞争力。

解决上述问题的有效途径无疑是推动就地就近城镇化。就地就近城镇化

---

① 作为空间概念,乡村地域是指城市市区之外包括小城镇(含县城)在内的全部空间场所。

在消化一部分富余农业劳动力的同时,还可以有效引导青壮年劳动力投身农村农业发展。这是因为,尽管就地就近转移的农村人口划入了小城市、小城镇,但从实质上看他们并没有脱离农村地域。如此一来,可以从"数量供给"与"质量提升"两个层面解决农业劳动力不足的问题:一是充分发挥空间距离短、熟悉农业且拥有相关生产经验的优势,转移人口可以兼职从事农业生产,从而增加农业劳动力供给,现有研究也表明就地就近城镇化的劳动力普遍有意愿兼职农业;二是青壮年人口兼职农业提升了农业劳动力质量,可以大幅度提高农业生产效率,有效降低农业对劳动力数量的要求,从而对农业劳动力短缺起到极大的缓解作用。

二、河南农村人口就地就近转移的特征与成因

(一)主要特征

同全国总体形势一样,河南农村劳动力转移就业总量不断上升,从2007年的1974万人增加到2021年的3134万人,14年共增加1160万人,增长了58.8%,复合年增长率约3.4%;但增速呈现下降的态势,从2008年的9.2%下降到2021年的1.6%。同期,省外转移就业的绝对规模呈现先下行后缓慢上升的态势,2007—2015年从1322万人下降到1161万人,下降了161万人;2015—2021年从1161万人增长到1256万人,增长了95万人。同期,省内就近转移就业一直呈上升态势,从2007年的652万人增加到2021年的1878万人,14年共增加了1226万人,增长了188.0%,复合年增长率约7.9%,但从2012年开始增速呈下降态势,从14.4%下降到1.5%。换言之,2007年以来,河南农村人口省内转移就业的增速远高于省外转移就业,具有明显的"本土化"趋势。与此同时,本地转移就业的比重从33.0%上升到59.9%,年均上升了1.9个百分点。从2011年开始,河南转移就业劳动力中,超过一半是就近在省内流动。

上述情况表明,进入21世纪以来,河南农村人口转移出现新变化,表现为异地城镇化的动能在减弱,而就地就近城镇化步伐开始加快(见图1-1、表1-1、图1-2)。

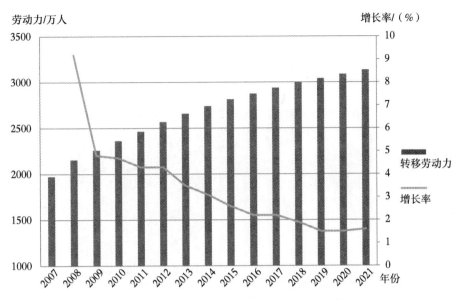

图1-1 河南农村劳动力转移就业发展态势

表1-1 河南省农村劳动力转移就业变化趋势

年份	转移总量/万人	增速/(%)	省外转移/万人	省外转移增速/(%)	省内转移/万人	省内转移增速/(%)	省内转移占比/(%)
2007年	1974	—	1322	—	652	—	33.0
2008年	2155	9.2	1210	−8.5	945	44.9	43.9
2009年	2258	4.8	1238	2.3	1020	7.9	45.2
2010年	2363	4.7	1221	−1.4	1142	12.0	48.3
2011年	2465	4.3	1197	−2.0	1268	11.0	51.4
2012年	2570	4.3	1119	−6.5	1451	14.4	56.5
2013年	2660	3.5	1137	1.6	1523	5.0	57.3
2014年	2742	3.1	1152	1.3	1590	4.4	58.0
2015年	2814	2.6	1161	0.8	1653	4.0	58.7
2016年	2876	2.2	1167	0.5	1709	3.4	59.4
2017年	2939	2.2	1177	0.9	1762	3.1	60.0
2018年	2995	1.9	1196	1.6	1799	2.1	60.1
2019年	3041	1.5	1215	1.6	1826	1.5	60.0
2020年	3086	1.5	1236	1.7	1850	1.3	59.9
2021年	3134	1.6	1256	1.6	1878	1.5	59.9

数据来源：河南省国民经济与社会发展统计公报（2007—2021年）、河南省人力资源和社会保障厅发布的就业形势报告。

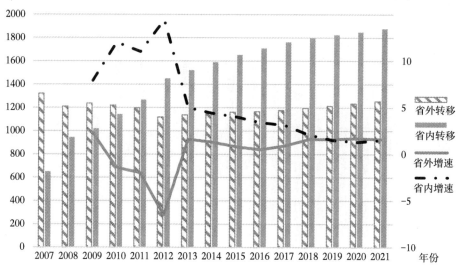

图1-2 河南农村劳动力转移就业状况比较

（二）形成原因

从成因上看，5个方面的因素推动了这个时期河南农村劳动力省内转移就业明显上升的态势。

1. 河南经济发展形势向好，拉动人口就地就近转移就业

一是良好的城乡发展态势为农村人口就地就近就业提供了产业支撑。一方面，进入21世纪以来，河南省经济快速发展，大批产业转移项目落户河南，吸引了大批农村劳动力就地就近就业；另一方面，随着美丽乡村建设的持续推进与乡村振兴战略的实施，农村的发展潜力逐步凸显，许多异地务工人员开始陆续回乡，从事农业生产、农副产品加工和经营等方面的工作。二是重点建设项目吸纳了农村劳动力就地就近就业。2008年的国际金融危机发生后，河南省及时调整就业政策，提出省内转移与省外输出并重的就业思路，各地充分发挥政府投资和重大项目带动就业作用，实施重点项目用工发布制度，引导返乡农民工就地就近就业。三是对返乡创业的政策扶持带动了农村劳动力就地就近就业。多年来，河南省大力支持农民工回乡创业，要求各级政府在资金、场地、信息、技术等方面为农民工回乡创业提供政策优惠，并在户籍管理、社会保险、子女入学等方面为回乡创业者提供优质服务。仅2010年，全省人力资源社会保障系统就为返乡农民工发放小额担保贷款20.6亿元，共帮扶4.8万农民工实现创业,带动15万人实现就业。

2. 区域经济发展差异明显,劳动密集型产业向中西部转移

改革开放40多年来,我国经济发展迅猛,经济发展水平迅速提升,但区域经济发展差距也越来越大。目前全国总体上处于工业化后期前半阶段,但从区域差异看,东部沿海地区已经步入工业化后期后半阶段,而中西部相当一部分地区还处在工业化中期或早期阶段。换言之,我国区域之间的发展差距是阶段性的。这也就意味着,当东部经济发展已经依靠知识、技术推动时,中西部地区还主要依靠劳动力、自然资源带动。

根据产品生命周期理论,一个产品一般要历经诞生、发展、成熟、衰退、消亡的过程。由于区域差异的存在,同一产品在不同区域可能会处于不同的发展阶段。当其在先发区域逐步丧失竞争力而走向衰退的时候,往往会通过区域转移(也就是转移到此类产品正处在诞生或发展期的后发区域)以获得进一步的发展机会。也就是说,产业转移本质上是产品或产业在不同区域的生命周期不同步现象。在我国,经过40多年的快速发展,东部沿海地区的工资成本大幅度上升,劳动密集型产业的发展空间愈来愈小,不得不向劳动力相对丰富、工资成本相对较低的中西部转移。有研究表明,在2004年刘易斯拐点之后,制造业在沿海地区的集聚效应已然式微,而要素成本效应在产业转移发展过程中的作用越来越强(曲玥,2015)。这就解释了为何东部地区拥有产业集聚效应但仍然不能阻挡劳动密集型产业向内陆转移的原因。

3. 区域发展定位不同,沿海地区产业升级

根据2010年12月国务院发布的《全国主体功能区规划》,东部沿海地区的珠三角、长三角、环渤海地区等地被定位为优化开发区。优化开发区是指国土开发密度较高、资源环境承载力开始减弱的区域。这类区域是带动全国经济发展的龙头和参与经济全球化的主体,其主要任务是着力提高产业的技术水平,化解资源环境瓶颈制约。据此要求,国家优化开发区域应率先加快转变经济发展方式,调整优化经济结构,提升参与全球分工与竞争的层次。在优化产业结构方面,主要任务是推动产业结构向"三高"(高端、高效、高附加值)的方向转变,发挥高新技术产业、现代服务业、先进制造业对经济增长的引领和带动作用。现代农业要重点发展高科技、高品质的节水农业、绿色有机农业和都市农业,高新技术产业要提高自主知识产权,先进制造业要节能、节地、环保,现代服务业要从劳动密集走向资金和技术密集,同时积极发展科技含量和附加值高的海洋产业①。不难理解,沿海地区产业结构升级对传统的劳动密集型产业与总体文化素质偏低的劳动力形成了挤出效应。

4. 国家乡村振兴战略的推动

2017年,党的十九大提出实施乡村振兴战略。2018年发布的《乡村振兴战略规划(2018—2022年)》明确指出,应完善城乡布局结构,推动农业转移人口就地就近城镇化。就地就近城镇化是乡村振兴的必然要求,而乡村振兴又会反过来推动就地就近城镇化,二者相辅相成、互促互进。农民是新型城镇化与乡村振兴的主体,尊重农民意愿是其共同要求。理论上,乡村振兴战略的实施能够通过四个方面的作用,有效提升农民就地就近城镇化的意愿。一是打造农民就地就近转移的空间载体。我国城乡发展极不平衡,广大农村地区(尤其是中西部地区)的工业化水平还非常低,自我发展的动力不足。因此,对于地域辽阔的农村地区而言,要实现振兴目标,首要任务就是遴选一批区位条件好、交通便利,或人口规模大、资源丰富,或有一定产业基础的中小城市、小城镇,完善基础设施建设,引导各种要素聚集,提升人口与产业的承载力,逐步把其培育成为引领乡村振兴的区域经济增长极,从而为承接农村人口转移提供良好的空间条件。二是拓展就地就近城镇化的就业空间。乡村振兴,产业兴旺是基础。为此,各级政府陆续出台方方面面的配套政策,支持要素从城市向乡村流动与优化配置,助力乡村产业蓬勃发展。例如,通过加快土地流转,促进农业规模化生产与集约化经营;通过推动产业融合,打造产业新业态并促进第二、三产业聚集,为农民就地就近转移提供稳定性强、种类多、收益高的工作岗位,从而大幅度增强乡村的吸引力。三是孕育就地就近城镇化的生产生活条件。在加快乡村振兴的号角下,农村医疗卫生、基础教育等公共产品短缺以及基础设施不健全、欠账多的局面将会很快改变,城乡差距会进一步缩小,乡风文明建设与社会有效治理等一系列举措,逐步改善乡村的整体面貌,从而形成宜业宜居的区域环境。四是释放更多的农业劳动力并更好地满足农民转移意愿。在乡村振兴过程中,随着不断夯实农业生产能力基础、加快壮大新型农业经营主体、持续强化农业科技支撑,农业生产效率将会大幅度提高,更多的劳动力被解放出来,这也使得加快城镇化不仅必要而且紧迫。与此同时,与异

---

① 《国务院关于印发全国主体功能区规划的通知》(国发〔2010〕46号),见https://www.gov.cn/gongbao/content/2011/content_1884884.htm?eqid=ea22d5d90006f4e500000003646a10f2。

地城镇化相比,由于空间距离较短,加之我国已基本消除了中小城市、小城镇对落户的制度限制,就地就近转移人口有着更大的选择权,既可以"零门槛"落户,也可以不落户并享有与原城镇居民基本相同的公共服务,还可以自主决定是否保留土地承包权、宅基地使用权、集体收益分配权,从而最大程度地保障农民选择"身份"的权利。

5. 城镇化道路的政策调整

2001年的"十五"计划在明确走"大中小城市和小城镇协调发展的多样化城镇化道路"的同时,强调要"有重点地发展小城镇,积极发展中小城市"。小城镇的发展重点是县城和部分基础条件好、发展潜力大的建制镇,并引导各类农村企业向其聚集。2006年,"十一五"规划提出分类引导人口城镇化,要"鼓励农村人口进入中小城市和小城镇定居",用经济办法等控制特大城市人口过快增长。2008年10月,党的十七届三中全会通过的《中共中央关于推进农村改革发展若干重大问题的决定》提出,要引导城市生产要素向农村流动,大力发展农村服务业和乡镇企业;鼓励农民就近转移就业,扶持外出务工农民返乡创业;推进户籍制度改革,让满足就业和居住要求的农民有序转变为城镇居民;赋予符合条件的小城镇相应行政管理权限,形成城镇化和新农村建设互促共进机制,从而从要素下乡、产业发展、就业创业、机制体制改革等方面推动就地就近城镇化。

2011年,"十二五"规划明确要以大城市为依托,以中小城市为重点,促进大中小城市和小城镇协调发展。对中小城市积极挖潜,优先发展区位优势明显、资源环境承载能力较强的中小城市。对小城镇分类施策,壮大部分具备条件的发达地区中心镇、欠发达地区县城和重要边境口岸,使其逐步成长为中小城市。值得关注的是,从"十五"到"十二五",相关文件均提出促进相关产业向县城与有条件的小城镇聚集发展。2013年中央城镇化工作会议提出"全面放开建制镇和小城市落户限制,有序放开中等城市落户限制,合理确定大城市落户条件,严格控制特大城市人口规模",并促进"大中小城市和小城镇合理分工、功能互补、协同发展"。

2014年3月印发的《国家新型城镇化规划(2014—2020年)》进一步明确了我国未来一段时期城镇化的指导思想、发展目标与实施路径,确立了以提升质量为主、大中小城市和小城镇协调发展的"两横三纵"城镇化战略格局。除了沿海地区三大城市群外,更加注重引导人口向轴线上的中西部城市群与节点城市聚集,加快推进欠发达地区城镇化进程,从而形成引领区域发展的新的经济增长极。在优化城镇规模结构方面,把加快发展中小城市作为主攻方向,聚焦资源环境承载力强、发展潜力大的中小城市和县城,加快基础设施建设,提高教育医疗等公共资源供给,强化产业支撑,不断增强集聚要素的吸引力。在落户限制方面,建制镇和小城市要"全面放开",中等城市要"有序放开",Ⅱ型大城市要"合理放开",Ⅰ型大城市要"合理确定",特大城市和超大城市的人口规模则要"严格控制"①。

2014年3月的国务院政府工作报告指出,要走以人为核心的新型城镇化道路,着力提升城镇化质量,着重解决好现有"三个1亿人"问题,要"引导约1亿人在中西部地区就近城镇化"。加大对中西部地区新型城镇化的支持,加快推进该地区城市群和城镇基础设施建设,增强其发展后劲,提高产业发展和集聚人口能力,促进农业转移人口就近就业。2016年中央一号文件再次聚焦新型城镇化问题,提出"大力发展特色县域经济和农村服务业,加快培育中小城市和特色小城镇,增强吸纳农业转移人口能力"。这意味着,就地就近城镇化已经成为我国新型城镇化建设的重要战略(见表1-2)。

表1-2 我国城镇化政策的调整

时间	政策性文件	指导思想	重点内容
2001年	"十五"计划	走大中小城市和小镇协调发展的多样化城镇化道路	有重点地发展小城镇,积极发展中小城市
2006年	"十一五"规划	分类引导人口城镇化	鼓励农村人口进入中小城市和小城镇定居;用经济办法等控制特大城市人口过快增长
2008年	《中共中央关于推进农村改革发展若干重大问题的决定》	形成城镇化和新农村建设互促共进机制	引导城市生产要素向农村流动,大力发展农村服务业和乡镇企业;鼓励农民就近转移就业,扶持外出务工农民返乡创业;推进户籍制度改革;赋予符合条件的小城镇相应行政管理权限

---

① 划分标准的依据是2014年国务院印发的《关于调整城市规模划分标准的通知》,此前采用的标准是1989年制定的《中华人民共和国城市规划法》(2008年1月1日废止)。

续表

时间	政策性文件	指导思想	重点内容
2011年	"十二五"规划	以大城市为依托,以中小城市为重点,促进大中小城市和小城镇协调发展	对中小城市积极挖潜,优先发展区位优势明显、资源环境承载能力较强的中小城市。对小城镇分类施策,壮大部分具备条件的发达地区中心镇、欠发达地区县城和重要边境口岸,使其逐步成长为中小城市
2013年	中央城镇化工作会议	促进大中小城市和小城镇合理分工、功能互补、协同发展	全面放开建制镇和小城市落户限制,有序放开中等城市落户限制,合理确定大城市落户条件,严格控制特大城市人口规模
2014年	《国家新型城镇化规划(2014—2020年)》	确立了以提升质量为主、大中小城市和小城镇协调发展的"两横三纵"城镇化战略格局	把加快发展中小城市作为主攻方向,聚焦资源环境承载力强、发展潜力大的中小城市和县城,加快基础设施建设,提高教育医疗等公共资源供给,强化产业支撑,不断增强集聚要素的吸引力。在落户限制方面,建制镇和小城市要"全面放开",中等城市要"有序放开",Ⅱ型大城市要"合理放开",Ⅰ型大城市要"合理确定",特大城市和超大城市的人口规模则要"严格控制"
2014年	国务院政府工作报告	要走以人为核心的新型城镇化道路,着力提升城镇化质量,着重解决好现有"三个1亿人"问题	要引导约1亿人在中西部地区就近城镇化;加快推进该地区城市群和城镇基础设施建设,增强其发展后劲,提高产业发展和集聚人口能力,促进农业转移人口就近就业
2016年	中央一号文件	推进农村劳动力转移就业创业和农民工市民化	大力发展特色县域经济和农村服务业,加快培育中小城市和特色小城镇,增强吸纳农业转移人口能力

第二章
农村人口就地就近转移的意愿与动力机制

一、河南农村人口就地就近转移的意愿

2014年,《国务院关于进一步推进户籍制度改革的意见》明确提出了未来几年我国农村发展的目标方向,到2020年末全国实现1亿农村人口的转移是其中的一项重要目标。2021年3月5日,第十三届全国人民代表大会第四次会议提到,1亿农业转移人口和其他常住人口在城镇落户目标顺利实现,城镇棚户区住房改造超过2100万套。尽管如此,在对河南省多个地市进行调研时发现,尽管不同地方政府部门为推进农村人口向城镇转移出台了一系列相应的政策和措施,但取得的效果仍然不够理想。由此可见,农村人口转移与城镇化问题在未来一段时间内还将是河南省政府工作的重点。

2016年国务院印发的《关于深入推进新型城镇化建设的若干意见》明确提出鼓励"农民就近城镇化"。此时,一些地方如福建省、江苏省等沿海省份在本地实现城镇化的实际情况,即"就地城镇化",又引起了学者的关注。农村人口就地就近城镇化对化解传统城镇化带来的弊病和矛盾具有明显效果,在其发展过程中已经成为破除中西部地区城乡二元结构、实现经济社会现代化和城乡一体化的重要突破口,符合近年来国家城镇化政策的战略部署,也契合乡村振兴战略的内在要义,因而成为我国新型城镇化的现实路径。

新型城镇化强调以人为本、协调发展和可持续发展,其本质特征与就地就近城镇化的基本要义是包含与被包含的关系,是内容与形式的关系,两者具有高度的一致性(马海韵,2018)。2018年,河南省城镇化率首次突破50%,达到50.16%,但相比于全国平均水平还是低了约10个百分点。2021年,河南省城镇化率为56.45%,相较于2020年提高了1.02个百分点,而全国平均城镇化率为64.72%,河南省城镇化率仍比全国平均水平低了约9个百分点①。城镇化水平低的"短板"已经成为制约河南经济社会发展诸多矛盾中突出的问题之一。此时,农村人口就地就近城镇化问题不仅引起了河南省政府的高度关注,同时也引起了学术界的关注,特别是在乡村振兴战略提出后,农村地区的快速发展更加速了学术界在该领域的研究。就地就近城镇化能否有效实现,首先要分析农村转移人口的内生动力,即农村转移人口就地就近城镇化的意愿。以"就地就近"为主题词、以"河南省"为摘要词在学术网站上进行搜索,共得到相关研究成果(包括期刊论文、报纸、会议论文等)33项,且主要集中在就地就近城镇化、新型城镇化、就地就近就业等领域(见图2-1)。

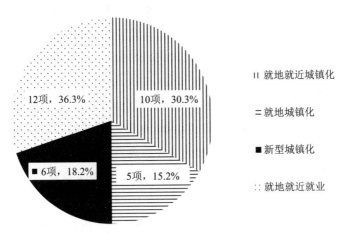

图2-1 河南农村人口就地就近转移的研究成果分类
(数据来源:中国知网)

从已有研究来看,国内最早关于河南省就地就近人口转移的研究是在1986年提出的(刘俊喆、何大明,1986),之后随着河南省社会经济水平的不断提升,关于该省就地就近转移的研究逐渐丰富。目前,大部分学者在研究河南

---

① 数据来自河南省统计局:2021年河南省主要指标。

省农村人口就地就近转移时主要集中在农村人口就地就近转移的方向、农村人口就地就近转移的意愿以及农村人口就地就近转移意愿的影响因素等方面。其中,有研究指出,早期农村人口在就地就近转移中主要朝向省内外的大中城市流动,乡村振兴战略的提出促进了区域内部城乡协调发展,为小城镇发展创造了机遇,大、中、小城市与城乡协同发展的格局正在日渐形成。但是,随着小城镇在人口转移中承载的功能越来越多,相应的问题逐渐凸显并被放大,特别是环境、土地、能源等问题逐渐成为阻碍农村人口就地就近转移的因素。此时,国家提出的特色小城镇开始起到一定作用,并逐渐成为承载农村人口就地就近转移的重要载体,这也要求各级政府部门在促进农村人口就地就近转移时需要有选择地发展具有产业、资源、政策等优势的特色小城镇(林毅夫,2003)。基于此,本章重点对河南省农村人口就地就近向中小城市和特色小城镇转移的意愿、动力机制及策略建议等展开分析。

(一)河南农村人口就地就近向中小城市转移的意愿

从2018年末开始至2021年末,河南省的城镇化率已经超过50%,标志着河南省城镇化道路已经开始步入后城镇化时代,在城镇化发展建设时不仅要追求速度,更要追求质量。调研发现,当前河南省多数地区的农村劳动者都不希望继续留在农村从事农业生产活动,而是倾向于外出务工以获取更高的经济收益。这些外出务工人员在选择就业地点时,愿意转移至本乡镇、本县城或者邻近县城及所在的地级城市。比如,在信阳、洛阳、商丘、南阳、安阳等多个地区的调研中发现,超过一半的受访者都表示愿意前往所在地的乡镇、县城或者地级城市从事生产劳动。在进行调研结果整理时发现,对于经济相对落后或者交通不够发达的县城来说(比如信阳的商城县、罗山县等),农村人口就地就近向城镇转移的意愿更加强烈,超过80%的受访者愿意选择在本县城或者所在地级城市谋生。可见,河南省本身就具备发展就地就近城镇化的基础,但是不同地区由于经济水平上存在差异,就地就近城镇化率有待进一步提高。同时,根据研究结果发现,与十几年前不同的是经济水平相对落后地区的就地就近城镇化率相对偏高,出现这种现象的主要原因是随着国家对贫困地区扶持力度的加大,农村产业逐渐崛起,就地就近就业能让他们在城镇务工的同时还能兼顾在农村从事相关的农业生产活动。比如,在商城县展开的问卷调查中发现,不同年龄段人员就地就近城镇化的意愿存在一定差距,其中,30岁以下的被访谈人员中大部分倾向于前往省内外的大中型城市发展;30~45岁的被访谈人员中有一半左右愿意在信阳市中心城区或商城县县城或周边县城从事生产活动,其中,愿意在商城县县城务工的人员占比超过了50%;45岁以上的被访谈人员中有超过80%的人员愿意留在本地,且更倾向于选择本县县城、自己居住的乡镇或者与居住地邻近的乡镇。

虽然河南省农村人口就地就近转移就业的愿望比较强烈,而且从经济收入、生活便捷程度等层面来看,他们开始对务工城市产生一定的归属感,但是,调研显示,农村人口普遍存在的技能偏弱、文化程度偏低等问题,导致他们在城市的就业不稳定或者以从事体力劳动为主。他们在城镇就业获取的经济收入比务农时的收入提高了很多,但面对城市的高成本生活环境、快速的生活节奏,他们在生活、医疗等方面存在较大压力,从而无法真正融入城市中。因此,当前农村人口就地就近转移仍然以劳动力转移为主,真正落户在中小城市的人口较少。2016年底,国家统计局河南调查总队发布的一项调研报告显示,就河南省来说,仍然有超过80%的农村人口愿意在城市中就业和生活,而且在城镇拉力驱动的作用下,大部分农村人口也有较强的转移愿望,但是,在体验了城市的就业经历和生活经历之后,真正愿意落户城镇的积极性反而不高。比如,调查总队在对商丘市农村人口就地就近转移的调研中发现,真正愿意落户城镇的就近转移人口不足5%。近几年,随着在中小城市务工农民工居住条件的逐渐改善、子女受教育保障的落实、社会保障的逐步提升以及接受健康和医疗服务情况的改进,就地就近落户人员比例开始上升。调查总队在2018年对河南省就地就近在城镇就业的农民工进行调研时发现,全省就地就近务工的农民中已就业农民工占87.2%,且大部分受访人表示有较强的就地就近转移到城镇的意愿。此外,根据调查总队对全省16个地市和7个县(市)城镇范围内展开的调查,其中对1735个进城农民工进行面对面访问调查的结果显示,已在城镇定居或有定居意愿的农民工超过了30%。[①] 同时,报告中也指出了妨碍农村人口就地就近转移的一些因素,比如,由于较多农民工没有稳定的职业和收入,在城市中工作和生活时,除家人外他们业余时间的人际交往范围并不宽泛,难以融入城市居民生活,绝大多数人员的业余活动都是在家看电视或睡

---

① 国家统计局河南调查总队.2018年河南农民工市民化进程监测报告[EB/OL].http://www.hadc.gov.cn/fxjd/show-171.html.

觉,基本不参加相关的文体活动或者进修培训。

除此之外,有学者在探讨河南省部分区域的农村人口就地就近转移情况时,认为河南省与其他省市的农村人口就地就近转移情况类似,农村人口在就地就近转移过程中以自发输出为主,更加偏向于向所在地的乡镇、县城、地级城市或省会城市转移,偏向于劳动密集型产业,且产业集聚区的发展已成为吸纳农村劳动力转移就业的主要阵地。有学者针对我国在推进城镇化进程中存在的对"农民意愿"关注不够、缺乏具有区域适应性的就地就近城镇化模式等突出问题,在中西部传统农区选取代表性观测点,借助问卷调查与深度访谈法对农村人口就地就近转移意愿及其影响因素进行深入分析,研究结果显示,目标区域农村人口就地就近转移的意愿强烈,并呈现出"购房但不落户"的转移特征(彭荣胜,2016)。在对农村人口就地就近转移的行为特征进行分析时,袁方成等人提出了"差序格局"的转移特征,并以豫南地区的农村人口就地就近转移情况为例进行实证分析,进而提出了农村人口迁移的基本路径(袁方成、杨灿,2017)。

总体来说,随着城镇化梯度由大中城市向小城市或小城镇推进,政界和学术界都开始关注农村人口向小城市、小城镇转移的问题。与全国整体趋势相似,就地就近城镇化也成为河南省农村人口迁徙的主要模式。但是,就已有研究成果来看,在对农村人口就地就近转移意愿进行研究时并未形成统一观点,还存在较大可进一步探讨和研究的空间,仍需各方加强对该领域的推进工作。

(二)河南农村人口就地就近向特色小城镇转移的意愿

2017年,国家发展和改革委员会、国土资源部、环境保护部、住房和城乡建设部联合出台的《关于规范推进特色小镇和特色小城镇建设的若干意见》指出,特色小城镇是拥有几十平方公里以上土地和一定人口经济规模、特色产业鲜明的行政建制镇。特色小城镇既能够吸引城市先进生产要素流入,也能吸纳乡村地域特色资源聚集,在城乡要素双向流动和城乡影响双向传递的过程中具有重要意义(王博雅,2020)。为积极响应国家战略方针,河南省正在加大力度推动特色小城镇建设,其中,人口转移是否顺畅在很大程度上影响了特色小城镇的建设成效和可持续性。因此,在推进特色小城镇建设时政府要能够根据农村人口就地就近转移对制度需求的变化进行创新,为农村人口就地就近转移到特色小城镇提供激励措施,逐渐消除阻碍农村人口就地就近转移的不利因素，提升农村人口就近向特色小城镇转移的意愿。通过对河南省特色小城镇人口规模进行统计分析，发现2021年在河南省的1784个乡镇中(1178个建制镇，606个乡)一半以上小城镇的人口数量规模达到了3万人以上，这个规模对于农村人口就地就近转移具有较好的推动作用①。

基于此，参照制度变迁理论中提出的观点：当政府推行的人口集聚政策与农村人口就地就近转移意愿相吻合时，有助于人口转移效率实现最大化，并能最大程度吸引农村人口就近向特色小城镇转移(周雪光，1999)。因此，在对河南省农村人口就地就近向特色小城镇转移的意愿进行分析时，为保证对转移意愿分析的透彻性，本研究在进行调研时将时间跨度设置为未来三年内，即农村人口"未来三年内是否有就地就近转移到特色小城镇的意愿"，并以此来设置调研问题。由于本研究是以农村人口的就地就近转移为核心展开的，因此，在选择调研区域时遵循了以下原则：首先，要以特色小城镇要求的人口规模数量为基准，即所选择的调研区域必须是人口在3万人以上的小城镇；其次，要求该小城镇是河南省批准的特色小城镇或者即将成为河南省特色小城镇(梅星星，2018)；最后，要求该小城镇的城镇化率在河南省平均城镇化率的水平线上。根据上述标准，本研究在调研时分别选择了洛阳市栾川县潭头镇、焦作市温县赵堡镇、三门峡市渑池县仰韶镇、信阳市平桥区明港镇、信阳市商城县上石桥镇及驻马店市确山县竹沟镇作为调研区域，并以此6个地区中的农村转移人口为调研对象进行问卷调查，调研时间是2021年2月。本研究在每个特色小城镇发放问卷100份，共发放问卷600份，回收有效问卷581份，有效率为96.8%，并使用Excel工具对问卷数据进行处理。

在对6个特色小城镇的调研结果进行分析之后发现，有34.8%的受访者表示愿意就地就近转移到城镇或者在未来三年内有意愿迁移到城镇，有65.2%的受访者表示目前没有或者在未来三年内没有就地就近转移到城镇的意愿(见表2-1、图2-2)。可见，在国家和河南省政府推行特色小城镇建设的背景下，农村人口就地就近转移的意愿并不十分强烈。因此，需要对这一情况展开深入调查，考察影响农村人口就地就近转移到特色小城镇的因素，包括推力因素、拉力因素和阻力因素，进而有效引导他们向特色小城镇转移。

---

① 河南省统计局《2018年河南省乡镇社会经济发展情况报告》。

表 2-1 农村人口就地就近转移到特色小城镇的意愿调查表

分类	人数/人	百分比
有意愿	202	34.8%
没有意愿	379	65.2%
总计	581	100%

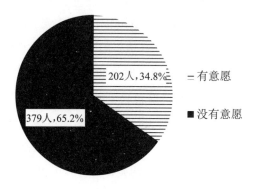

图 2-2 农村人口就地就近转移到特色小城镇的意愿统计图

除上述评价结果,农村人口就地就近向特色小城镇转移的意愿在性别、年龄结构、婚姻状态、受教育程度等方面也存在差异。

第一,就性别而言,581位受访者中男性占51.5%,女性占48.5%;但是,在202位愿意转移的受访者中,有91位男性受访者,占比为45.0%,有111位女性受访者,占比为55.0%;在379位没有转移意愿的受访者中,有204位男性,占比为53.8%,有175位女性,占比为46.2%(见表2-2)。可见,女性更偏向于就地就近转移到特色小城镇。其原因可能有以下几个方面:一是就地就近转移对于女性来说能够兼顾工作和家庭;二是就地就近转移到特色小城镇中,可以增加女性的就业机会并增加收入。

表 2-2 性别因素对就地就近转移意愿的影响

分类	受访人情况		愿意转移		不愿意转移	
	人数/人	占比	人数/人	占比	人数/人	占比
男	299	51.5%	91	45.0%	204	53.8%
女	282	48.5%	111	55.0%	175	46.2%

第二,从年龄结构来看,有意愿就地就近向特色小城镇转移的受访者中,

30岁以下的人有31位,占比为15.3%,30~45岁的人有62位,占比为30.7%,45岁以上的人有109位,占比为54.0%。可见,在特色小城镇的建设过程中,30岁以上的人员更愿意就地就近向特色小城镇转移,尤其是以45岁以上的人最为突出,该现象也反映出在新一代的农村人口转移过程中,年轻人更倾向于前往大中城市去闯一闯。

第三,从婚姻状态来看,有意愿就地就近向特色小城镇转移的受访者中,有158位受访者已婚,占比为78.2%,且大部分受访者都有孩子在所在乡镇或县城上学;有44位受访者未婚,占比为21.8%。这一结果表明特色小城镇更受已婚人士的欢迎特别是家庭中有孩子正在上学的,同时也从侧面反映出特色小城镇所提供的生活环境和就业环境正好满足此类人群的需求,并成为此类人群就地就近转移的首选目的地,也间接体现了未婚者不愿意就地就近转移的原因。

二、河南农村人口就地就近转移的动力机制分析

河南农村人口就地就近向中小城市和特色小城镇转移的动力机制是指促使农村人口转移的动力及动力产生的机理,以及各种相关的政策、制度、经济等因素所共同构成的复杂的综合系统,动力机制决定了农村人口就地就近转移的意愿。简单来说,这种动力机制就是能够持续推进农村人口就地就近向中小城市和特色小城镇转移的各种力量的综合及其相互关系。从收集到的研究资料看,已有研究成果已经初步对农村人口就地就近城镇化的动力及其机制进行了一定的探索,明确了与跨省城镇化相比,就地就近城镇化所具有的优劣势,从加强社会质量建设的角度考虑农业转移人口就地就近城镇化中的社会保障、社区融入、社会参与等方面的问题,避免"伪城镇化"状态的出现(卢小君,2022)。在进行动力机制研究之前,本研究先对促使农村人口就地就近转移的力量来源和影响因素进行阐述。

(一)河南农村人口就地就近转移的动力来源

农村人口就地就近向城镇转移是多种力量综合作用的结果,依据人口迁移理论及推拉理论等内容,本研究重点从推力、拉力和阻力等力量来源展开。就力量的正向作用和反向作用来说,推力和拉力属于促使农村人口就地就

转移的正向力量,是促进人口转移的积极因素,而阻力属于农村人口就地就近转移的反向力量,是影响人口转移的消极因素。

但是,对于形成推力的因素来说有积极和消极之分,其中农村人口众多、土地资源匮乏、文化生活单调、生活不够便利等属于消极因素,其推动农村人口跨区向大中城市流动;而积极因素是受制于农村条件的局限性而促进农村人口就地就近向中小城市和特色小城镇转移的因素。拉力包括城镇能够提供更多的就业机会,能够增加农村人口的经济收入,在城镇生活能够享受城镇的文明与便捷的生活方式等,其拉动农村人口向城镇迁徙。拉力对于农村人口就地就近转移来说,属于正向力量。

(二) 河南农村人口就地就近转移的影响因素

1. 资源因素

不管是城镇自身发展还是农村人口向城镇转移,城镇具备一定资源条件是首要因素,因此,资源是促使农村人口就地就近向城镇转移的先天动力和先决条件,并在推动农村人口转移方面起到决定性作用。对于河南省大多数中小城市和特色小城镇来说,其都具备一定的硬性资源(如土地资源、人才资源等以各种实体形式存在的资源)和软性资源(如文化资源、资本资源、社会保障资源、市场就业信息资源等以非实体形式存在的资源,其具有动态性,在社会发展过程中会不断变化)。在传统经济社会发展中,土地等硬性资源的作用大于软性资源的作用,但是在信息化、网络化和全球化经济时代,科技突破了部分硬性资源的限制,让软性资源扮演的角色愈加重要。特别是对于中小城市和特色小城镇来说,如何将自身硬性资源和软性资源的效率发挥到最大,是在有限资源范围内拉动农村人口就地就近向其转移的有力手段;不仅如此,良好的硬性资源禀赋加之软性资源的辅助补充,也将更有利于中小城市和特色小城镇的发展,进而对农村人口就地就近转移产生更大吸引力。

2. 区位因素

区位因素不仅体现了各城市(城镇)在地理位置、自然资源上的特征,也表现为其在社会经济方面的水平,是自然因素与社会经济因素相结合的结果。因此,在探讨中小城市和特色小城镇对农村人口就地就近转移产生的吸引力时,必须能够从区位角度对吸引力进行解读。结合资源因素的属性可知,一方面,软性资源具有一定的区位导向性,区位因素能够放大软性资源的价值。比如,历史文化丰富、市场信息透明和体制机制健全的中小城市(特色小城镇),能够通过将软性资源的优势转化为经济效益,促进中小城市(特色小城镇)的成长和发展,进而对农村人口就地就近转移产生更强的吸引力。另一方面,良好的区位优势在放大软性资源价值的同时还能够吸引更多软性资源的注入。比如,东南沿海地区的一些中小城市和县城,利用其良好的区位优势吸引了大量的资本、经济、信息等软性资源,不断吸引农村人口就地就近转移。除此之外,区位因素也能促使政府部门在制定相关政策时向区位优势较好的中小城市或城镇倾斜,政策上的倾斜与支持也能促进农村人口就地就近转移。

3. 政策因素

一直以来,政府出台的各项政策制度都是影响中小城市和特色小城镇发展的重要外部因素之一,在讨论政策产生的影响时应该辩证地开展,即政府政策的影响作用具有两面性。一方面,政府政策对城镇发展具有正向影响,能够促进城镇经济发展,积极影响城镇建设的模式选择,并不断促进农村人口就地就近转移。另一方面,政府在制定政策时必须依据本地特色,不能一味模仿和抄袭。河南省人口众多,经济相对落后,在制定促进农村人口就地就近城镇化政策时不能直接照搬发达省份或者产业体系不同省份的政策,否则会对农村人口的就地就近转移产生负面影响。比如,河南省政府出台的关于促进农村人口城镇化或推动中小城市(特色小城镇)发展的相关政策,会在某些方面影响农村人口向城镇聚集,进而对经济、社会、人居环境等各个方面产生影响,并在一定程度上制约城镇的发展及其与外界之间的互动,最终会影响城镇的就业和民生改善,这些情况都会对农村人口就地就近转移产生一定阻碍。

(三)河南农村人口就地就近转移的动力机制

农村人口就地就近向中小城市和特色小城镇转移的动力机制是指城镇充分利用自身资源优势、区位优势和政策优势等,实现各项资源优化配置,通过发挥资源因素、区位因素和政策因素等的综合力量,不断促进农村人口在城镇聚集,发展城镇产业并最终实现农村人口就地就近市民化、就业非农化。农村人口就地就近向中小城市和特色小城镇转移的动力机制不是某一种力量单独作用的结果,而是多种力量共同作用形成的,通常认为正向推动力和反向阻滞力是最主要的力量。其中,推动力是促进农村人口就地就近向中小城市和特色小城镇转移的正向力量,其有主导推动力和辅助推动力两种,共同促使农村人口就地就近向中小城市和特色小城镇转移。阻滞力是制约农村人口就地就近转移的因素,比如乡村的传统文化、城市的生活压力、城市的高房价压力、子女受教育压力等在一定程度上都可视为阻滞力。表2-3给出了河南农村人口就地就近向中小城市和特色小城镇转移的动力机制。

表2-3 河南农村人口就地就近转移的动力机制

城镇类型	主导因素	辅助因素	主要特征
资源吸引型城镇	具有一定的自然资源优势	除主导因素外其他因素的输入,如基础设施、外部经济等因素	自然资源吸引力强,并带动其他外部因素的输入
经济吸引型城镇	具有一定的软性资源优势,城镇的总体经济发展水平较高	城镇具备了较为完善的管理和服务制度,城镇总体环境较好	城镇功能齐全,基础设施和设备较为完善,经济较为发达
区位吸引型城镇	城镇所处的地理位置较为优越,农业产业发展不突出,其他产业较为突出	政策制度的支持与倾斜,劳动力资源丰富	工业、服务业等产业相对发达,与大中型城市联系较为紧密
商贸推动型城镇	具备较好的劳动力资源和丰富的历史文化资源	交通发达,地理位置较优越,政府出台了人口转移相关的政策	服务业较为发达
需求推动型城镇	城镇经济水平较高,产业相对集中且发达,对劳动力有较高的需求	政府参与人口转移的引导	经济水平较高,综合实力较强,但市场有待完善
推拉综合型城镇	各种因素的综合作用	政策引导、经济吸引	功能基本齐全,但整体水平需提高

资料来源:廖永伦.基于农村就地城镇化视角的小城镇发展研究[D].北京:清华大学,2016.

1. 推动力

1)工业是农村人口就地就近转移的根本动力

通常来说,城镇中企业的集聚效应是指大量企业在区位上选择向某一个点集中时所产生的效应,能促使城镇在经济发展上也出现集聚效应。作为吸引劳动力资源的重要方式,经济上的集聚必然会引起人员的集聚,同时也会促使其他非经济要素的集聚,所有这些要素在同一区位集聚之后再重新分化组合,最终会产生推动农村人口不断迁徙的动力。产业集聚会不断促使市场规模扩大,并推动人口逐渐向某一个区位集中以满足日益扩大的市场需求。对于城镇企业来说,市场扩张有利于企业的生产发展,进而带动农村人口就地就近转移。小城市或城镇是县域经济甚至更小范围区域经济集聚的空间载体,基于河南省当前的经济水平和城镇化质量,在城乡二元经济结构条件下,农村和农业的发展出路主要体现在分流部分农业劳动力,让农业劳动力在农闲时间能够就地就近从事第二、第三产业的生产活动,提高其经济收入。由于我国的国情及农村人口就地就近转移时受到诸多因素的制约,人口转移以就业转移为主,在城镇和农村出现了"进厂不进城、离土不离乡"的社会现象,对于城镇来说这种模式能够促使其经济水平、产业体系等的不断发展,对于农村来说既能解决剩余劳动力就业的问题,还能增加经济收入,这不仅能够促进城镇化的健康发展,而且有利于形成城乡、区域协调发展的良好局面(王勇、李姗姗,2009;李发戈,2017)。由此可见,城镇工业或乡镇企业的飞速发展极大地促进了农村人口就地就近城镇化,成为农村人口城镇化最直接的根本动力。

2)服务业是农村人口就地就近转移的后续动力

农村的推力、城镇的拉力以及两种力量综合交互作用所产生的作用力都被视为农村人口就地就近转移的主要动力,其中,城镇对劳动力需求所产生的拉力是决定性力量。随着城镇工业化水平的提升、工业规模的扩大,在中小城市或城镇择业就业的高收入效应不断拉大城乡居民之间的收入差距,为了提高经济收入,农村劳动力不再停留在单纯从事农业生产活动的层面,而是逐渐从第一产业向第二、第三产业转移,即农村人口开始不断向中小城市或城镇转移。但是,对于转移的劳动力来说,由于知识、技能等的欠缺,他们无法从事高科技、信息化、现代化的工作,更多转移劳动力将目光投向了服务业,因此,服务业就成为促进农村人口就地就近转移的重要推动力量。这种力量对农村人口就地就近转移所产生的推动力主要表现在两个方面。首先是城镇中的生产性服务业,作为推动城镇经济发展的重要产业,生产性服务业在一定程度上与农业、工业的产业化发展具有相关关系。工业发展水平越高,其对产前、产中和产后各个环节社会化服务的要求就越高,对人员的需求量就越大,进而能够促使农村人口就地就近向城镇转移。其次是生活性服务产业,随着城镇经济收入提升、配套设施的不断完善及生活休闲方式的丰富和多元化,广大居民对生活类服务产业的要求逐渐提高,追求更为丰富的物质消费与精神享受逐渐成为当代城市生活中的一种时尚。此时,人们在文化娱乐、休闲购物、观光旅游度假等方面会投入更多时间和财力,进而市场需要更多劳动者参与并提供更多的生活消费性服务,最终提供大量的就业机会。在经济利益的驱使下,新增的就业机会能够不断吸引农村人口就地就近转移(韦朕韬,2018)。因此,城镇服务业的快速发展为农村人口创造了大量就业机会,吸引农村剩余劳动力流向城镇,这不仅促进了城镇人口的集聚,还有效提升了周边农村的城镇化发展水平和速度。

3)经济体制改革是农村人口就地就近转移的新生动力

我国在1978年开始实施改革开放政策,促进全国经济体制的不断完善,逐步将传统计划经济下的资源分配模式转变为灵活的社会主义市场经济体制下的分配模式,经济体制改革对包括中小城市或城镇在内地区的社会经济发展、生产生活等各个方面都产生了深远影响。其中,以市场经济发展新需求为导向不断推进小城镇发展建设的过程,就是促使小城镇及其周边生产要素不断流动的过程,通过政府的宏观调控和市场的调节机制不断进行资源的优化配置,从而能让各类投资者都有机会进入国家允许的城镇建设和管理领域,不断加快农村人口就地就近向城镇集聚的步伐。事实上,经济体制改革成为农村人口就地就近转移的新生力量,以市场化手段推进农村人口就地就近城镇化也成为一种新的改革方式。比如,与河南省及其他中西部地区相比,我国东部沿海的发达地区,作为改革开放的第一批受益者,拥有相对完善的市场经济体制,在城镇化发展过程中基本都采用了以市场化推进城镇化的路子。2013年,河南省人民政府正式批转了由省发展改革委制定的《关于2013年深化经济体制改革重点工作的意见》,该意见明确了将推行包括行政管理体制、加快新型城镇化进程、财税金融体制、基本民生保障制度、社会事业、农村综合改革、资源节约和环境保护体制机制、深化市场主体、深化资源性产品价格改革、创新郑州航空港经济综合实验区对外开放体制机制等在内的10项改革举措;同时明确提出了促进河南省农业人口转移到城镇并落户的办法,要求适当放宽郑州市、进一步放开其他省辖市、全面放开县城和小城镇落户条件,积极鼓励拥有合法稳定职业或合法稳定住所的农村人口就地就近转移并落户城镇。

4)城乡收益差距是农村人口就地就近转移的内生动力

目前,经济收入差距是城乡之间比较利益差别最主要、最直观的表现形式。就农业生产来说,农产品价格低廉以及农业生产成本较高、对气候和土地的依赖性较强等都是牵制农业产业效益的重要因素。比如,以河南省的农业生产耕地来说,该省地形地貌相对复杂,有山地(占全省26.6%的面积)、丘陵(占全省17.7%的面积)、平原(占全省55.7%的面积)三种类型,人多地少的问题较为突出,而山地、丘陵地区农业的分散式生产,既不利于农业产业化、规模化生产,也难以提升农业的经营层次。最终,农业生产过程中的高投入、低产出以及农产品作为刚需产品的特征,致使农民无法在农业生产中获取较高的收益,导致部分农村人口长期处于低收入阶层。然而,在同样的投入情况下,城镇中的工业、服务业往往能够获取比农业更高的收益,从事此类行业的人员也能够获得更高的福利待遇,这对农村劳动力产生了极大的吸引力,并在经济利益的驱使下促使农村人口就地就近向城镇转移。由此可见,城乡之间产业利益的巨大差异对农村人口在就业择业、居住选择、迁移方向等方面产生了较大影响,主要表现为大部分农民会选择不种地或者少种地,倾向于在城镇就业,同时又要考虑子女受教育、照顾老人与家庭等因素,他们不能远离家乡转移到更远的城镇,在综合考虑各种因素之后,就地就近转移到中小城市、小城镇的工业和服务业等比农业生产收益更高的产业是他们的首选方案。此时,离开土地的农民中有很大一部分流向城镇,促进农村人口就地就近向中小城镇转移(杨赛赛,2018)。

2. 阻滞力

与推动力相似,农村人口就地就近城镇化的阻滞力也受多种因素共同作用,比如,转移到城镇后的就业机会、自身具备的知识和技能能否满足当下行业的用工需求、是否能够享受到与城镇居民同等的社会保障、能否适应城市的居住环境和快节奏的生活方式等,都可能制约农村人口向城镇集聚,进而形成阻碍农村人口就地就近转移的阻滞力。

1)不合理的制度或政策阻碍了农村人口就地就近转移

河南省作为人口大省和农业大省,在传统的二元体制下,传统的户籍制度、土地制度、社会保障制度以及就业制度等在某种程度上将乡村居民牢牢限制在了农村,并使他们对土地产生了极大的依赖性。调研发现,受媒体宣传和报道的影响,大多数农民看好土地的未来价值,认为保留承包地能在未来国家的土地制度改革中给他们带来更大的收益。尽管按照现行的土地政策,进城落户的农民可以自由选择是否放弃农村承包地,但仍有大量农户担心承包期过后,失去农村户口的农民将失去承包权。加之农民即使转移到了城镇也很难享受与城镇居民同等的社会保障和福利,导致他们就地就近进入中小城市、小城镇成为"城里人"的梦想难以实现。此外,较高的迁移成本也阻碍了农村人口就地就近转移,以及转移到城市之后子女受教育问题、赡养老人问题、城市的高房价和高消费等问题都降低了农村人口向城镇转移的意愿;而且,部分农村人口拥有较强的传统思维观念,受这种观念的束缚他们不愿意离开祖祖辈辈生活过的地方,再加上自身能力、受教育程度等的限制,他们没有信心在城镇中寻求一份稳定的且收入较好的工作,故而也会放弃向城镇转移。就河南省来说,除郑州市、洛阳市、新乡市等城市的经济发展较好外,其他地市、县城及乡镇的经济发展相对落后,特别是对于小城镇来说,基础设施建设不完备、娱乐活动不丰富、居住环境不生态等都是不容置否的,这些因素也会导致农村人口就地就近向城镇迁移的意愿不强烈,进而形成了农村人口就地就近转移的阻滞力。

2)就业空间小、就业难等问题阻碍了农村人口就地就近转移

虽然河南省可转移的农村剩余劳动力较多,但调研发现,劳动力年龄结构不合理、文化程度低、综合素质不高、整体技能欠缺等都是普遍存在的现象,其都有可能导致农村劳动力转移到城镇后不能有效满足城镇产业结构升级的需求,这无疑大大挤压了教育水平较低的农村劳动力的就业空间,使其被城镇的快速产业化发展所淘汰。表2-4给出了2016年、2018年和2020年河南省农村劳动力文化程度结构状况,数据显示河南省农村劳动力文化程度不高,其中,初中及以下文化程度人群占比最高,在2020年达到69.81%,占据全部农村劳动力人数的三分之二以上。此外,表2-5给出了2020年河南省与全国就业人员受教育程度统计结果,从表中可发现,河南省就业人员中初中及以下学历的比重为62.9%,较全国平均水平(60.4%)高了2.5个百分点。同期,河南省大专及以上就业人员的比重为17.0%,较全国平均水平(22.2%)低了5.2个百分点。进一步分析显示,河南省小学及以下学历的劳动力中女性人数要高于男性,而小学以上的劳动力中男性人数要高于女性,这也从侧面反映了性别对农村人口就地就近转移的影响。

表2-4 2016年、2018年和2020年河南省农村劳动力文化程度占比　　　　单位:%

年份	没上过学	小学	初中	高中	大专	本科	研究生
2016年	6.20	9.28	62.78	17.83	2.80	1.01	0.10

续表

年份	没上过学	小学	初中	高中	大专	本科	研究生
2018年	5.51	11.82	54.21	18.23	7.54	2.56	0.13
2020年	4.50	16.71	48.60	18.70	8.12	3.22	0.15

数据来源：根据各年份河南省统计年鉴整理所得。

表2-5　2020年河南省及全国就业人员受教育程度统计表　　单位：%

地区	没上过学	小学	初中	高中	大专	本科	研究生
河南	2.6	12.8	47.5	20.1	9.7	6.7	0.6
全国	2.4	16.3	41.7	17.4	11.3	9.8	1.1

数据来源：《中国人口和就业统计年鉴—2021》。

总体来说，文化程度、专业技能、年龄结构、性别结构等因素都可能导致农村劳动力转移后不能满足现阶段城镇经济快速发展的要求，主要表现为不少转移到城镇的农村人口不会使用互联网，不能及时掌握就业信息，就业途径狭窄，且加上劳动技能差，他们主要从事建筑业、低端服务业等工作，工作时间长、强度大，就业稳定性差，导致部分人员无法承受而选择回到农村。此外，众所周知，劳动密集型产业一向是农村转移人口就业的主战场，而该类产业用工成本逐年攀升，加之顺应建立产业结构新体系的需要，各地政府纷纷提升劳动密集型产业的用地、用水、用电成本，在政策挤出效应的作用下，许多劳动密集型产业的衰退进一步增加了农村人口在当地的就业难度。不仅如此，由于农村劳动力缺乏相关的技能培训，知识和技能受限，转移到城镇后只能够从事一些低层次、低技术含量的工作，因而存在企业用工需求和求职者技能不匹配的现象，并导致劳动市场中供求结构性矛盾日渐凸显，一方面出现劳动力在数量存在供大于求的问题，另一方面又存在劳动力在质量上供不应求的现象，最终导致就业难和招工难两大问题并存，影响了农村劳动力向城镇转移的意愿。

3）不合理的产业结构制约了农村人口就地就近转移

河南省的产业结构属于农业经济偏重的产业结构，第二产业、第三产业不够发达，且绝大部分中小城市、小城镇的工业企业规模不大，效益不高，不论是在解决就业还是在增加收益等方面，其吸纳农村剩余劳动力的能力十分有限，影响了河南省农村人口就地就近向城镇转移的意愿。从河南省三次产业就业结构所占比重的变化可以看出,近年来从事第一产业生产的劳动力人数所占比重保持下降趋势,从事第二产业生产的劳动力人数所占比重由上升转为下降趋势,从事第三产业生产的劳动力人数所占比重正在加速上升,已经超过了第二产业,说明原来从事第一产业的众多劳动力开始主要向第三产业转移。但是,相比较而言,河南省从事第一产业的劳动力人数所占比重仍然高于全国平均水平,而从事第三产业的劳动力人数所占比重远低于全国平均水平,可见河南省的产业结构发展仍然处于低级阶段,需要进一步优化(见表2-6)。

表2-6 2018—2021年河南省三大产业结构比例汇总表 单位:%

年份	一产	二产	三产
2018年	8.9	45.9	45.2
2019年	8.5	43.5	48.0
2020年	9.7	41.6	48.7
2021年	9.5	41.3	49.1

数据来源:河南省国民经济和社会发展统计公报(2018—2021年)。

进入21世纪以来,随着世界经济持续快速发展,全球产业结构格局发生了较大改变,第三产业超越了第一和第二产业而成为比重最大的产业,并形成了"三、二、一"的倒金字塔产业格局。与全球产业格局的快速变化相比,我国的产业格局变化开始于改革开放政策的实施,而中西部地区的产业转型则更晚一些。近些年来尽管河南省的产业结构升级已经取得了较为明显的成绩,但相对于国内经济较发达省份和西方发达国家来说,仍然存在起步晚、起点低、发展速度慢等劣势。因此,为了使对比效果更清晰,本研究将河南省与河北、山东、山西、湖北、安徽、陕西等省份的产业结构情况进行对比(见图2-3)。分析发现,与全国平均水平及上述省份相比,河南省的产业结构仍然存在一些不合理之处,主要表现在第一产业的比重过高,不仅高于全国平均水平,还高于山西、陕西、安徽、山东、湖北等省份;第三产业的比重偏低,不仅低于全国平均水平,还低于河北、安徽、山东、湖北等省份。由此可见,不合理的产业结构严重影响了河南省农村人口就地就近城镇化。

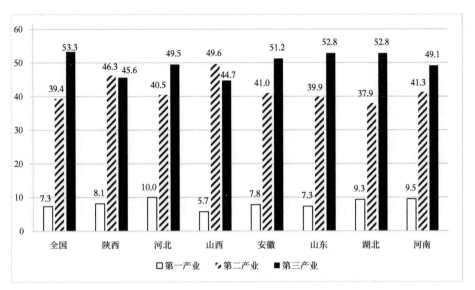

图 2-3　2021年河南省与全国及部分省份三产结构对比图
数据来源:中华人民共和国及各省国民经济和社会发展统计公报(2021)。

4)城镇就业服务体系建设滞后阻碍了农村人口就地就近转移

城镇公共就业服务部门作为解决农村人口转移后就业问题的主要服务机构,其建设的完备程度、服务水平高低、服务效率情况等能直接影响转移人口的就业满意度及其落户城镇的意愿。但是,在对河南省各城镇公共就业服务部门进行调研之后发现,全省各城镇公共就业服务体系普遍存在服务网络不完善、机构经费短缺、机构内在编人员较少等问题,特别是规模较小或者经济水平相对落后的城镇,基本上没有配备专门负责公共就业服务的人员,这不利于解决农村转移人口在城镇中的就业问题,最终影响农村人口转移的意愿。为了解决这些问题,2011年河南省政府出台了《关于进一步加强基层人力资源社会保障公共服务平台建设的意见》,要求加大对基层公共就业服务体系的投入力度,提高建设质量,并在全省范围内取得了一定的效果。但是,纵观近几年农村人口在城镇的就业形势发现,仍然存在部分亟待解决的问题[①]。首先,城镇公共就业服务机构基础设施建设落后,全省范围内仍有30%的城镇就业服务机构没有固定的工作场所,依靠临时租赁工作场所办公,这种不稳定性导

---
① 张占仓,完世伟,王玲杰.河南经济发展报告(2016)[M].北京:社会科学文献出版社,2016.

致服务效率和服务质量大打折扣;而且拥有稳定办公场所的城镇在服务标准、服务功能、业务范围等方面也没有达到国家水平,无法满足当前市场对就业服务的要求。其次,信息化设施建设不到位,大量工作依靠手工操作,不仅增加了工作量还容易导致较高的出错率,致使基层公共就业服务能力提升缓慢。最后,城镇公共就业服务机构办公经费投入不足,服务能力和服务质量不能得到保证。调查表明,河南省大部分县(区)虽将乡镇街道服务平台工作人员经费纳入了财政预算,但大多数社区、行政村的日常办公经费严重不足,难以保证就业服务工作的顺利开展(张荣,2016)。

三、提升河南农村人口就地就近转移意愿的经验借鉴

就研究过程中搜集到的国外相关研究资料来看,国外目前提出的"农村城镇化"或"就地城镇化"的概念相对较少,但是,在对欧美地区城镇化进程进行分析之后发现,其城镇化基本路径与中国就地城镇化有相似之处。因此,通过对国外城镇发展经验的借鉴与学习,以及参考国内其他省市区农村人口就地就近城镇化的成功经验,有利于深化对河南农村人口就地就近城镇化的研究。

(一)农村人口就地就近转移的典型案例

1. 德国农村人口就地就近转移案例

在对德国人口的分布特征进行分析后发现,其全国大约8500万的常住居民中有60%以上的人口分布在小城市、小城镇或者乡村地区,真正居住在大中城市的人口不足40%。可见,德国政府在促进农村人口就地就近城镇化及向小城市或小城镇转移方面取得了较好的成效,并形成了良性的资本循环和人口回流,在传统的"自上而下"体系之外培育出了"自下而上"的乡村发展和规划,为城镇化模式创造了良好的产业经济条件和人居环境,这不仅有利于城市发展,更有利于小城镇和乡村地区的协同发展(黄璜,2017)。深入分析之后还发现,德国在促进农村人口就地就近向城镇转移的过程中主要存在以下特征。第一,在农村人口大规模转移之前,重视对小城市和小城镇建设的前期规划工作,提出的建设方案要得到公众的认可并以选举或投票的方式确定最终方案。规划的内容包括小城市和小城镇的供水供电、交通运输、环境保护、污水处理、绿林排列、房屋间距等。第二,在全国范围内建立合理且严格的户籍

管理体系,在进行户籍登记时不进行农业与非农业、城市与非城市之分,在拥有可居住房屋的情况下居民可自由转移。第三,针对不同类型、不同体量、不同级别的小城市和小城镇,在进行功能完善时各有侧重,比如,鲁尔工业区为德国的能源钢铁中心,北莱茵-威斯特法伦州的亚琛是德国的科技和新兴产业区,这种在功能层面上的合理布局不仅能够帮助小城市和小城镇减少"城市病"的干扰,还有助于农村人口向城镇转移,不断缩小城乡之间的差距。

2. 山东禹城农村人口就地就近转移案例

近年来,为响应国家提出的城镇化要求,山东禹城根据本地特色积极探索农村人口就地就近城镇化方案,并寻找出了一种基于传统平原农区推进新型城镇化发展的特色路径。该地按照"政府主导、规划先行、因地制宜、群众自愿、社会参与、依法依规、梯次推进"的基本原则,充分利用土地增减挂钩的相关政策,将推动农民生活方式和生产方式转变作为基本路径,以推进农村新社区建设和农村产业园区建设为手段,以农村城镇化发展为核心工作内容,致力于实现农民就地就近城镇化。在政府和社会各界的努力下,截至2017年,经过6年的实践,山东禹城农村就地就近城镇化取得了良好的效果,累计实现了108个村庄的就地就近城镇化,实现了8.6万农村人口住进了环境优美、生活便捷、基础设施完备、医疗保障健全的新社区(新城镇)。此外,在农村人口就地就近城镇化过程中同步延伸公共服务体系,保障农村居民平等享受义务教育、就业服务、基本养老、医疗卫生、住房保障等城镇基本公共服务的权利。2015年全市城镇化率就达到49.53%,年均增长超过2个百分点,高于山东省和全国平均增速(刘洪贵,2017)。

3. 湖北鄂州农村人口就地就近转移案例

鄂州市自统筹城乡发展、推进农村就地就近城镇化以来,构建了科学合理的城镇体系和产业体系,农村基础设施质量和基本公共服务水平显著提高,从根本上改变了鄂州传统农村的生产生活方式,提高了农民生产生活的市民化水平。一是完善制度设计,强化政策扶持。鄂州市坚持以城乡一体化为根本发展原则,从体制机制上进行创新变革,努力消除农村与城市之间在户籍制度、土地制度、社会保障制度等层面的隔阂与差距,改变原来城乡分割的政策差异,加大向广大农村地区的财政、技术、人力等要素的投入力度,在政策上优先或重点支持农村发展,实现农村在政策保障、产业发展和公共事业上的均等化。二是落实社会保障,增加就业培训。鄂州市财政不断加大对农村社会保障体系的支出,为失地农民提供专项财政支持,促进社会保障,解决农民由于失去土地而产生的一系列问题;同时,大力开展劳动技能培训活动,提高农民技能,着力解决农村劳动力在就业过程中由于技能缺失而丧失就业机会的问题;此外,建立完善的制度保障体系,统一城乡劳动力市场,建立城乡劳动者平等就业制度。三是严格遵守相关法律法规,保障就地就近城镇化顺利实施。鄂州市在推进就地就近城镇化进程中,坚持一切严格依法办事、依规办事,把推进就地城镇化的各项工作纳入规范化、制度化、法治化的轨道,做到有法可依、有据可循,为就地就近城镇化保驾护航。

(二)促进农村人口就地就近转移的经验借鉴

从国内外农村人口就地就近城镇化的发展经验来看,工业化和农业现代化与就地就近城镇化有着相互促进的作用。通过对发达国家和国内部分地区农村就地就近城镇化案例的分析发现,合理的政策体系、科学的规划方案、完备的基础设施、良好的产业基础等都是支撑农村城镇化的重要力量。因此,在对河南省农村人口就地就近城镇化意愿进行评价分析时,应充分借鉴上述经验,结合本省农村社会经济的实际特征,更好、更优地推进农村人口就地就近城镇化。

1. 重视政府对农村人口就地就近转移的规划引导

任何国家或地区的农村人口就地就近城镇化发展都离不开政府的科学规划,政府规划的好坏直接影响城镇化的发展质量。作为政策制定者和引导者的各级政府以及作为政策实施对象和行为主体的农村人口,都应该充分了解城镇化的本质内涵、运行规律、国际经验等,树立对"城镇化"的正确理解和理性认知。城镇化不是简单地"把农村面貌变成城市面貌",也不是简单地"从农村搬到城市",也"不是一个简单的城镇人口比重增加的过程,实质上是人类生产生活方式现代化的过程"。早在20世纪初期,国外部分发达国家就意识到农村与城市之间协调发展的重要性,并针对这一问题出台了相关政策以促进城市和农村之间的协同发展、共同进步。进入21世纪之后,全球更多国家都在致力于推动城乡之间的协同发展,并逐渐成为就地就近城镇化的目标之一,但是,在城乡协同发展过程中由于双方在经济、人口、环境等各个方面的差异,以及受农村地区自身发展局限性的制约,就地就近城镇化发展需要政府的科学规划与指导(王帆,2015)。首先,在制定城镇化规划之前政府要树立正确的城乡发展理念,全面把握农村就地就近城镇化发展的总体格局,在制定城镇化发展规划时要注重城乡协调统筹发展;其次,政府应结合本地情况因地制宜开展就地就近城镇化,让农村在政府的合理规划下发展经济,提高农民收入。

2. 注重农村人口就地就近转移时的基础设施建设

基础设施建设是居民生存的基本条件,对生产生活具有较大影响。目前,河南省很多小城市和小城镇的基础设施还不够完善,与大城市相比还存在一定差距,如公共交通、公共娱乐设施、住房等。因此,对于河南省来说,在农村人口就地就近向城镇转移的过程中,政府部门应依据其转移意愿以及转移过程中的阻力因素、推力因素、拉力因素等情况综合考虑,并以农民的实际利益为出发点,以推进农村人口就地就近转移为主要目标,不断强化完善小城市和小城镇的基础设施。此外,在进行基础设施建设时要学会借用市场的力量,不能单纯依靠政府投资建设,要积极引导企业资金注入,鼓励全民共建共享基础设施。比如,英国通过加大对中心村的投资,以大力建设道路、桥梁等手段改善基础设施,满足农民的出行需求。

3. 强化农村人口就地就近转移后的产业支撑

产业在农村人口就地就近转移过程中起基础性和关键性作用,没有产业支撑的城镇化是不可持续的。培育特色产业、强化产业支撑是农村人口就地就近转移的重要保障,形成强有力的产业支撑有利于聚集农村劳动力,使广大农村居民不用离开家乡也可以拥有更高的经济收入,从而促进农村经济的可持续发展。比如,日本造村运动中,积极发展农业产品,通过培育产业基地,加强农村经济聚集人口的能力。

四、提升河南农村人口就地就近转移意愿的对策建议

农村人口就地就近城镇化是一项系统工程,涉及经济、产业、就业、社会改革等多个方面。河南作为农业大省,农业人口比重大,省内不同地区的乡村发展特色差异明显(单卓然,2013)。本章通过对河南省农村人口就地就近转移的意愿、动力机制等内容进行分析,认为目前省内各个地区在实现就地就近城镇化时主要依靠城镇的经济水平、基础设施等来推动,或者以城镇为依托发展特色产业等手段推动就地就近城镇化。

（一）加强对农村人口就地就近转移的组织引导

第一，建立健全目标管理和考核制度，要求相关部门要顺应农村人口转移的新形势、新变化、新特点，把做好当前和今后一段时期农村人口就地就近转移工作作为一项紧迫任务，并纳入目标管理。

第二，科学合理地进行农村人口城镇化布局。河南省在推进农村人口就地就近城镇化时，政府应充分发挥职能作用，要因地制宜对城镇化的发展进度、整体规划及产业布局等进行有效引导，对全省范围内不同地区的农村人口就地就近城镇化发展制定合理的长期规划。首先，规划不仅要充分考虑城镇自身发展能力、承载能力以及当前发展存在的一些问题等，还要有效识别哪些因素是促使城镇辐射并带动周边农村城镇化的核心力量。其次，规划要具有可持续性，不能以当前利益为主要落脚点，要确保规划能够经受实践的检验。最后，规划的制定不是拍脑袋决定的，要从河南省城镇发展与乡村发展二者之间的实际关系入手，坚持高起点、高标准和高效率的原则，保证城镇建设完成后对周边农村人口的长期有效吸引。就地就近城镇化不仅在河南省甚至在全国范围内都是一个系统的工程，涉及面广、持续时间长，因此，为了保证农村人口就地就近转移的顺利实施，必须依靠政府宏观层面的引导，处理好城镇、农村及各利益相关方的关系。

第三，坚持建设生态友好型城镇，把环境保护放在城镇化的突出位置。发达国家先开发后治理的经验教训让我们深刻认识到，河南省在推进就地就近城镇化时，必须杜绝这类模式，要时刻谨记把建设生态型城镇作为尺度标准。首先，在城镇建设过程中坚持做到先明确相应的保护措施再进行施工建设，着力构建并完善各类节能减排体系。其次，对城镇内的产业进行严格要求，虽然产业发展水平在很大程度上决定了城镇对农村人口的吸引力，但是为了保证城镇化的可持续，要有选择性地支持产业发展，杜绝将高污染、高耗能的产业引入城镇或农村。最后，大力整顿并改善城镇的生态环境，提高城镇生活环境的生态性，结合当地的比较优势和生态环境容量，对城镇建设的规模、发展模式和形态进行合理安排，加强城镇湿地、绿地生态系统以及绿化建设，保护各地自然生态系统的完整性。

（二）强化农村人口就地就近转移的产业支撑

第一，针对不同地区的产业优势和产业属性，积极进行特色产业的培育，力争打造"一地一特"的产业格局。由于地理区位、气候条件、交通环境、风俗习惯等差异，河南省不同地区的产业特色不尽相同，因此，要结合各地区地理位置、自然资源、经济发展水平等因素发展适合当地且具备比较优势的特色产业。

第二，注重城镇产业的集群化发展，不断增强产业经济效益对农村人口就业的吸引力。良好的产业环境和产业水平既是农村人口就地就近城镇化的重要支撑，也是促使农村人口就地就近转移的重要动力。首先，充分利用龙头企业的引领作用着力打造产业集聚区，借助产业集聚区提供的就业机会实现人口与资源等要素的集聚，并在产业集聚的强力带动下，以集聚区为圆心在相应半径范围内对周边乡村进行辐射，带动周边地区经济的同步发展。其次，引导优势产业进驻中小城市、县城或中心城镇，持续壮大城镇产业体系，以牵引带动城镇原有产业的发展，提高城镇对农村剩余劳动力就业的吸引力。

第三，在产业基础薄弱地区，应当统筹宏观发展与微观管理，从两个层面有的放矢地推进产城融合。一是积极响应国家区域发展战略，以"近水楼台"之便利带动产业发展。纳入国家战略层面的区域，实质上就是国家发展的空间重点。目前，我国重大国家区域发展战略有粤港澳大湾区建设、长三角区域经济一体化发展、京津冀协同发展、长江经济带发展、黄河流域生态保护和高质量发展。河南应充分利用地处黄河流域与毗邻长江经济带的地理优势，主动寻求对接与融入这五大区域，从而依靠要素互补、政策支持、区域分工来谋求产业更快发展。二是主动参与国家主体功能区建设，以"政策红利"之优势促进产业培育。理论与实践都再三表明，优惠政策是推动后发地区经济社会发展的有效手段。我国早在2010年就根据资源禀赋、发展现状与开发潜力，确立了不同区域的主体功能，并明确了开发方向与开发政策。因而，优先发展与主体功能定位相一致的产业，既能因地制宜、扬长避短，又能获得国家"政策红利"，从而有助于形成产业比较优势，进而为关联产业的发展与聚集创造非常有利的条件。

(三)促进城镇与乡村之间、产业之间协调发展

第一,促进城镇与乡村之间的双向互动,不断提升城镇产业对农村生产发展的辐射能力。首先,切实认识到经济社会发展越好的城镇,对农村人口的吸引力越大,对周边农村地区的带动能力也越强。因此,应通过发展优势产业集群,提高城镇经济实力,提升城镇拉动农村经济持续发展的能力,并不断提高农村人口就地就近向城镇转移的意愿。其次,作为农业大省和农村人口比例较大的省份,"三农"问题一直是制约河南省就地就近城镇化发展的重要因素。因此,在城镇化推进过程中不仅要建立健全现代农业体系,推动特色农业和农业产业化发展,提高农业的综合生产能力和市场竞争力,还要加大对全省范围内农村地区和经济欠发达城镇基础设施的投入扶持力度,提高公共产品的覆盖面与服务水平。最后,科学统筹城镇与农村之间的资源配置,构建城乡之间的良性互动体系,确保各类资源要素能够在城乡之间自由流动,使得城镇建设与农业农村发展相得益彰。

第二,积极促进城乡之间社会福利的平等。就地就近城镇化的主要目标是改变广大农民的生产方式和生活条件,让农村居民能够与城镇居民享有平等的基础设施保障和生活保障。因此,有必要建立科学合理的户籍制度与完善的社会保障体系,让农村居民能像城市居民一样共享改革成果,改善居住环境、提升生活水平。一方面,要以乡村振兴战略的实施为契机,补齐中小城市发展短板,强化重点镇、特色镇建设,引导农村人口就地就近城镇化。与此同时,加快推动城乡一体化与区域协调发展,加大对欠发达地区公共资源的供给力度,缩小城乡以及大中小城市在义务教育、基本医疗、基本社保、就业服务等基本公共服务领域的差距。另一方面,政府应当加快深化社会保障制度改革,加强农村留守儿童、妇女、老人关爱服务体系建设,完善包括养老、优抚等在内的社会保障体系,特别是深化基本养老保险制度和医疗卫生体制改革,切实做到学有所教、病有所医、老有所养、住有所居,让农村人口能够公平地享受公共服务资源,实现农村与城镇资源的平衡发展,真正实现"人的城镇化"。

五、本章小结

本章以农村人口就地就近转移意愿为切入点,评价河南省农村人口就地

就近向城镇转移的意愿,分析了就地就近转移的动力来源、动力因素等,并在借鉴国内外经验的基础上提出了提升河南农村人口就地就近转移意愿的对策建议。研究认为,从影响农村人口就地就近转移意愿的因素来看,性别因素产生的影响并不明显;但是,家庭年收入和婚姻状况等因素却对农村人口就地就近转移的决策产生了显著的影响,且年收入越低的家庭越愿意就地就近转移,年收入高的家庭则是更倾向于迁移至离原住地较远的城镇;已婚的农村人口在兼顾家庭和事业的情况下比单身农村人口更倾向于就地就近转移。另外,年龄和受教育程度与农民就近迁移的决策有一定相关性。年龄越大或者受教育程度越高的农村人口更愿意迁移至城镇。就借鉴经验来看,产业支撑水平、基础设施建设情况、政府的引导扶持情况以及农村人口的综合素质等对促进就地就近转移有重要作用。基于此,本章从组织引导、产业支撑、产业协同发展三个层面提出了提升河南农村人口就地就近转移意愿的对策建议。

第三章
乡村振兴战略对农村人口就地就近转移意愿的影响

一、文献评述

就地就近城镇化是新型城镇化的重要形式,是乡村振兴的必然要求。2018年发布的《乡村振兴战略规划(2018—2022年)》明确指出,应完善城乡布局结构,推动农业转移人口就地就近城镇化。与此同时,乡村振兴也对就地就近城镇化具有促进作用,二者相辅相成、互促互进。鉴于农民是就地就近城镇化与乡村振兴的共同主体,因而,尊重并提升农民意愿是推进就地就近城镇化、实现乡村振兴战略目标的根本保障。

2012年党的十八大首提新型城镇化战略,时隔5年之后的2017年,党的十九大决定实施乡村振兴战略。自此开始,关于乡村振兴与新型城镇化的相关问题成为诸多学科关注的热点,学者们开展了广泛研究,研究内容主要集中在三个方面。①乡村振兴与新型城镇化的关系。韩俊(2018)指出,乡村振兴战略并不排斥城镇化,它们不是非此即彼的关系;冯奎(2018)认为,现代化离不开城镇化,城镇化是乡村振兴的重要手段。②乡村振兴与新型城镇化的耦合机理与效应。陈鹏(2019)通过对城镇化不同阶段中我国乡村地区发展命运的考察,厘清了城镇化与乡村发展、衰败、振兴之间的关联脉络;徐维祥等

(2019)在探讨乡村振兴和新型城镇化内涵的基础上,剖析了两者的战略耦合过程与方式;涂丽等(2018)对中国家庭追踪调查(CFPS)数据的分析发现,城镇化主要通过经济促进效应、组织治理效应、公共服务滞后效应和宜居条件改善效应对乡村综合发展产生影响,其整体效应为正。③基于新型城镇化推动乡村振兴的路径与建议。李铁、苏红键等(2018)主张,要充分利用农村人口向城镇转移的带动作用和逆城镇化的辐射作用,促进乡村振兴战略目标的实现;蔡秀玲、王玉虎等(2018)指出,加快改变生产要素从乡村向城镇的单向流动格局,促进城乡要素的优化配置,是乡村振兴的必由之路;蔡继明(2018)建议,在乡村振兴过程中,要积极推进以人为本的新型城镇化或就地城镇化。

总体而言,上述研究为我们进一步深化对相关问题的认识奠定了基础,为乡村振兴与新型城镇化的具体实践提供了理论指导。但从学术思想建构与服务经济社会发展的层面来看,目前仍然有一些问题有待深入探讨。第一,关于农民对乡村振兴战略响应的调查研究还是一个薄弱环节。乡村振兴必须充分调动和发挥亿万农民的主动性、积极性与创造性。目前,距乡村振兴战略的提出和《乡村振兴战略规划(2018—2022年)》的正式发布已过去五六年,作为乡村振兴主体的农民对此是否做出了必要的响应?这无疑是一个有必要搞清楚的现实问题。第二,有关乡村振兴战略对农民就地就近城镇化意愿影响的研究还有待加强。农民响应乡村振兴战略的方式有多种,但选择就地就近城镇化是主要的途径之一。那么,农民就地就近城镇化的意愿是否因乡村振兴战略而得到了提高?这也是一个必须正视和回答的问题。基于此,本章将以中部产粮大省河南省为考察区域,系统调查分析乡村振兴战略对农民就地就近城镇化意愿提升的影响及其形成原因,以期能为乡村振兴战略的顺利实施提供有价值的借鉴与参考。

本章共分为五个部分。第一部分交代研究背景并进行文献梳理与评述;第二部分在理论上解读乡村振兴如何提升农民就地就近城镇化意愿;第三部分描述调查方法、调查过程与样本特征;第四部分全面分析在乡村振兴战略影响下,农民就地就近城镇化的意愿提升状况及其形成原因;第五部分是研究结论,并针对前述分析结果,提出相关对策建议。

二、乡村振兴提升农民就地就近转移意愿的理论解读

(一) 就地就近转移(城镇化)内涵的界定

农村人口就地就近转移的本质就是就地就近城镇化。何谓就地就近城镇化?学术界的认识并不统一。不过,多数学者都是从农村人口转移的空间尺度来定义的。一个较具代表性的观点:就地就近城镇化是指农村人口向所在地中心村、新型农村社区或邻近的小城镇、中小城市转移的过程(廖永伦,2015;彭荣胜,2016)。也有学者把就地就近城镇化区分为就地城镇化、就近城镇化两种类型,前者是指农村人口在原居住地完成生产、生活方式的根本变革,进而享有与城镇居民同等的公共服务;后者则是指农村人口离开原居住地,就近转移到小城镇或地级市(李强,2019)。综上,农村人口就地就近转移的空间指向有三个,即原居住地(含中心村、新型农村社区)、邻近的小城镇(含县城)及所在的地级市。考虑到这三类转移的目的地客观上存在较大差异,同时为了提高调研分析的针对性,本研究把就地就近城镇化界定为农村人口没有进行远距离迁移,而是转移到原居住所在地的集镇、建制镇或县级市(含县城)的过程。

(二) 乡村振兴提升农民就地就近转移意愿的机理

1. 乡村振兴对区域发展差距的缩小,调动了农民就地就近转移的积极性

一是为就地就近城镇化提供产业支撑。农民向东部地区与大中城市转移的根本原因是区域及城乡之间巨大的发展差距,主要驱动力是对提高收入水平与分享现代文明的追求。比较而言,沿海发达地区与大中城市的产业聚集度高、就业空间大、选择机会多,而乡村地区产业类型单一、非农产业匮乏,加之农业比较收益低,跨区域转移自然就成为农民迫不得已的选择。乡村振兴,产业兴旺是基础。为此,各级政府陆续出台方方面面的配套政策,支持要素从城市向乡村流动与优化配置,助力乡村产业蓬勃发展。通过加快土地流转,促进农业规模化生产与集约化经营;通过推动产业融合,打造产业新业态并促进第二、三产业聚集,为农民就地就近转移提供稳定性强、种类多、收益高的工作岗位,从而大幅度增强乡村的吸引力。

二是为就地就近城镇化创造良好的生产与生活条件。长期以来,我国农村公共产品供给严重不足,主要表现为医疗卫生条件差、基础教育薄弱,与发达地区和大中城市的差距大。与此同时,基础设施不健全,欠账多、短板突出。尽管经过1998年以来的"村村通"工程建设,我国乡村交通、电力、通信等条件已有很大改善,但公路路况差、路面窄的问题仍然突出。与此同时,用水不便与饮用水安全问题并存,垃圾随意堆放与厕所破脏差同在。不难理解,在加快乡村振兴的号角下,公共产品短缺的局面将会很快改变,城乡差距会逐步缩小,通过垃圾"村收集、镇转运、县处理""厕所革命"以及乡风文明建设与社会有效治理等一系列举措,逐步改善乡村的整体面貌,从而形成宜业宜居的区域环境。

三是为就地就近城镇化创造了"体面"的职业。物质条件、岗位与区域形象很大程度上决定了群体或个人的社会地位。长期以来,由于农业弱、农民穷、农村差,人们普遍认为务农或生活在乡村很"不体面"(毛安然,2019),所以脱离农业农村就成为多数人的愿望。不过,随着乡村振兴战略的深入推进,特别是"农业强、农民富、农村美"这一最终目标的实现,会彻底提升农民的职业形象与社会地位。这样,无论是从事非农产业还是继续务农,就地就近转移的农民都将从岗位平等中获得幸福感与满足感。

2. 乡村振兴对生计条件的改善,体现了对农民就地就近转移意愿的尊重

乡村振兴需要加快推进城镇化。一方面,我国现阶段仍然存在农业劳动力过剩的问题,这一问题必然会阻碍乡村发展,因为它很大程度上制约了农业生产的规模化、专业化及竞争力。另一方面,2022年我国常住人口城镇化率为65.2%,距国际公认的人口拐点70%的城镇化率还有约5个百分点的差距,这意味着我国乡村还有大量的劳动力亟待转移出去,这也是乡村振兴的必然要求。与此同时,乡村振兴过程中,随着不断夯实农业生产能力基础、加快壮大新型农业经营主体、持续强化农业科技支撑,农业生产效率将会大幅度提高,更多的劳动力被解放出来,这也使得加快城镇化不仅必要而且紧迫。不难理解,乡村振兴能较好地满足农民的"职业"与"身份"选择意愿,从而为就地就近城镇化创造有利条件。

一是提供更多的与转移人口能力相适应的就业岗位。一般来说,在同等条件下,人们更愿意从事与自身能力相适应的工作。在我国推动经济高质量

发展与加速建立现代产业结构新体系的背景下,大中城市吸纳的主要是高端要素,对劳动力的素质要求越来越高。显然,农村转移人口很难适应这一环境变化。与此同时,受产业多样化发展及空间分异的影响,小城市与小城镇在产业地域分工中,更适合承载对技能要求不高的劳动密集型产业。乡村振兴在强农业的同时,通过链条的延伸及产业深度融合,孕育出类型多样的农村人口较为熟悉的农产品加工业及其关联产业,并不断向小城镇集聚发展。在这里,转移人口既可以在此从事非农生产,也可以利用地利之便兼职或专职从事农业生产。总之,就地就近城镇化的就业岗位与转移人口的能力更匹配,更好地体现了转移人口的"职业"选择意愿。

二是最大程度地保障农民选择"身份"的权利。为促进乡村振兴,国家将加快深化农地与宅基地的"三权分置"改革,坚决维护进城落户农民土地承包权、宅基地使用权、集体收益分配权,落实户籍变动与农村"三权"脱钩等政策。这也就意味着,农民没有了进城的"后顾之忧",可以自由选择是否放弃承包地与宅基地。如果选择不放弃,进城落户也不会受影响。承包地可以自种,也可以流转给他人经营;农村房屋可以自住,也可以租赁获取收益。与异地城镇化相比,由于空间距离较短,加之我国已基本消除了小城市、小城镇对落户的制度限制,就地就近转移人口有着更大的选择权,既可以"零门槛"落户,也可以不落户并享有与原城镇居民基本相同的公共服务。在这种情况下,为了实现利益最大化,多数转移人口都会选择保留农村土地的承包权、宅基地的使用权,从而享有城镇与农村的双重权益。

三、观测地域与样本特征

(一)观测地域概况

观测地域为河南省。河南地处我国中部,地形地貌多样,山地、丘陵与平原兼而有之,大部分地区属于四季分明、夏季高温多雨、冬季低温少雨的温带季风气候。全省面积16.7万平方千米,2022年末常住人口9872万人,辖18个地级市。

河南省是农业大省、传统农区,农产品种类多、产量大,是全国重要商品粮生产基地。2022年,全省粮食种植面积10778.4千公顷,占全国(11833万公顷)的9.1%①;粮食总产量6789.4万吨,占全国(68653万吨)的9.9%(见表3-1)。也就是说,河南以全国约1.7%的国土面积生产了全国近十分之一的粮食。该省经济发展水平偏低,2022年人均GDP约为62106元,只有全国平均水平(85698元)的72.5%;居民人均可支配收入28222元,是全国平均水平(36883元)的76.5%。其中,城镇与农村居民人均可支配收入分别为38484元、18697元,较全国平均水平分别低了约10799元与1436元。河南第一产业比重偏高(9.5%),生产方式相对落后,第二产业大而不强(41.5%),第三产业比重偏低(49.0%)。与全国平均水平相比,第一、第二产业分别高了2.2个与1.6个百分点,而第三产业低了3.8个百分点。河南城镇化进程滞缓,2022年常住人口城镇化率57.1%,较全国平均水平(65.2%)低了8.1个百分点。总体来看,河南省无论是城镇化进程特点还是经济社会发展状况在我国中西部传统农区中都具有典型性与代表性。

表3-1 河南主要农产品产量及其在全国的比重(2022年)

主要农产品	河南	全国	占全国的比重/(%)
粮食总产量/万吨	6789.4	68653	9.9
小麦/万吨	3812.7	13772	27.7
玉米/万吨	2275.1	27720	8.2
油料产量/万吨	684.0	3653	18.7
大豆/万吨	67.9	2028	3.3
花生/万吨	615.4	1411	43.6
蔬菜产量/万吨	7660.4	78705	9.7
茶叶/万吨	8.3	335	2.5
猪牛羊禽肉产量/万吨	655.3	9227	7.1
禽蛋产量/万吨	456.2	3456	13.2
牛奶产量/万吨	213.2	3932	5.4

数据来源:根据2022年中华人民共和国及河南省国民经济和社会发展统计公报相关数据计算所得。全国花生产量根据公开数据估算所得。2022年花生种植面积389.5万公顷,较2021年下滑约18%,减产幅度20%~25%。此外,2022年信阳茶叶茶园面积216万亩,茶叶产量8万吨,占河南总产量的96.4%。

---

① 本部分数据均来源于2022年中华人民共和国及河南省国民经济和社会发展统计公报或据此公报计算所得。

（二）调查方法与样本特征

调查范围覆盖河南省18个地级市。根据各地面积大小、人口多少，并兼顾地貌形态、距地级市远近等因素，共选取41个乡镇进行调查。其中，13个为乡村振兴试点乡镇，28个为一般乡镇（非试点乡镇）。调查活动安排在2022年7—8月份进行，调查对象是年满16周岁的农村人口（以农户户主为主）。鉴于部分农村人口文化程度不高，为了保证调查信息的客观性，同时也为进一步了解农户行为的深层次原因，全部调查人员经集中培训后，按照随机抽样的基本要求，采取指导性问卷调查与深度访谈相结合的方式开展调研活动。据此，经过近2个月的调查访谈，共计指导填写并收回问卷1910份，剔除无效问卷128份，获得可用问卷1782份，有效率为93.3%。从被调查者的主要指标特征来看，样本具有广泛代表性，其描述性统计分析结果如表3-2所示。

表3-2　样本农户基本信息统计（$n=1782$）

类别	内容	频次	占比/（%）	类别	内容	频次	占比/（%）
性别	男	902	50.6	家庭成员数	1人	21	1.2
	女	880	49.4		2人	52	2.9
年龄	16～25岁	23	1.3		3人	235	13.2
	26～35岁	260	14.6		4人	683	38.3
	36～45岁	362	20.3		5人	520	29.2
	46～55岁	565	31.7		6人及以上	271	15.2
	56～65岁	378	21.2	从事职业	农业	274	15.4
	66岁及以上	194	10.9		以农为主兼业	447	25.1
受教育程度	小学及以下	742	41.6		非农为主兼业	704	39.5
	初中	880	49.4		非农业	357	20.0
	高中、中专	153	8.6				
	大专	5	0.3				
	本科及以上	2	0.1				

四、乡村振兴战略对河南农民就地就近转移意愿的影响及其成因

（一）对农户就地就近转移意愿影响的总体评价

如表3-3所示，在全部1782位被调查者中，有973位有就地就近向小城市、小城镇（含县城）转移的意愿，占比为54.6%；333位无转移意愿，占比为18.7%；476位表示不确定，占比为26.7%。进一步调查显示，在回答"哪些因素促使您愿意就地就近转移？"的问题时，973位愿意转移的被调查者中有805位选择了"乡村振兴"，占比达82.7%。

表3-3　农户就地就近转移意愿的两次决策

选项 （是否愿意就地就近转移）	农户就地就近城镇化的首次决策(n=1782)		农户在"无乡村振兴战略"假设下的二次决策(n=805)	
	频次	占比/(%)	频次	占比/(%)
愿意	973	54.6	256	31.8
不愿意	333	18.7	485	60.2
不确定	476	26.7	64	8.0
合计	1782	100	805	100

注："二次决策"的调查对象是有意愿就地就近城镇化且决策影响因素中涉及"乡村振兴"的805位被调查者。

为进一步了解"乡村振兴"因素对农户就地就近转移意愿的影响程度，在访谈过程中，课题组设置了反向问题，即"假如没有国家乡村振兴战略，您是否仍然愿意就地就近向小城市、小城镇转移？"。农户的"二次决策"显示，在有意愿就地就近城镇化且决策影响因素中涉及"乡村振兴"的805位被调查者中，选择"愿意""不愿意"与"不确定"的分别有256位、485位与64位，占比分别为31.8%、60.2%与8.0%。也就是说，有485位被调查者把乡村振兴战略视为其就地就近城镇化决策的主导因素或决定性因素，比重超过60%。可见，国家乡村振兴战略确实一定程度上提升了农户就地就近城镇化的意愿。

为深入了解国家乡村振兴战略与农户就地就近转移决策之间的关系，课题组进一步调查了农户对乡村振兴战略的了解程度，并与其转移的意愿进行了对比。从表3-4中可以发现，在有意愿就地就近城镇化的被调查者中，表示

对国家乡村振兴战略非常了解、比较了解、基本了解、较少了解、完全不了解的次数分别为170、274、366、122与41,占比分别为17.5%、28.2%、37.6%、12.5%与4.2%;无意愿就地就近城镇化的农户表示非常了解、比较了解、基本了解、较少了解、完全不了解的次数分别为32、55、134、72与40,占比分别为9.6%、16.6%、40.2%、21.6%与12.0%。若按归类处理,对国家乡村振兴战略"非常了解"与"比较了解"的农户中,有意愿就地就近城镇化的比重最高,达到了45.7%;不确定的次之,为29.6%;无意愿的最低,为26.2%。前者较后两者分别高了16.1个、19.5个百分点。不难看出,对国家乡村振兴战略了解越多的农户越倾向于就地就近城镇化。

表3-4 农户对乡村振兴战略了解程度与就地就近转移决策的关系(频次/占比)

选项	非常了解	比较了解	基本了解	较少了解	完全不了解	合计
愿意	170/17.5%	274/28.2%	366/37.6%	122/12.5%	41/4.2%	973/100%
不愿意	32/9.6%	55/16.6%	134/40.2%	72/21.6%	40/12.0%	333/100%
不确定	50/10.5%	91/19.1%	170/35.7%	109/22.9%	56/11.8%	476/100%
合计/平均占比	252/14.1%	420/23.6%	670/37.6%	303/17.0%	137/7.7%	1782/100%

(二) 对农户就地就近转移意愿影响的年龄差异

表3-5与表3-6的统计显示,三类考察对象(N1、N2、N3)在其年龄段中的比重均是青壮年高于中老年。不过,有意愿就地就近城镇化的农户(N1)差异不大,45岁以下与46岁以上的比重分别为59.1%、52.1%,二者相差7个百分点。比较而言,决策选择中涉及"乡村振兴"因素的N2与N3则有着更大的年龄差异,具体表现是:45岁以下有意愿就地就近城镇化的人口中,有89.0%考虑了乡村振兴因素,而其中又有74.3%把乡村振兴作为其决策的主导因素;与此同时,46岁以上有意愿就地就近城镇化的人口中,有78.7%考虑了乡村振兴因素,而其中仅有50.0%把乡村振兴作为其决策的主导因素。前者较后者分别高了10.3个、24.3个百分点。也就是说,与中老年人口相比,乡村振兴战略对青壮年农民就地就近城镇化的意愿影响更大。

表3-5　就地就近转移的人口年龄分布及其比重(频次/占比)

年龄段	全部样本 ($n=1782$)	有意愿就地就近城镇化的农户 N1 ($n=973$)	"乡村振兴"是就地就近城镇化决策影响因素的农户 N2($n=805$)	"乡村振兴"是就地就近城镇化决策主导因素的农户 N3($n=485$)
16~25岁	23	13/56.5%	11/84.6%	8/72.7%
26~35岁	260	157/60.4%	140/89.2%	106/75.7%
36~45岁	362	211/58.3%	188/89.1%	138/73.4%
46~55岁	565	305/54.0%	247/81.0%	140/56.7%
56~65岁	378	191/50.5%	152/79.6%	70/46.1%
66岁及以上	194	96/49.5%	67/69.8%	23/34.3%
合计	1782	973/54.6%	805/82.7%	485/60.2%

注:上述百分数均是指所在年龄段的比重,计算公式:百分比=某一年龄段出现的频次数/前一纵列中同一年龄段对应的频次数。

表3-6　就地就近转移决策的年龄段差异

年龄段	有意愿就地就近城镇化的农户在同一年龄段中的比重/(%)	"乡村振兴"是就地就近城镇化决策影响因素的农户在同一年龄段中的比重/(%)	"乡村振兴"是就地就近城镇化决策主导因素的农户在同一年龄段中的比重/(%)
45岁以下	59.1	89.0	74.3
46岁以上	52.1	78.7	50.0
差距	7.0	10.3	24.3

表3-7显示,被调查者对国家乡村振兴战略的知晓情况呈现如下分布特征。知晓度最高的是26~35岁年龄段,"非常了解""比较了解"的比例分别为24.6%、35.4%,合计占比60.0%;其次是36~45岁年龄段,分别为23.5%、35.1%,合计占比58.6%。知晓度最低的是66岁及以上年龄段,"非常了解""比较了解"的比例分别为3.1%、4.6%,合计占比7.7%;次之的则是56~65岁年龄段,分别为6.6%、13.7%,合计占比20.3%。综合来看,45岁以下青壮年对国家乡村振兴战略的了解程度远高于46岁以上的中老年,前者"非常了解""比较了解"的占比平均为58.8%,后者则为25.8%,两者相差了33个百分点。出现这种状况的原因并不难理解:一是青壮年获取信息的渠道更加多样化,尤其是善于运用现代互联网工具,能方便快捷地获取各类最新的政策信息;二是

年轻人思想活跃,更容易关注与吸纳新鲜事物;三是45岁以下农民的文化程度也往往较高,对信息的加工处理能力较强,能较好地对事物的发展状况与趋势做出基本判断。

表3-7 农户对国家乡村振兴战略了解程度的年龄差异(频次/占比)

年龄段	非常了解	比较了解	基本了解	较少了解	完全不了解	合计
16~25岁	4/17.5%	7/30.4%	9/39.1%	2/8.7%	1/4.3%	23/100%
26~35岁	64/24.6%	92/35.4%	81/31.1%	21/8.1%	2/0.8%	260/100%
36~45岁	85/23.5%	127/35.1%	110/30.4%	34/9.4%	6/1.7%	362/100%
46~55岁	68/12.0%	133/23.5%	256/45.3%	85/15.0%	23/4.1%	565/100%
56~65岁	25/6.6%	52/13.7%	146/38.6%	96/25.4%	59/15.6%	378/100%
66岁及以上	6/3.1%	9/4.6%	68/35.1%	65/33.5%	46/23.7%	194/100%
合计/平均占比	252/14.1%	420/23.6%	670/37.6%	303/17.0%	137/7.7%	1782/100%

注:上述百分数均是指所在年龄段的比重。

(三)对农户就地就近转移意愿影响的空间差异

2018年12月《河南省乡村振兴战略规划(2018—2022年)》发布,要求每个省辖市选取一个乡村振兴示范县(市、区),每个县(市、区)则选取一个乡村振兴示范乡(镇)。这样,河南省确立了首批18个乡村振兴示范县(市、区)、162个乡村振兴示范乡(镇)。本研究调查获取的1782份有效样本中,有581份来自示范乡镇、1201份来自非示范乡镇,如表3-8所示。

表3-8 农户就地就近转移意愿的区域差异比较(频次/占比)

乡镇类别	就地就近城镇化意愿			对国家乡村振兴战略的了解程度				
	愿意	不愿意	不确定	非常了解	比较了解	基本了解	较少了解	完全不了解
示范乡镇(n=581)	402/69.2%	71/12.2%	108/18.6%	113/19.4%	165/28.4%	214/36.9%	71/12.2%	18/3.1%
非示范乡镇(n=1201)	571/47.5%	262/21.8%	368/30.7%	139/11.6%	255/21.2%	456/38.0%	232/19.3%	119/9.9%
合计	973	333	476	252	420	670	303	137

由表3-8可知,在示范乡镇中,有意愿就地就近转移的农户比例为69.2%,无意愿的比例为12.2%;在非示范乡镇中,有意愿就地就近转移的农户比例为47.5%,无意愿的比例为21.8%。换言之,示范乡镇农民就地就近城镇化的意愿远高于非示范乡镇,前者较后者高了21.7个百分点。相反,示范乡镇农民无意愿就地就近城镇化的比例明显低于非示范乡镇,前者较后者低了9.6个百分点。归纳来看,出现这种结果的原因有以下两点。

一是示范乡镇发展基础较好,农民对乡村发展前景充满信心。某个乡镇之所以能成为示范乡镇,是因为它们有着这样或那样的优势:有的地理位置优越、交通便利,如信阳市平桥区明港镇、洛阳市偃师区顾县镇等;有的产业发展基础好,如驻马店市驿城区水屯镇的特色农业、周口市项城市丁集镇的农产品加工业、信阳市罗山县灵山镇的旅游业等;有的小城镇开发较早,基础设施与城镇功能较为完善,如开封市祥符区朱仙镇明清时期即是全国"四大名镇"之一,郑州市巩义市小关镇则因城镇建设成效显著,先后荣获多个国际荣誉称号。

二是示范乡镇的宣传力度较大,农民对乡村振兴战略的知晓度更高。确立乡村振兴示范县(市、区)、示范乡(镇)的初衷就是先行先试、积累经验、形成模式、示范引领、逐步推广。因此,示范区域乡村振兴工作启动早、实施早,往往率先编制乡村振兴规划,明确目标任务与实施路径。在此过程中,地方政府必然会强化宣传的引领作用,乡村居民也因此获得更多的乡村振兴信息,对乡村振兴战略的知晓度会大大提高。与此同时,部分农民还会以不同方式直接或间接地参与到乡村振兴的实践中,对乡村振兴的目标与相关政策掌握更多、体会更深。此外,由于产业发展基础较好,较之一般乡镇来说,示范乡镇与城市的经济联系更加密切。在这种经济联系所形成的城乡要素流动尤其是人员交往中,农民对乡村振兴战略的了解更加全面,对乡村发展的信心进一步增强。调查结果也很好地证明了这一点(见表3-8),示范乡镇被调查者对国家乡村振兴战略"非常了解""比较了解"的比例达到了47.8%,而非示范乡镇的这一比例只有32.8%,前者较后者高了15个百分点。相反,示范乡镇农民对国家乡村振兴战略"完全不了解""较少了解"的比例为15.3%,而非示范乡镇为29.2%,前者较后者低了13.9个百分点。也就是说,示范乡镇农民对国家乡村振兴战略的知晓度明显高于非示范乡镇。

五、结论与建议

乡村振兴战略的实施能有效提升农民就地就近城镇化意愿,主要表现为:对区域发展差距的缩小,调动了农民就地就近转移的积极性;对经济增长极的培育,提供了农民就地就近转移的空间载体;对生计条件的改善,体现了对农民就地就近转移意愿的尊重。对中部粮食主产区河南省的调查分析显示:国家乡村振兴战略的实施一定程度上提升了农民就地就近城镇化意愿,农民对国家乡村振兴战略的知晓度越高,越倾向于就地就近城镇化;乡村振兴对45岁以下青壮年农民就地就近城镇化意愿的影响显著大于46岁以上中老年;乡村振兴示范乡镇农民就地就近城镇化的意愿远高于非示范乡镇。据此,为加快推进就地就近城镇化,提出两点建议。

(一)加大乡村振兴宣传力度

千方百计提高乡村人口对乡村振兴战略的知晓度,不断增强人们对全面实现乡村振兴的信心。在思想上要充分认识到宣传乡村振兴战略的重要意义,避免"上热中温下凉"的情形出现。调动与发挥亿万农民的主动性、积极性与创造性是实现乡村振兴目标的根本保证,因此相关政策的宣传越是在基层越要"热",谨防信息传递止于乡镇与村干部。在具体行动上,要牢牢把握以下四个环节。一是充分发挥各自优势,既要运用好传统手段,也要借力新媒体,使乡村振兴宣传做到全方位、全过程、全覆盖。二是瞄准不同群体,做到精准施策。对待老年人口,应主要利用报纸、杂志、广播、电视等传统媒体,还应适当开展集中宣讲与入户宣传;对青壮年人口,则应主要借助互联网与移动网络等新媒体。在此过程中,还要顺应信息消费的碎片化、娱乐化特点,有选择地使用微信、微博、哔哩哔哩、抖音等现代互联网交流平台,以大幅度提高信息传播效果。三是在宣传内容上要做到抽象与具体相结合、宏观与微观相结合。既要有针对性地宣传国家乡村振兴战略的基本原则、总体要求、目标任务与实施路径,又要解读大家普遍关心的从中央到地方出台的各项政策,更要为人们展示乡村全面振兴的美好图景。四是在宣传对象上,既要聚焦留守村民,又要重视外出务工人员。可利用现代互联网平台,及时向后者传递家乡振兴的设想、政策等信息,并利用外出务工人员在节日回乡团聚的日子,以座谈会、团拜会等形式进行信息交流。

(二)提升农民乡村振兴的参与度

了解国家乡村振兴战略是基础,投身乡村振兴实践才是最终目的。应从如下三个方面提升农民乡村振兴的参与度。一是引导村民参与乡村振兴规划。2018年以来,按照国家统一部署,我国相继开展了各个层面的乡村振兴规划编制工作,目前这一工作已经推进到乡镇,各个行政村也相继编制乡村振兴规划。显然,村民最熟悉乡村,也最关心乡村发展,因而更具有发言权。因此,编制乡村振兴规划不能仅仅依赖高等学校、科研院所与规划公司等"外来人员",更要主动吸纳当地村民参与,只有如此,才能让规划既具备必要的科学性、前瞻性,也能使其"接地气""能落地"。事实上,引导村民参与乡村振兴规划,也是村级组织落实"4+2"工作法("四议两公开")的必然要求,从而真正实现农村农业的事让农民群众自己当家作主。二是支持村民全方位参与乡村振兴实践。鼓励村民根据自身条件与兴趣参与乡村产业发展、生态环境保护、文明乡风建设、社会有效治理,从而为村民提供就业机会、提升收入水平、改善生活条件、培养公共意识等。其中,促进产业发展、拓展村民就业空间是乡村振兴的基础与前提。在具体工作中,应纠正一些地方把大部分乡村建设项目外包的做法,要尽可能把工作机会留给村民,让大家能够在乡村进步中共享发展成果,以提高村民参与乡村振兴的主动性与创造性。三是积极动员乡贤或外出发展成功人士参与乡村振兴。这类人有的见多识广、视野开阔,有的发展资源较多、创业经验丰富,他们有能力也理应在家乡振兴中发挥更大的作用。为此,应多措并举激发其爱乡热情、增强其乡土情感,摈弃伸手要钱要物的习惯做法,而且要引导他们投资兴业、造福乡民。

第四章
农村人口就地就近转移意愿的个案分析

一、文献评述

就地就近城镇化既是实现我国新型城镇化、区域协调发展、城乡一体化发展三大战略目标的有效手段,也是落实2016年中央经济工作会议提出的"推进城镇化,要更加注重以人为核心""促进区域发展,要更加注重人口经济和资源环境空间均衡"的迫切需要。

学界对国内就地就近城镇化的研究始于20世纪80年代,这主要源于当时农村工业化对就地城镇化的带动。此后,随着人口转移模式的变化,相关研究主要转向异地城镇化。然而,长距离的异地迁移带来了一系列的经济社会问题,诸如农村留守老人与儿童、"空心村",以及城市交通拥挤、住房紧张、环境恶化等。与此同时,我国部分地区出现了明显的就地就近城镇化现象。Friedmann(2005)认为,这种现象是改革开放以来较不寻常的转变过程之一。Champion、Hugo(2009)等学者还视其为当今城乡界限淡化条件下人类聚落系统发生重大改变的证据之一。辜胜阻、易善策等(2009)则指出,就近和就地城镇化是中国城镇化进程中有别于异地城镇化的一种独具特色的道路。在这种背景下,社会各界开始努力探寻包括就地就近城镇化在内的新型城镇化道路。其间,广大学者开展了丰富的理论与实践研究,研究内容主要集中在就地城镇化的内涵与价值、就地城镇化的影响因素与动力机制、就地城镇化的区域模式、就地城镇化的困境与政策建议等方面(厉以宁,2013;马庆斌,2011;李强,2015)。

  总体看来,学术界在上述几个方面取得了可喜的进展,但也存在一些有待深入探讨的问题。第一,缺乏对具有区域适应性的就地就近城镇化模式的探索。我国地域辽阔,区域差异较大,各地自然条件、资源禀赋、经济发展水平、社会环境状况均有所不同,这就决定了全国不会(也不应该)有统一的就地就近城镇化模式。目前亟待对各地就地就近城镇化的方式与方法进行归纳与总结,同时探索新的就地就近城镇化模式,而目前关于这方面的研究还很欠缺。第二,缺乏对农村人口转移意愿以及与此关联的制度设计和引导政策的研究。农民是城镇化的主体,新型城镇化必须尊重农民意愿、顺势而为。已有的研究多是从经济发展、社会环境等层面探讨就地就近城镇化形成的宏观机制,而很少从"农民意愿"的角度分析就地就近城镇化的微观驱动机制,在此基础上进行的制度与政策设计往往不能反映农民的真实意愿,因而大大降低了其推行的可行性与有效性。第三,有待加强对就地就近城镇化过程中转移人口就业问题的研究。实现城镇就业是城镇化的关键环节,也是新型城镇化的必然要求。作为就地就近城镇化区域主体的小城镇、小城市,很难通过承接产业转移等路径来创造更多的就业机会。在现阶段,寻求破解小城镇、小城市产业发展难题的办法,为转移人口提供与其"特质性"相适应的工作岗位,是就地就近城镇化研究中不可回避的课题。

  我国传统农区面积大、人口多,在保障国家粮食安全方面起着不可替代的作用。多年来的人口大规模异地流动对农村经济社会发展产生了诸多负面影响,使得部分地区长期沦为我国区域发展的"洼地"。合理、适度引导这些地区农村人口就地就近转移,既有助于促进东中西部协调发展、破解城乡二元结构,也有助于实现农业现代化。基于此,本章在传统农区选取代表性观测点,深入考察农村人口就地就近向城镇转移的意愿及其影响因素与成因,试图为该区域乃至类似地区走出一条尊重农民意愿、满足农民需求,顺势而为、因地制宜的新型城镇化之路提供可靠数据、可行性方案与路径,同时为国家相关政策的制定提供借鉴与参考。

二、观测地域与样本特征

(一)观测地域概况

观测地域为河南省光山县。该县位于豫东南、鄂豫皖三省交界地带,北临淮河,南依大别山;地势西南高、东北低;地形地貌多样,山地(浅山)、丘陵与平原兼而有之;地处亚热带向暖温带过渡地带,属于大陆性季风气候,四季分明,雨量充沛(年平均降水量1027.6毫米)。全县面积1835平方千米,2021年常住人口59.0万,辖23个乡镇(街区)、364个村(社区)。光山县是典型的传统农区、全国重要商品粮生产基地,主要农产品产量如表4-1所示。2021年,农林牧渔业产值127.84亿元,粮食总产量54.63万吨,连续17年超过10亿斤。该县经济发展水平偏低,2021年人均GDP约为43937元,占信阳市平均水平(49345元)的89.0%;城镇居民人均可支配收入32215元,较全市平均水平低了1265元;农村居民人均可支配收入16712元,较全市平均水平高了117元。第一产业比重高(24.3%),农产品种类多、产量大,但生产方式落后,第二产业发育不充分(34.3%),第三产业比重低(41.4%)。与全市平均水平相比,第一产业高了4.7个百分点,而第二、第三产业则分别低了0.4个与4.3个百分点。城镇化进程滞缓,2021年的城镇化率只有43.08%,较信阳市平均水平(51.14%)低了8.06个百分点①。同其他地区一样,近年来光山县农村人口就地就近向城镇转移的势头呈现增强态势。总体来看,该地无论是城镇化进程特点还是经济社会发展状况在我国中西部传统农区中都具有典型性与代表性。

表4-1　2021年光山县和信阳市主要农产品产量

地区	粮食/万吨	油料/万吨	蔬菜/万吨	果用瓜/万吨
光山县	54.63	5.97	43.31	6.31
信阳市	577.30	56.42	440.41	75.63
光山县占比/(%)	9.46	10.58	9.83	8.34

数据来源:根据《信阳统计年鉴2022》和2021年光山县与信阳市国民经济与社会发展统计公报计算所得。

---

① 数据来自《信阳统计年鉴2022》。

（二）研究方法与样本特征

笔者以光山县2个专业特色镇（泼陂河镇、白雀园镇）、2个综合性小城镇（砖桥镇、寨河镇）共4个镇的18周岁以上农户户主为调研对象。考虑到该地农村人口的总体文化素质不高，若采用单一的问卷调查法，可能会降低调查质量。此外，尽管理论上可以把问卷设计得很周密，但仍然难免存在遗漏，加之问卷也无法直接体现农户行为的深层次原因，故本研究采取了问卷调查与深度访谈相结合的考察方式。调查时间选择在2023年春节前后，在此期间大部分农户户主返乡过节，因而可以最大限度地保障调查的全面性与客观性。按照随机抽样与等距抽样的基本要求，共发放问卷380份，获得有效问卷352份，占比为92.6%。从样本农户的性别、年龄、教育程度、家庭规模、从事职业等特征来看，样本农户具有广泛代表性，样本农户的描述性统计分析结果如表4-2所示。

表4-2　样本农户基本信息统计（$n=352$）

类别	内容	频次	百分比/（%）	类别	内容	频次	百分比/（%）
性别	男	210	59.7	家庭成员数	1人	5	1.4
	女	142	40.3		2人	11	3.1
年龄	20岁以下	2	0.6		3人	45	12.8
	21～30岁	37	10.5		4人	127	36.1
	31～40岁	69	19.6		5人	106	30.1
	41～50岁	105	29.8		6人及以上	58	16.5
	51～60岁	83	23.6	从事职业	农业	58	16.5
	60岁以上	56	15.9		以农为主兼业	83	23.6
受教育程度	小学	153	43.5		非农为主兼业	143	40.6
	初中	179	50.8		非农业	68	19.3
	高中、中专	19	5.4				
	大专	1	0.3				
	本科及以上	0	0				

三、就地就近转移的意愿及其影响因素与成因

调查显示,在有效问卷涉及的352位农户中,有215位有意愿向附近的小城镇或县城转移,占比为61.1%,远高于异地转移的16.6%和不转移的22.3%。可见,农户就地就近城镇化的意愿比较强烈。在具体目的地的选择上,有意愿转移的农户中有69位倾向于转移到附近的小城镇,146位则愿意到县城居住,占比分别为32.1%与67.9%。若分别考察专业特色镇与综合性小城镇的被调查户,二者的共同点在于,向县城转移的意愿均高于附近小城镇;不同点在于,专业特色镇的农户在县城与本地镇的选择意愿上差距较小,而后者的差距则较大。这也就是说,综合性小城镇的农村人口更倾向于转移到县城而非本地镇。尤其值得注意的是,不管是专业特色镇还是综合性小城镇,大部分农户(占比为82.6%)只是有意愿在城镇购房居住(本人或者家庭其他成员居住),却没有意愿在城镇落户。换言之,农村人口就地就近向城镇转移的最大特征是"购房但不落户"。进一步访谈得知,子女成家、子女教育、投资置业等是农户购房的主要动机所在,而城镇就业难、不愿意放弃农村承包地等是转移人口不落户的主要原因,调查统计结果如表4-3所示。

表4-3 "购房但不落户"的原因调查(n=215)

类别	内容	频次	百分比/(%)	类别	内容	频次	百分比/(%)
购房动机	子女成家	115	53.5	不落户原因	城镇就业难度大且不稳定	179	83.2
	子女教育	88	40.9		不愿意放弃农村承包地	168	78.1
	投资置业(保值增值)	57	26.5		是否落户对子女教育影响不大	85	39.5
	工作需要	26	12.1		城乡社会保障的差距缩小	66	30.7
	其他	16	7.4		城镇生活成本高	39	18.1
					其他	14	6.5

注:由于农户的选择会受多重因素的影响,因而表中的百分比之和大于100。

（一）购房的动机

1. 子女成家

53.5%的户主表示购房并非用于自住，而是为子女成家或在城镇生活创造条件。其中，有男孩的家庭这一意愿表现得更加强烈，一些农户甚至不惜倾注一生积蓄，花费50万~70万元实现在城镇购置一套房的目标。导致这种局面的主要原因在于以下三个方面。第一，性别比例失衡推高了成家条件。光山县存在一定程度重男轻女的社会氛围，使得男女人口比例长期处于失调状态。据调查，该地18~35岁青年的性别比高达135，因而在城镇置房自然就成了男方增强吸引力的有效举措。第二，成长环境的变化提升了在城镇生活的预期。已经处于婚龄阶段的农村人口一般都有在城市打工的经历，对城市方便、舒适的购物与娱乐环境较为向往，同时他们中的多数人既没有兴趣也基本不懂得如何种田，因而都打算或希望未来能在城镇生活。在这种背景下，女方要求拥有一套城镇住房往往就成了谈婚论嫁的首要条件。第三，从众与攀比心理强化了城镇购房意愿。一方面，落后地区的居民容易对发达地区的文化与生活方式产生追随乃至崇拜心理，在城镇拥有住房会让人们觉得"体面"与荣耀。另一方面，同龄人的相互攀比也强化了这一需求，导致一些农户不惜举债到城镇置房。此外，提高婚前"要价"，尤其是对城镇住房的要求，也被很多家长认为是保障自己女儿婚后幸福的重要手段。

2. 子女教育

为孩子读书提供便利条件是农户在城镇购房的又一主要目的，占比为40.9%。受多重因素的影响，越来越多的农村家庭选择送孩子到城镇学校接受教育：一是随着近年来适龄儿童人口的减少，被调查地区的农村小学被大幅度撤并，客观上使得许多农村家庭不得不把子女送到附近的城镇读书；二是县城公立学校的大规模扩招与私立学校的不断涌现，挤压了农村学校的生存空间，导致部分学校（尤其是农村高中）生源严重不足，最终不得不停止招生，这使得越来越多的学龄人口主动或被动地到城镇学校学习；三是工作条件与生活环境的城乡或区域差距，使得农村中小学大量优秀师资流向沿海发达地区或本地城镇，使得城乡教育质量的差距进一步扩大，这也是更多的农户把孩子送到城镇学校读书的重要诱因。

3. 投资置业

调查显示,26.5%农户在城镇购房的主要目的之一是投资置业。一方面,被调查地区城镇的住房价格上涨较快,2011年以来平均价格(名义价格)上涨了47%,学区房上升得更多,平均达到了61%。在这种背景下,一部分农户出于对房价过快上涨的担心,选择了及时购房;另一部分农户则从不断上涨的房价中看到了升值空间,因而也做出购房的决定。另一方面,目前的银行储蓄利率较低,投资渠道不多,而单个农户家庭的可自由支配资金又非常有限,因而在城镇购房以期实现保值升值就被认为是风险小、收益稳定的投资方式。不过,进一步访谈得知,很少有农户把投资作为购房的唯一目的。也就是说,多数农户在城镇购房是投资与居住相结合。主要表现形式有两种:一是先出租后自住,二是部分出租、部分自住。

(二) 不落户的原因

1. 城镇就业难度大且不稳定

城镇就业空间大小是影响农村人口转移的主导因素之一,而就业空间大小取决于区域经济规模与经济结构。被调查地区的经济发展状况使得城镇就业空间显著不足,无法形成足够的"拉力",从而降低了转移人口落户的积极性。第一,非农产业规模较小、比重低。2021年光山县的GDP为260.09亿元,非农产业的比重只有75.7%,较全市平均水平低了4.7个百分点,能够提供的就业机会不多。第二,工业企业在城镇的集聚度不高。数量少、规模小、层次低、布局散是当地工业企业的主要特征。2021年,该地规模以上工业增加值偏低,产值低且波动性大,同时管理不规范,就业岗位的稳定性差。此外,相当一部分企业又散布于农村地区,尽管产业集聚区建成区面积达到了7.7平方千米,但进镇入园的企业只有94家,其中"四上"企业仅68家。第三,第三产业结构单一,对劳动力的吸纳能力不强。理论上,第三产业具有行业多、门类广、服务要求强、劳动密集等特点,其合理发展能提供大量的就业机会。然而,被调查地区农业生产方式落后、第二产业发育不充分,导致为其服务的第三产业发展水平不高,既表现为产业规模小,也表现为在构成上以交通运输、批发和零售贸易、餐饮业等低端服务业为主,而金融业、保险业、房地产管理业、居民服务业、公用事业、旅游业等高端服务业严重缺乏。从运营方式上看,"地摊经济"与自主经营的"门店经济"占比很高。这样一来,该区域第三产业提供的就业空间无论是广度还是深度都非常有限,因而成为阻碍农业转移人口在城镇落户的主要因素之一。

2. 不愿意放弃农村承包地

首先,改革开放以来,土地在农民心中的价值经历了一个由高到低再到高的过程。家庭联产承包责任制实施的初期,农民种田的积极性很高,土地的地位无可替代。但20世纪90年代中期以来,随着农业比较收益的下降,土地在人们心中的地位不断下滑,同时为了规避农业税和繁重的村集体提成,不少农户千方百计"农转非",或者干脆放弃承包地。2002以来,国家出台了一系列的惠农政策,如实行农业补贴、取消农业税等,土地对农民的吸引力开始回升,大批农民又纷纷返乡要求获得承包地(近几年尤甚)。被调查地区的绝大多数农村劳动力属于"非农为主兼业型",农业收入在其家庭收入中所占的比重较低。换言之,农户对农业收益本来就没有很高的期望,加之无须向国家缴纳农业税,也不用向村集体上缴各种费用,如此一来,为数不多的种田所得(主要包括农产品、农业补贴等)就足以让人们对土地产生眷恋。正如一位农民所言"尽管种田收入不多,但基本上是白捡的"。何况,农户在土地经营方式上也是比较灵活的,可以自种,也可以请他人代种,甚至还可以"撂荒"(这种情况近年来有愈演愈烈之势)(彭荣胜,2012)。其次,农户不放弃承包地还有第二个原因,即对土地未来回报的预期。受媒体宣传与报道的影响,大家对国家土地制度的改革充满了信心,因而普遍看好土地的未来价值,尽管这种认知还很模糊,但基本都认为保留承包地将会给他们带来更大的收益。再次,20世纪70年代以前出生的人口一般都有叶落归根的思想,期望去世后能在家乡土葬,而根据我国的现行政策,人们自然就会担心落户城镇后不能"魂归故里",这也是导致他们不放弃承包地的重要原因。最后,理论上而言,按照我国目前的土地政策,进城落户的农民可以自愿选择是否退出农村的承包地,但大家有理由担心,一旦过了承包期,已经拥有城镇户口的农户就将失去再续包的资格,因而不愿意放弃现有承包地。

3. 是否落户对子女教育影响不大

同其他地区一样,尽管被调查地区九年义务教育基本上实行的是就近入学,但21世纪以来,各地民营中小学雨后春笋般涌现,而进入这类学校读书是没有户籍限制的,因此也就无须在城镇落户。至于高中阶段的教育,在一个县域内部,各个学校则是按成绩高低录取,完全不受城乡户籍限制。调查显示,该县的民办中小学已经发展到30多所,数量多、规模大,校均3000多人,有较强的接纳能力。加之这类学校管理方式灵活、待遇好,吸引了大批优秀教师。师资力量的强大使得民营学校往往拥有更好的教育质量,因而对受教育人口会产生更强的吸引力。此外,随着人们生活水平的提升与思想观念的转变,越来越多的农户渴望子女能接受更好的教育,实际情况也完全印证了这一点:在访谈过程中,多数户主都表示,尽管民办学校的收费要高很多,但只要不超出家庭的承受范围,就会毫不犹豫地送孩子到这类学校读书。综上所述,对就地就近转移的农村人口而言,多重因素决定了"身份"对其子女教育不会产生太大的影响。

4.城乡社会保障的差距缩小

一般来说,城乡社会保障的落差是促使农村人口转移到城镇落户的重要诱因。落差越大,城镇的"拉力"越强。社会保障体系中,最核心的是养老与医疗。在养老方面,2009年河南省就已经建立起统一的城乡居民养老保险制度,到2012年基本实现了全省城乡居民社会养老保险制度全覆盖。保险基金的筹资实施个人缴费、集体补助和政府补贴相结合的方式。个人缴费标准分为100~5000元不等的16个档次,多缴多得。政府补贴标准分为2个档次,缴费400元以下的每月补贴不低于30元,500元以上的每月补贴不低于60元。因此,由于实施了养老保险的城乡一体化,是否在城镇落户对养老保险的影响不大。在医疗保险方面,农村人口、城镇人口分别参加新型农村合作医疗保险与城镇居民医疗保险(有工作单位的也可参加城镇职工医疗保险,由用人单位和个人共同缴费)。筹资实施方式是个人缴费与政府补贴。2015年,两类医疗保险财政补助标准每人每年均为380元。也就是说,城乡居民的政府补贴相同,城镇居民医疗保险所形成的拉力不强,从而降低了农村转移人口在城镇落户的意愿。

四、尊重农村人口意愿的就地就近转移路径

(一)倡导"居住与身份分离"的就地就近城镇化

推进新型城镇化的首要任务是有序推进农业转移人口市民化。市民化的本质是让城镇常住人口享有平等的公共服务,而市民化的形式有多种。其中,

改变户籍、落户城镇是市民化的最高形式,它可以让转移人口平等享有市民的所有权利。市民化的另一种重要形式是不改变户籍,但通过持有城镇居住证享有子女教育等城镇基本公共服务(辜胜阻,2014)。考虑到被调查地区农村人口城镇购房的意愿强而落户意愿弱的现实情况,这种市民化形式无疑是最合适的。再者,农业转移人口市民化强调"有序推进",这就意味着城镇化要以人为核心,要尊重农民意愿,换言之,就是要充分尊重农村人口选择身份的权利。显然,不改变户籍的市民化形式正符合这一要求,是走因地制宜、顺势而为新型城镇化道路的理想途径。此外,小城市、小城镇是大中城市与乡村的桥梁与纽带,是城乡人口高度混合的空间区域,在城镇居住但不落户的就地就近城镇化模式无疑有利于促进城乡融合与城乡一体化。在此过程中,也许有人担心这种状况会阻碍农业的规模化生产。事实上,农业生产的规模化跟农村人口的数量多少并不存在必然关系。众所周知,人们不放弃农村户籍的本意也并非为了种地,而真正阻碍我国农业规模化生产的则是多种因素的综合结果。

(二)鼓励就地就近转移人口到农村兼业

长期以来,大量没有转换身份的农村人口既在农村从事第一产业生产,也在城镇参加非农产业劳动,这就是所谓的兼业化模式。那么,就地就近转移到城镇的农村人口也完全可以参照此模式,即居住在城镇、享受城镇的生活方式,同时到农村第一产业工作。这一就业模式的实施具备三个方面的有利条件:一是不同于异地转移,就地就近转移人口的居住地(小城镇)与工作地(农村)的空间距离短,且经过多年基础设施建设,交通条件也得到了很大改善,城乡之间来往方便,无论是时间成本还是物质成本都不高;二是相当一部分转移人口(尤其是20世纪80年代以前出生的)具有农业生产的经验,从事第一产业工作的适应性好,甚至能驾轻就熟;三是随着农村土地流转速度的加快,农业的规模化与专业化生产呈加速增长态势,进入这一领域工作的收益远高于传统农业,也高于部分非农产业。此外,这一就业模式的实施既能有效解决城镇非农产业就业难的问题,也能极大地缓解现阶段部分地区农业必要劳动力不足的问题。要做到这一点,首要的是打破传统思维的桎梏。已有理论认为,城镇化包含"双重转移",即空间转移与产业转移(前者是指人口从农村地域转移到城镇地域,后者是指劳动力从第一产业转向第二、三产业)(彭荣胜,2012)。

就后者而言,目前的这种认识显然具有一定的局限性,因为它把城镇化过程中的就业界定为一种单向转移,且人为地在不同产业之间划出一道鸿沟。事实上,从本质上看,无论在哪类产业工作,都只是岗位或职业的不同,跟人口的身份没有(也不应该有)任何关系。换言之,不能以职业定身份。正如农村人口可以在城镇非农产业工作一样,城镇人口也可以在农村第一产业劳动。可以说,这也是"人的城镇化"的应有之义。

(三)大力发展农产品加工业及其关联产业,并促使其向城镇集中

大力发展农产品加工业及其关联产业,可以有效解决小城镇产业集聚不够、就业岗位缺乏的问题。首先,传统农区发展农产品加工业及其关联产业的优势明显:一是传统农区农业发展的自然条件与历史基础较好,农产品种类多、产量大,可以为农产品加工业提供丰富的原料;二是经过长时期发展,传统农区的多数农业结构与其地理条件适应度高,农业比较优势明显,建立在此基础上的农产品加工业及其关联产业具有较强的竞争力;三是易于采用延伸产业链条的方式,围绕主导农产品的加工、运销打造产业集群;四是为了推进形成主体功能区,国家及相关省市区出台了一系列优惠政策支持农产品主产区开展农产品深加工、综合利用农产品副产物、建设与各类农业企业经营有关的设施等,这为传统农区农产品加工业及其关联产业的快速发展提供了有力保障。其次,农产品加工业及其关联产业对农村转移人口的吸纳能力强。这是因为,这类产业涉及农产品的产运销,经营范围广,劳动密集程度高,就业渠道多、空间大。此外,农产品加工业及其关联产业与农业、农民有着天然联系,对劳动者的文化水平要求较低,与农村人口的"素质能力"最为匹配,可以一定程度上弥补农业劳动力转移能力不足的问题。同时,它们又多属于集体所有制或由私营企业经营,就业方式灵活,准入"门槛"低。最后,为了促进农产品加工业及其关联产业向小城镇集聚,必然要采取多种措施加快小城镇基础设施的建设与完善,这样就可以极大地改善小城镇的生产与生活环境,从而会进一步带动更多要素向小城镇集聚,从而孕育出更多的就业岗位。

五、本章小结

针对我国在推进城镇化进程中对"农民意愿"关注不够,以及对具有区域适应性的就地就近城镇化模式探索不足等突出问题,在中西部传统农区选取代表性观测点,借助问卷调查与深度访谈法对农村人口就地就近转移意愿及其影响因素进行深入分析。结果显示:目标区域农村人口就地就近转移的意愿强烈,并呈现出"购房但不落户"的转移特征。其中,子女成家、子女教育等是农户在城镇购房的主要动机所在,而城镇就业难度大、不愿意放弃农村承包地等是转移人口不落户的主要原因。据此,应充分尊重农民意愿、顺势而为,在传统农区走"居住与身份分离"的就地就近城镇化道路,同时鼓励就地就近转移人口到农村兼业,并大力发展农产品加工业及其关联产业,以解决此过程中的就业瓶颈问题。

由于我国传统农区面积广大,自然条件与经济社会环境有较大的差异,具体的城镇化路径自然也有所不同。因此,扩大区域视野、对各地具有特色的城镇化发展模式进行提炼与总结将是进一步研究的方向。此外,城镇化是一个自然而然的过程,在实践中既要坚持"因地制宜",也要遵循"因时制宜"。也就是说,本研究中提出的就地就近城镇化道路只适用于现阶段的目标区域,随着经济发展水平的提升,在条件成熟时,将必然步入"改变户籍、落户城镇"的市民化(城镇化)高级阶段。

第五章
农村人口就地就近转移的就业问题与破解路径

能否实现城镇化就业是影响农民就地就近城镇化意愿的关键因素。新型城镇化的核心是以人为本的城镇化,在推进农业转移人口城镇化的过程中,农村人口有城镇化意愿是顺利推进新型城镇化的"敲门砖"。近年来,我国城镇化进程已整体进入平稳发展期,发展速率逐渐减缓。在该阶段,城市与乡村关系、区域竞合关系、劳动力与生产资料关系均出现转变(陆大道、陈明星,2015),新型城镇化与乡村振兴战略联动是加快农村发展的内在要求。因此,新型城镇化发展战略应运而生,其基本导向是城乡统筹发展,以人的城镇化为首要目标(姚士谋、张平宇、余成,2014)。新型城镇化的"新"体现在农民工的真实市民化,是实现"双循环"、形成新发展格局的主要途径,是改善城乡、群体间收入分配状况,进而提高消费对经济增长贡献率的关键,也是促进新型城镇化的关键和重中之重。

李强(2019)通过对东北、华北、中部、东南、西南等不同区域进行深入调研,总结了大城市近郊乡村的就地城镇化、地方精英带动的就地城镇化、外部资源注入为主的乡村就地城镇化这三种就地城镇化的模式,以及通过发展县域经济实现农村人口就近城镇化、强镇崛起带动农村人口就近城镇化、以地级市为中心推进全域的城乡一体化和就近城镇化这三种就近城镇化的模式。本章依此分类,对不同城镇化模式下,农业转移人口的就业渠道和就业情况进行分析讨论,探讨就地就近城镇化农业转移人口的就业意愿与路径。

一、河南农村人口就地就近转移的就业渠道与状况

(一)就地就近向中小城市转移的就业渠道与状况

1. 城市扩张推动的就地就近转移就业

增设新城区和建设开发区是城市发展和新型城镇化的必然选择。一方面,新城区和开发区可以疏解城市压力,分散城市职能,有效缓解经济社会发展所带来的城市问题。另一方面,以新开发区域为切入点,带动城市周边区域的发展,从而促进城市的协调发展。2016年以来,河南推出百城建设提质工程,深挖城市历史文化,进一步完善城市特色定位。在此背景下,越来越多外出务工的农村人口返乡创业、就业。

焦作市武陟产业新城是一个城市扩张的成功样本,它让河南人触摸到了城镇化、城乡融合发展一体化的新路径,有效带动了当地农村人口就地就近转移就业。武陟产业新城依托武陟县现有产业基础,主动承接郑州外溢产业,主要围绕智能制造装备、都市食品、现代物流、科技服务领域开展产业招商和产业导入,同时以"规模+亮点"打造产业集群,在产业链条的核心节点打造高品质产业港及服务中心,打造了以"智能硬件+双创服务"为核心招商方向的智能硬件产业港、以"机器人+高端装备研发制造"为特色的机器人产业港和以"汽车零部件+智能制造孵化"为特色的智能制造产业港。在不断做大做强传统支柱产业的同时,武陟产业新城紧跟国家政策导向,大力培育鼓励新经济、新业态、新模式及高新技术产业的发展,大力发展双创孵化和科技创新驱动。截至2020年6月,武陟产业新城为武陟县引入企业、签约企业超110家,累计签约额突破200亿,为武陟本地居民新增就业岗位超过5000个,助力武陟县域经济社会发展排名从河南省第68位大幅提升至第11位,城市竞争力及人民获得感、幸福感显著提升。武陟产业新城已成为焦作市"南北双城""两山两拳"示范带建设支撑和全省产城融合发展典范。

洛阳市原城市规划区范围包括洛阳市区、孟津县、伊川县彭婆镇、洛龙区丰李镇、伊滨区诸葛镇、新安县磁涧镇、伊川县城关镇的部分用地。在城市规

模快速扩张时期,新的发展规划又将偃师市(现偃师区)纳入洛阳城区范围,扩大后的洛阳城市规划区面积为原来的1.5倍,由原来的1610平方千米增至2405平方千米。①扩大后的洛阳市在区域发展定位方面强化"东西合作":一方面加强与郑州在物流、科技创新、研发和技术培训、工业方面的分工协作,另一方面与西安在高科技产品的生产和研发、区域旅游网络共建、旅游市场共享方面进行密切合作。扩张后的洛阳市着力培育现代服务业,聚力增强城市辐射力和影响力,目标是立足豫西地区,与郑州共同成为河南省的双核中心;同时积极与中原经济区分工合作,发挥洛阳的工业与科研基础优势,力争建设成为中部地区重要的先进制造业基地;在丰富的历史文化遗产和自然资源的基础上,挖掘古都风貌特色,积极发展旅游业,向国际著名旅游城市迈进。2021年,洛阳市的非农产业增加值达到了95.2%,第三产业增加值占地区生产总值的比重已经超过50%,二三产业的快速发展有力带动了周边农村人口就地就近转移就业。

漯河市临颍县产业集聚区规划面积23.72平方千米,分为食品专业园区、装备制造产业园区、生态休闲区和综合配套服务区四大功能分区,主导产业为食品和装备制造。先后引进嘉吉、先达味美、加多宝、六个核桃、盼盼、亲亲、喜盈盈、雅客、中大等知名食品企业60多家,集聚中国驰名商标17个、省级著名商标33个,产品涵盖烘焙、膨化、果冻果脯、功能饮料等8大类2000多个品种;装备制造产业快速崛起,富士康、建泰科技、江苏长峰电缆等20多家知名企业相继入驻,尤其是随着全国较大的建筑工业化企业远大住工、全国较大的钢构生产企业鸿路集团的入驻,带动众邦伟业、恒信机械等本土建材企业共筑产业链,致力打造全省有影响力的绿色装配式建筑产业基地。截至2020年底,临颍县产业集聚区入驻企业超过200家,借力周边资源,实施"回归工程",一手抓招工保障,一手抓合作引进,同时与漯河职业技术学院、漯河食品职业学院等8所大中专院校建立合作办学关系,定向为区内企业培养普通工人和专业人才,累计有5万多名外出务工人员在家门口实现就业。产业集聚区不仅成为农村人口就地就近就业的"主阵地",也有力地推动了当地城镇化进程。

---

① 《洛阳市城市总体规划(2011—2020年)》正式获批,明确四大城市发展总体目标[N].洛阳日报,2012-9-18.

2.产业发展推动的就地就近转移就业

1)加工业发展推动的就地就近转移就业

南阳市淅川县以产业发展带动就业,依托龙头企业推动车间进村。在扶贫车间项目招商上,重点引进优质成熟龙头公司,正常经营时间须在3年以上,能保证项目持续稳定运行,农民持续稳定就业。在产业发展上瞄准全链条,淅川县从2015年开始,先后研究出台《关于推进产业扶贫的实施意见》等系列文件10余个,明确了产业种植、生产、加工、储运、销售、保险和企业上市等一条龙支持办法,从各个环节支持企业实施全链条发展。目前,仓房镇的艾制品车间、香花镇的黄粉虫车间、老城镇的茶树菇车间、寺湾镇的桑叶茶车间、福森集团的凉茶饮料车间等,已实现全链条发展,部分产品已出口国外,产业附加值大幅提升。在技能培训上,人力资源和社会保障局务工培训专班整合县内行业部门培训资源,邀请行业知名专家,依托农广校、南阳信息工程学校等有资质的培训机构,根据企业需求开展订单式培训,采取室内教学与扶贫车间现场教学相结合的方式,开展操作性、实用性强的实用技能培训,按件计资,实现效益工资增收;委托用工企业因企设岗、因人设岗,设定门卫、清洁工等比较清闲、收入较低的特殊岗位,进行简单培训后上岗,扩大贫困劳动力就业面。截至2019年初,淅川县通过产业发展带动8700余名留守妇女、待业青年在家门口就业。

郑州新郑市与雪花啤酒建立战略合作,将薛店镇定位为"啤酒小镇",建设年产可达100万千升的雪花啤酒厂。企业拉动就业,啤酒厂带来了上下游包装、物流等配套产业,解决了失地农民的就业问题。除此之外,新郑市还与光明乳业、中储粮大豆油脂加工等48家知名大型企业进行建厂合作,淘汰500多家高能耗、高污染、低附加值的企业,过去"村村点火、户户冒烟""小而全"的行业整体转入食品、商贸物流、生物医药三大主导产业和5个产业集聚区,直接带动附近居民(包括农转非人口)就业10万余人;将郑州外迁的170家大型批发市场中的110家汇集于龙湖镇建造占地10平方千米的华南城市场,集商贸交易、物流集散、展示推广、信息交流、创新促进、产业培育、特色旅游、城市化综合配套等八大功能于一体,可吸纳周边20万人就业(龚金星、王汉超,2015)。

2014年南阳市镇平县规划占地2.208平方千米以玉为主的特色商业区,提出了打造"全国玉文化研究传播基地、全国玉产品生产购销中心和全国特色景观旅游名镇"的发展定位,走以产业支撑城镇建设、文化提升产业升级、旅游带动三产的发展路子。镇平县在商业区发展中注重发挥大项目"滚雪球"式的集聚效应,依托国际玉城和玉文化博物馆这两个具有较强支撑、示范、带动作用的重点文化工程项目,打造特色名片,塑造具有鲜明特点和影响力的文化品牌,最大限度地把文化资源优势转化为现实经济优势。同时还按照"产业链构建、集群化发展"的思路建设天下玉源玉料市场、精品玉雕加工园和新型高端购物中心,打造具有全国影响力的玉产品交易集聚区。另外,积极落实一批与玉产品交易相配套的旅游、休闲、银行、基金、物流等大项目,形成玉及相关产品实体营销、精品玉器连锁经营、网络营销、金融、认证及诚信经营服务平台等复合功能,使社会资源与商业相关服务相互配合、无缝衔接,打造精细化的营商服务体系,支撑镇平玉产业持续稳定发展。

平顶山市叶县以扶贫基地站点申报认定为抓手,结合"县长喊你回家创业"活动,设立企业发展、贷款贴息、还贷周转金等专项基金,引导农民工、大学生、退伍军人返乡创业,培育致富带头人,实现以创业促就业。截至2018年底,全县返乡下乡创业2.9万人,创办经营主体2.3万个,带动就业8.2万人。清华大学通信工程专业硕士景奇回乡创办天享农业公司,年营业额达800万元,带动550人就业。农民工徐广亮成立望三江实业公司,为平煤等大型国有企业提供电器包装材料,带动300余人务工。同时,当地政府结合"大众创业、万众创新"行动,以成规模、有特色的就业创业孵化平台为抓手,打造亿联创业基地、特色商业饮食街"叶公古街"、龙泉门业创业园、辛店林果种植基地等,激发广大群众创业意愿,做实吸纳就业载体。

新乡市的新乡县、长垣市、封丘县属于第二产业比较发达的县域,劳动密集型制造业的发展创造出较多的就业岗位,为农村劳动力实现就近转移就业提供了良好条件。例如,新乡县乡镇企业众多,县域经济发达,不仅有效解决了当地农民的就业问题,还给周边乡镇,甚至周边县的农民提供了大量就业岗位。与新乡县相似的还有长垣市,长垣市在农产品加工、医药材料及起重机械方面具有经济优势,通过不断加强优势产业的基地建设,延长优势产业的生产链,吸纳当地农村劳动力就地就近转移就业。截至2021年,长垣市集聚了起重整机生产企业168家,配套生产企业约1000家,带动了当地8万多人就业,2021年起重装备产业销售收入近300亿元;卫材生产企业70多家、经营企业2000多家。

2) 服务业发展推动的就地就近转移就业

郑东新区中央商务区作为河南省"六星级"服务业"两区",于2013年设立,规划面积7.1平方千米。2019年,郑东新区中央商务区新引进各类金融机构11家,核心区累计引进各类持牌金融机构达344家,境内外上市和新三板挂牌企业21家,覆盖传统金融业、财务公司、要素市场等10余种业态,形成了较为完整的金融产业链条。郑东新区金融业已经成为驱动全省经济发展的引擎,标志着郑东新区中央商务区金融业聚集初步完成。另外,作为首批国家电子商务示范基地,郑东新区累计入驻百亿级电商平台喜买网、乐视购、中钢网等电商企业100多家(含黑蜘蛛等5家上市企业),年交易额突破500亿。园区企业依托大数据资源、软硬件技术优势,将最新科技成果与传统产业融合,实现产品个性化、生产智能化、制造服务化、市场定制化、资源云端化,标志着"互联网＋"产业格局基本形成。中介服务也迅猛发展。园区累计入驻戴德梁行等国际知名中介机构400多家,涉及会计、法律、咨询、设计等各个领域;入驻文化传媒等机构超过100家;引进JW万豪、喜来登等高星级酒店,超五星级酒店JW万豪的入驻填补了省内无超五星酒店的空白。德国汉堡郑州联络处入驻郑东新区高铁西广场,代办德国汉堡企业"一带一路"相关业务,预示着郑东新区有望形成"一带一路"国际化商务中心地位。郑东新区中央商务区现代服务业的兴起带动了10多万人就地就近转移就业。

2022年3月,南阳市内乡县被列入河南省民营经济示范城市试点。内乡县是人文旅游资源和自然旅游资源都比较丰富的县域,旅游经济发展红利效应明显。葛条爬村、万沟村、大块地村和牡珠琉村紧邻宝天曼景区,隐匿于青山绿水之间。过去守着美景受穷,现在当地充分发挥农村基层党组织的领导核心作用,依托特色农业产业和生态旅游资源优势,以"党支部＋企业＋农户"模式,鼓励和支持农民利用自有房屋改造农家乐宾馆,引导农民进行特色农产品种植养殖,景区优先聘用具备一定劳动能力的农业转移人口,为他们提供保洁员、服务员等岗位,形成"一业带多业、多业促一业"的发展格局,带动成百上千户农民走上致富路。宝天曼景区的一个旅游项目,就能吸纳葛条爬村、万沟村等4个村120余名乡亲就业,总体每年为这些农民带来200多万元的工资收入。旅游发展让当地农民有了相对稳定的就业岗位,老百姓不用外出打工、背井离乡,就能轻松就业、体面挣钱。

洛阳市栾川县全域旅游带动群众就业增收。2018年以来,栾川县将全域旅游作为带动百姓就业增收的重要途径。栾川县总人口35万,其中农村人口约29万,旅游直接从业人员约3万人,带动的从业人员超过10万人,有约三分之一的农村人口在乡村旅游的发展中受益。在栾川,相对于其他产业,旅游产业发挥的社会效益和经济效益占据主导地位。栾川县的15个乡镇中13个有景区、45个村庄将乡村旅游作为主导产业,旅游成为栾川人最实在的"金饭碗"。在栾川的老牌景区重渡沟,村民们"生产、生活、思维方式的革新"尤为明显。20余年前住土屋瓦房,靠种地、养牲口生活的重渡村人,已将村庄建设成有350余家中高端农家宾馆和民宿、年接待游客约90万人次的热门度假区。重渡村人早已实现不用外出打工、就地就近就业就能过上好日子的目标,他们正由单纯追求"富裕",转向追求更多的"幸福"。随着中国旅游市场的火热,栾川全域旅游带动群众就业增收的同时,正改变栾川百姓的精神面貌、就业方式及生活方式。

3)农业发展带动的就地就近转移就业

作为传统农区,南阳市内黄县通过深化农业供给侧结构性改革独辟蹊径,努力促进农民就地就近就业,拓展农民增收新空间。通过打造农业科技博览园技术推广平台、果蔬城物流销售平台、农产品质量安全监管平台、设施农业生产基地,构筑"三平台一基地"完整产业链,助推现代农业转型升级、提质增效。内黄农业科技博览园占地500亩,总投资5亿元,是集科技展示、种苗培育、蔬菜种植、观光旅游等功能于一体的现代农业科技生态园,采用"公司+合作社+基地+农户"的发展模式,引领全县农业转型升级。果蔬城项目试图打造成"买全国、卖全国"的果蔬销售平台,实行"买全国、卖全国"经营模式、"一卡通"电子商务交易模式、"市场+基地+农户"产业模式。农产品质量安全监管平台覆盖农产品的生产全过程,从土壤、环境到田间检测、产品包装、贮藏、运输、加工、销售,实行全过程管控,实现"可视、可谈、可管"。近年来,内黄县蔬菜种植总面积达60万亩,其中温棚面积约20万亩,温棚规模及工厂化育苗位居全省第一,进一步巩固了全省第一蔬菜生产大县的地位。这些新型农业企业为当地农民创造了两万多个就业岗位,有效带动了当地农民就业。

平顶山市宝丰县近年来农业经济取得重大发展。该县努力调整产业结构,加大土地流转力度,积极实施招商选资、财政贴息贷款和扶持奖励等措施,截至2022年底,发展农业产业化重点龙头企业31家,其中国家级2家、省级8家、市级21家。2019年以来,该县新建的7万亩高标准农田中,近5万亩由新型农业经营主体经营,为小农户和现代农业发展有机衔接提供了新路径。宝丰县用工业化理念发展农业,围绕乳品和酒品、养殖和肉品、蔬菜和高效农业、优质粮食和面业、调味品、物流业等六大优势产业,大力推进农业产业化,不断拉长产业链条,并以农业产业化龙头企业为载体,引导其走"龙头企业+合作社+农户"路子,逐渐形成了有实力、有特色的农业产业化集群。①以伊利集团、河南源源乳业集团和宝丰酒业有限公司为龙头,以石桥镇和周庄镇为核心,建立奶牛养殖、奶制品生产加工和白酒生产等基地,形成乳品和酒品产业化集群,带动0.3万农户从事奶牛养殖,0.4万农户从事高粱种植。②以河南康龙实业集团股份有限公司、宝丰县金岭牧业科技有限公司和雨润集团为龙头,以石桥镇为核心,建立生猪养殖和肉品加工基地,形成养殖和肉品产业化集群,带动0.6万农户从事生猪养殖。③以河南红英农业科技有限公司等为龙头,以石桥镇为核心,覆盖肖旗乡、赵庄乡、杨庄镇、张八桥镇等,形成蔬菜和高效农业产业集群,带动1.5万农户从事蔬菜种植。④以河南宝粮粮油企业集团联丰面业有限公司和宝丰金麦穗面业有限公司为龙头,以石桥镇为核心,覆盖县内及周边县市区,建立面业产业化集群,建立20万亩优质小麦生产示范基地,带动农户两万户,年销售收入达到6亿元。⑤以宝丰县冯昇醋业有限公司和宝丰县源生农业开发有限公司为龙头,以李庄乡和观音堂林站为核心,发展米醋及花椒制品,形成调味品产业化集群。建立谷子、花椒基地5.1万亩,米醋、调料等调味品就地加工转化率在70%以上,年销售收入2亿元,带动农户1万户。

信阳市光山县委、县政府紧紧抓住国家大力发展木本油料产业这一政策机遇,发挥林业优势,推动绿色发展,把油茶产业作为富民产业、生态产业、旅游产业以及生态文明建设和实施精准扶贫的重要抓手。大力推行"龙头企业+专合组织+基地+农户"的产业基地发展模式,强化各种利益主体的联系机制,带动农民特别是贫困农民增收致富。目前已经形成油茶产业多种增效模式,主要包括:林业生产与林地流转相结合,实现以地增收;林业生产与劳务用工相结合,实现以劳增收;林业生产与管护相结合,实现护林增收;林业生产与入股相结合,实现分红增收;林业生产与"四旁"造林相结合,实现长期增收;林业生产与林下经济相结合,实现种养增收。通过发展油茶产业,该县扶持一批贫困户兴办森林人家、农家乐,带动了该县3000多人增收,让山区农民吃上了"生态旅游饭",达到了农民就地就业、农业就地转型、农产就地增值、农村就地致富的良好效果。

（二）就地就近向特色小城镇转移的就业渠道与状况

位于濮阳市华龙区东北部的岳村镇,入选第二批全国特色小镇,杂技历史悠久,岳村镇东北庄与河北吴桥并称为"中国杂技南北两故里"。岳村镇以东北庄杂技为核心,深挖杂技文化资源,提高杂技产业竞争力,形成集杂技演艺、观赏、人才培训及输出于一体的完整产业链条。岳村镇以杂技文化演艺及培训为主导产业,以杂技演出、音乐艺术、节庆活动、教育培训为发展主调,辐射带动衍生制造产业发展。当地已建成濮阳杂技艺术学校和东北庄杂技艺术学校2所杂技学校,截至2021年,濮阳杂技艺术学校有杂技教练、教师120余人,国家一级演员22人,国家二级演员25人,在校学生900余人。依托东北庄杂技文化园区这一国家3A级景区,岳村镇发展杂技特色旅游,带动餐饮、住宿产业发展。依托丰地、丰硕、金阳光等农业园区,大力发展现代休闲观光农业,成功举办油菜花节,与杂技文化旅游形成良好互动效应。岳村镇这一杂技特色小镇,直接带动就业近2000人,间接带动就业5000余人。

邓州市穰东镇紧紧地抓住入选第二全国批特色小镇和进入国家级经济发达镇这两大机遇,建好服装产业园,促进分散在各个村庄的服装加工企业进驻服装产业园,在聚集的基础上,实现服装产业的提升。把服装产业和新型城镇化结合起来,走以产兴城的道路,吸引农民进入服装行业就业。2018年穰东镇被授予"中国裤业名镇"称号,其生产的中山装和皮裤电商销量居全国第一。受到喜人形势感召的商户和制造企业,纷纷涉足电商领域,穰东镇的电商企业数量呈现突飞猛进的增长,2019年镇上直接从事电商经营者达1600多人,年销售额千万元以上的有30多家。2023年穰东镇服装加工企业达400多家,形成了户有个体加工点、村有"卫星加工厂"、镇有现代化服装厂的格局,还吸引武汉、温州等地百余家商户前来创业,产品销往全国各地以及韩国、日本及东南亚各国。目前的穰东镇服装产业带动了周边30多个乡镇的3万多群众就地就近就业。

禹州市神垕镇是钧瓷文化的发祥地,也是中国钧瓷之都、中国历史文化名镇、中国特色小镇。近年来,神垕镇发挥自身优势,以钧瓷文化为品牌,以神垕古镇为载体,以钧瓷产业为集群,以旅游开发为带动,努力把神垕镇打造成为独具中原文化特色的文化产业基地和知名的旅游景区。如今神垕镇已成为我国中部地区极具影响力的钧陶瓷生产基地和全国重要的炻瓷出口基地。截至2018年,神垕镇陶瓷企业达380多家,产品远销欧美亚非四大洲30多个国家,年出口创汇1300多万美元。为加快实现展现"千年古镇,钧瓷文化"风采的目标,禹州市借助"旅游+"整合带动作用,融合神垕传统匠人文化及钧瓷工艺,打造旅游IP品牌形象,通过一系列周边文创产品开发,实现钧瓷文化品牌的人格化、年轻化、雅俗共赏,使游客形成对钧瓷、神垕古镇品牌形象的全新认知。神垕古镇将文化产业与旅游相结合,做的不仅是加法,更是乘法。钧瓷文化旅游产业的兴起带动了当地第三产业迅速发展,如包装业、快递业等,有效解决了当地农民的就业问题。

二、河南农村人口就地就近转移就业存在的问题及其成因

河南省是我国的农业大省,农村人口基数大,平均收入水平较低。尽管城镇化发展、二三产业发展等为农业剩余劳动力创造了不少就业岗位,但是河南农村人口就地就近转移就业仍然存在不容忽视的问题。

(一)产业支撑度不够,就业空间较小

稳定发展的产业是吸引农民就地就近转移就业的基石。河南省是传统农业大省,第二产业与第三产业所占比重偏低,加工业与服务业发展水平不高,乡镇企业数量少、规模小、分布散乱、产业链条短、产业聚集度低,并且不少乡镇企业分布在自然村落之中,建制镇和县城的乡镇企业不足总数的三分之一。县域及乡镇的第三产业科技含量低,多为餐饮、维修等低端生活服务类小微企业,与现代服务业要求相去甚远,难以通过产业化带动小城镇发展,更不能有效带动当地及周边农村人口的就地就近转移就业。另外,在过去的美丽乡村建设大潮及当下的乡村振兴战略中,一些地方政府在促进小城镇发展中急于求成,只关注城镇的规模扩张,而无视当地经济发展水平,最终造成城镇规模扩张速度超过了当地的经济发展需求。由于缺乏应有的产业支撑,新的城镇人口就业问题难以解决。

(二)结构性矛盾突出,"人岗相适"的就业岗位不足

中小城市劳动力市场上供给和需求不匹配的现象,突出表现为劳动者素质与岗位需求不适应。大多数农村劳动力文化程度低、生产技能弱,传统观念难以改变,培训积极性不高。而随着城市建设规模的扩大,今后仍将有相当数量的农民离开土地,农民就地就近转移就业问题将更加突出,再加上现代科学技术的进步,使得就业岗位对劳动力素质与技能的要求越来越高。据调查,技能型农村劳动力数量在所有就业人员比例中占比最低,多数为低端服务业从业者,而随着产业升级和现代服务业的发展,高技能劳动力缺口日益扩大,出现了技能人才短缺与富余劳动力并存的现象,劳动力市场结构性矛盾突出。

(三)企业生产波动性大,就业稳定性差

县域及乡镇企业多为小微企业,布局分散,经营管理随意性比较强。另外,小微企业一般是个人独资、合资或家族企业等形式,受不确定因素的影响较大。因此,这些企业的就业稳定性也比较差,具体表现在两个方面。一是用工随意性强。一些企业订单多、生产忙时大量招工,订单少时随意裁减员工,导致一部分农民工频繁失业。二是用工不规范。大量劳动密集型企业和小微企业为节约人工成本,不与劳动者签订劳动合同,不为劳动者缴纳社会保险,并变相延长劳动时间,以加班等方式增加农民工工资总额,规避城镇职工最低工资标准,造成农民工失业风险高,工资收入低,频繁跳槽。

(四)权益保障度不高,工资性收入较低

除了不按规定与农民工签订劳动合同外,一些中小企业还存在克扣和拖欠农民工资、强制加班、工作环境恶劣等问题。一些用人单位虽然与农民工签订劳动合同,但是对他们的规定中义务多、权利少,合同约定不平等。还有一些用人单位在农民工的社会保障、安全保护、职业病防护等方面采取的措施不够,投入不到位,农民工相关权益保护制度不完善。在当前农民转移就业过程中仍然是雇主占主导地位,掌握话语权,农民工能否得到工作,雇主有决定权。

尽管各地政府在解决新区、开发区失地农民就业问题上因地制宜,探索出了不少实现失地农民职业转型的经验模式,但是也存在一些共性问题。第一,受文化水平偏低和年龄偏大等因素的制约,失地农民学习新的就业技能有一

定的难度,大多数失地农民一般只能从事建筑、保安、装卸等不定期工作,所以一旦出现冗员,他们就很容易因可替代性高而被迫失业,大大降低了新区、开发区失地农民的工作稳定性,造成再次失业。第二,有一小部分失地农民拿着高额补偿贪图享乐,不愿意参加政府组织的就业技能培训。第三,新区、开发区的建设往往注重高科技产业的引进,这些产业不仅对从业者的文化程度和职业素养要求更高,而且势必会吸引一大批高学历、高技能的知识型人才流向新区、开发区,这也会给当地农民带来极大的就业压力。第四,依靠旅游解决就业问题的,就业时间、收入具有不稳定性,集中于游客高峰期。

随着经济社会发展和城市自身发展需要的变化,不少中小城市也开始通过扩张城市版图来实现城市周边乡镇的城镇化,意在借此推动地方产业升级转型,并拉动地方经济增长。但由于中小城市和小城镇缺乏发展的人力、资本等资源,吸引和聚集能力不足,个别政府在开发过程中不尊重市场规律等原因,所建新区、开发区具有强烈的主观性,所投产业得到的市场反应相对较差,造成了巨大的资源浪费,收益回报周期太长,"鬼城""空城"等现象层出不穷。农民被动的城镇化,缺乏产业支撑的就业转型,违背了城镇化"以人为本"的原则。

三、河南农村人口就地就近转移就业的经验借鉴

(一)青河县农村人口就地就近转移就业

青河县位于新疆维吾尔自治区东北部,具有十分丰富的自然与人文资源,几乎涉及旅游资源的各种类型。近年来,青河县大力发展特色旅游、特色种植,实施退耕还林政策,鼓励各乡镇农牧民种植沙棘,以青河县旅游业的发展提高沙棘的知名度。2019年10月,青河县邀请"网红"为青河沙棘做代言宣传,提高青河沙棘的知晓率,让更多的人认识沙棘、了解沙棘,从而增加销售量,并将阿热勒镇和阿格达拉镇打造成为沙棘特色小镇。阿热勒镇和阿格达拉镇定位为新疆沙棘产业研发制造中心、北疆沙棘保健康疗养生福地、边境民族融合生态文旅小镇。围绕沙棘,青河县走深加工路线,截至2019年底,青河县有沙棘深加工企业5家,依托果、叶、枝干开发出沙棘胶囊、沙棘精油、沙棘果酱、沙棘茶叶、沙棘酒、沙棘饮料、沙棘黑木耳等30多个品种。沙棘龙头企

业辐射带动就业2万多人次,人均增收2000多元。沙棘产业在改善生态的同时,也达到了促进农牧民增收的效果。为带动旅游沿线农牧民增收致富,青河县在旅游景点周边村镇及旅游沿线积极打造特色农家乐,过往游客络绎不绝。通过旅游活动带动农牧民收入,激发了他们依托旅游致富的积极性,农牧民自发摆设摊位销售地毯、奶疙瘩等特色产品。截至2019年底,青河县新增农牧家乐37家,带动收入近百万元。

(二)禄丰市农村人口就地就近转移就业

云南省禄丰市(2021年4月之前为禄丰县)近年来通过持续实施工业强县战略,工业经济得到了长足发展。2021年,全市规模以上工业企业已达48户,实现规上工业总产值319.5亿元。工业企业的快速发展,创造了大量的就业岗位,为劳动者就地就近就业创造了得天独厚的便利条件。仅2019年,市内企业就为劳动者提供就业岗位2.5万个,部分企业还因地处偏远,出现了招工难的现象。另外,禄丰市委市政府在农村劳动力转移就业工作中发挥了良好的桥梁作用,充分发挥市域企业用工岗位充裕的优势,本着就近就地转移就业为主,市外、省外相结合的原则,以满足市内企业用工需求为重点,在全面精准掌握全市16~60周岁劳动力储量和外出劳动力的数量、流向、年龄结构、就业收入、就业意愿及培训意愿等基础信息的基础上,广泛收集、整理市域企业的用人需求情况,每月进行汇总,并通过网站、电子屏、手机短信、微信平台、乡镇社区就业平台,对就业岗位信息进行广泛宣传,把就业岗位信息推送到乡镇、村组和有外出就业意愿的劳动者手中。同时,将现场招聘平台前移至乡镇,就地就近组织现场就业推荐会,着力优化就业信息咨询、职业指导、就业推荐、人岗匹配、政策落实等就业服务,促进劳动者与用人单位的无缝对接,促使大批劳动者就地就近实现了就业。

(三)大荔县羌白镇农村人口就地就近转移就业

陕西省大荔县羌白镇现代农业产业园区主要以种植瓜果、冬枣、反季节蔬菜等为主。2013年以前,该地区以粗放经营的传统农业为主,经过产业结构调整后,形成"高科技、纯绿色、精细化"的发展道路,主要以建设日光温室和钢架大棚为主,一次性投入,长期收益。运用互联网技术建设智能型、科技型、领先型的智慧农业园。园区智慧物联网系统应用自动控制等技术,实现了园区智能化、自动化、信息化的生产和管理,降低成本,提高了劳动生产率。园区现已形成"支部牵头—党员示范—干群联动"的致富模式:一是对流转土地的贫困户及群众,由园区统一缴纳社保;二是由党支部牵头,党员及村干部一对一结对帮扶农民入园经营,进行"保姆式"全程服务;三是对有劳动能力的农户采取"先入园经营,有收益后再付棚租"的方式,通过提供技术指导、田间管理及园区统一销售等方式给予帮助。2018年,进驻园区参与经营农户达到152户,每年务工人员达到1.5万余人次,产生经济效益2400余万元。按照"共创、共赢、共享"的经营理念,园区已形成"公司＋合作社＋基地＋农户＋农超对接"的"5＋"经营模式,整合土地、资金、人力等各类社会资源,把新颖园区建设成技术先进、功能齐全的新型园区,成为辐射经济、带动当地就业的新渠道。

(四)生产生活方式转型的农村人口就地就近就业

这种方式的城镇化使得村民户籍性质不变,村庄仍旧保留集体经济体制,村庄通过自发城镇化动力,使得区域内农村居民的生产方式和生活方式完全城镇化,并得到了地方政府的认可。这种城镇化方式使乡村充分发挥自身区位资源等优势,发展出新兴产业,实现就地城镇化。

吉林省吉林市郊区的建华村,利用周边地区房地产开发的优势,从供热公司开始,打造一条由运输、建筑装修、集中供热、物业服务、房地产开发等业务组成的产业链,以服务大城市作为产业导向,既改善了村庄居住环境,又解决了村民就业问题,成功实现了就地城镇化。北京高碑店村坚持"产业先行"的原则,借助北京区位优势,发展古典家具市场,成功实现就地城镇化,村里成立"联防队""绿化队""保洁队""水电队""市场管理队""物业管理队""医疗队""清运队"等8个专业队,基本实现全村劳动力100%的非农就业(胡宝荣、李强,2014),实现了从户籍到生活生产方式的完全城镇化。

湖南省长沙市浔龙河村发展城市近郊型特色小镇,引入广州棕榈园林、湖南浔龙河投资控股、绿地集团、星光集团、国家大剧院等国有、民营单位,形成了生态产业为基础、文化产业为灵魂、教育产业为核心、研学旅游为抓手、宜居产业为配套的产业格局,成功推进城市公共服务向农村覆盖、城市基础设施向农村延伸、城市现代文明向农村辐射的进程,改善了本村居民的生活条件,改进了过去单一的就业渠道,实现了浔龙河生态艺术小镇打造"城镇化的乡村、乡村式的城镇"的目标。

华润集团利用企业资源解决"三农"问题。自2008年起,华润集团陆续在革命老区和贫困地区选址建设希望小镇,截至2021年底,已在广西百色、河北西柏坡、湖南韶山、福建古田、贵州遵义、安徽金寨、江西井冈山、宁夏海原、贵州剑河、湖北红安、陕西延安等地共成功建设11个希望小镇。华润集团利用自身的产业和资源优势,对所有希望小镇进行统一规划,因地施策就地改造、重建,建设生态、有机、绿色的小镇,力求与当地自然环境保持和谐一致。彻底改变农民的居住环境的同时,遵循"统购统销,引导起步;优化品种,合作经营;土地流转,土地整理;辐射带动,产业发展"的产业帮扶宗旨,帮助农民成立专业合作社,搭建产业帮扶平台,发展新型农村集体经济,带动农村劳动力就地就近就业。

(五)传统产业驱动的农村人口就地就近转移就业

山东省寿光市是全国冬暖式蔬菜大棚的发源地,也是闻名全国的蔬菜之乡。寿光市引进优质蔬菜品种,发展无公害绿色蔬菜,建成蔬菜高科技示范园,扶持蔬菜企业打造品牌,以"绿色""生态""诚信经营"等理念,打造了"寿光蔬菜"品牌,配套电子商务、物流配送、交易市场等延伸产业链,将蔬菜产业壮大成寿光市支柱产业,为农民创收致富开拓道路。山东省邹平市发挥棉花种植优势、产业基础优势、劳动力优势、交通区位优势,以国际化水平为标准严格要求,淘汰落后设备,推进技术进步和产业升级,实施品牌战略和产品创新,延伸产业链,提升产业附加值,自建营销渠道,拓宽国际市场,以纺织产业吸纳当地数十万人口就业。作为中国水果之乡,山东省烟台市蓬莱区盛产葡萄,当地着重发展葡萄酒庄,通过雇佣葡萄种植工人、旅游服务接待人员、酿酒工人等服务人员,带动周边村民就业,佐以林果经济、渔业、旅游等多种产业和优质的公共服务,"以城带乡""以工促农"(宋天颖、旷薇、周晓颖,2018)。其他诸如四川省成都市郫都区的川菜产业、湖南省浏阳市的医药和花炮制造等,不仅发展了地方产业,带动了乡镇企业发展,提供了大量的就业岗位,而且使之成为当地特色旅游资源,为周边农村人口实现就地就近城镇化创造了有利条件。

(六)产业转型驱动的农村人口就地就近转移就业

我国有众多依靠矿产资源发展起来的城市,在推进工业化、城镇化进程中起到了不可替代的作用。然而,矿产资源属于非可再生资源,如何在资源枯竭、产业危机到来之前降低资源企业经济比例,实现区域经济产业转型,是资源强县亟待解决的重要问题之一。近年来,不少资源经济县域都在积极抓机遇、求转型。2008年起,陕西省神木县(2017年4月,经国务院批准,撤销神木县,设立县级神木市)关停曾经支撑县财政半壁江山的"五小"煤化工企业,立足促进要素聚合和效益的最大化,实施"围绕煤、延伸煤、跳出煤"的发展战略,落成一批规划合理、装备优良、具有国际国内先进技术的大型能源化工类项目,转型打造以煤为基础的新型能化、新兴非煤产业等为核心的集群发展模式[①]。湖南省宁乡市逐渐退出原有的煤炭产业,转而寻求其他产业的发展,引进青岛啤酒、加加酱油、楚天科技、忘不了、圣得西等一批企业在宁乡落地生根并迅速发展壮大,实现地方产业结构转型的同时,解决了附近城镇、农村居民的城镇化就业问题。

(七)地级市发展引领的农村人口就地就近转移就业

地级市是承接大城市和农村地区的中间层级,是就近城镇化的重要载体。这类城市产业的发展能够有效促进农村人口向非农化转移,并为农村劳动力提供充足的就业岗位,不断缩小城乡经济社会发展差距,引导农村人口就近转移,实现就近城镇化。

作为皖江城市带的核心城市,芜湖市针对性地聚焦战略性新兴产业发展,在无产业基础、无禀赋资源的条件下,以机器人及智能装备、新能源汽车、航空等为代表的一批新兴产业"无中生有",快速集聚,良好的投资环境和先进的科技创新能力,吸引了大批龙头企业和重大项目落户芜湖;同时大力推进高新技术产业集群,吸引装备制造业、加工企业进驻,并重点发展高新技术产业和被誉为"就业容纳器"的现代服务业,创造更多的就业岗位吸纳周边农村剩余劳动力转移(周潇君、施国庆、黄健元,2016)。

湖北省孝感市持续推动一二三产业协同发展,在农业发展上,推进农业机械化、专业化、产业化,发展各类农业专业合作组织,建设各类农业产业园,增加生态休闲功能;在工业上,引入新能源企业和高新技术企业,将现有工业企

[①] 神木:"黑天鹅"的蝶变之路,见 https://baijiahao.baidu.com/s?id=1615739773928300952&wfr=spider&for=pc,2018-10-30/2019-08-19。

业做大做强的同时,发展循环经济,支持企业节能改造、废水利用,促进工业可持续发展;在服务业上,加大旅游业的开发力度,将重点景区与农业产业园、农家乐结合,创造更多的就业岗位,不断提升本市农业转移人口的就业吸纳能力。

山西省临汾市设立"百里汾河新型经济带",整合经济带上的工业园区,倒逼企业转型升级,形成以高端化、智能化、集群化为方向的工业格局,打响了"中国根·黄河魂"旅游品牌,推出一批特色鲜明、高品质的"旅游+文化"创新项目,大力发展旅游业,带动农村劳动力就地就近就业[①]。

作为边境州市,云南省红河哈尼族彝族自治州在国家"一带一路"倡议下根据自身区域特点,针对州域南北地形、民族和文化的差异,设计不同的城镇化发展路径,提出构建"一核两轴""组网共建"的城镇化思路,依托丰富的矿产资源,资源产业承载州域主要产业发展,同时发展烟草及配套产业,以及冶金、化工、生物资源与能源产业,依靠工业化和口岸贸易推动个旧、泸西、开远、河口、蒙自、建水、弥勒等发展特色县城,提升中心城镇保障能力。在山地丘陵地区发展特色种植业和养殖业,挖掘当地民俗文化特色开发乡村旅游业,引导农村地区发展适宜产业,创造多元化的就业渠道,以吸引周围村镇居民就近就业,就近实现城镇化(陈振华、郁秀峰,2017)。

四、促进河南农村人口就地就近转移就业的主要途径

(一)尊重农民意愿,打造与转移人口能力相匹配的就业岗位

结合河南省农村人口的实际情况,在千方百计提高他们业务素质的同时,也要尊重农民的意愿,打造与他们能力相适应的就业岗位。在现代信息技术与互联网平台深度融合的背景下,共享经济(分享经济)与平台经济迅猛发展,而新的经济形态与模式需要大量与之匹配的劳动力。在此背景下,以"关系灵活化、劳动碎片化、工作安排去组织化"为特征的"灵活就业"或"零工"应运而生。与此同时,新生代劳动力的就业观念也发生了很大变化,主要表现为对自

---

① 临汾:追求高质量 培育新动能 临汾产业转型升级跑出加速度,见 https://baijiahao.baidu.com/s?id=1613653386586748240&wfr=spider&for=pc。

由度低、薪资待遇低、重复性高的传统"正规部门"岗位的偏好大幅度降低,而对短工化、高流动、自主性强的诸如家政、快递、外卖、网约车、维修服务等"自由职业"情有独钟。国务院原总理李克强在2021年"两会"期间答记者问时提到,我国灵活就业人员已超过2亿人。国家信息中心分享经济研究中心发布的《中国共享经济发展报告(2020)》显示,2019年我国新业态平台企业拥有员工623万人,带动就业人数约7800万人(冯奎,2021)。目前,河南省家政服务业、餐饮业等行业的劳动力缺口还很大,就业空间广阔。鉴于灵活就业人员收入偏低且不稳定、社保缴费能力较弱的客观现实,应对这类人员给予适当的社保补贴,以帮助他们按时足量缴纳社会保险费用,同时还要建立职业伤害保障机制,让其在遭受伤害时有规可依、依法维权。此外,还应通过发放贴息贷款、组织技能培训、推荐创业项目、创建"信用乡村"等,促进农村劳动力就地就近转移就业,扶持农民工返乡就业创业。

(二)大力推进农业产业化经营,挖掘农业就业潜力

在进行种植业、养殖业等产业布局时,要充分考虑当地的资源条件,根据资源优势进行农业经济结构调整、推进优势农产品生产基地建设,并在这一基础之上形成优质高效的农业生产体系。一是始终把农产品加工业作为提高农民经济收益的主要途径,同时鼓励龙头企业发展农产品深加工,并强化农产品储藏及物流体系建设,实行产加销一体化经营;二是把培育新型农业经营主体作为助推农业产业化发展的重要举措,引导其与家庭农场、农民合作社对接,鼓励农民发展规模经营;三是延长农牧林产品产业链,提高产品附加值,支持以农产品加工和流通企业为重点的农业产业化龙头企业加快发展,重点引导扶持农民、企业发展自律性的农产品行业协会和以农产品生产或营销专业户为主体的农民专业合作组织,逐步形成专业农户、专业加工企业和流通企业、农产品行业协会构成的农业产业化经营体系,提高农民进入市场的组织化程度。此外,要以"基层党建+互联网"为载体,构建特色农产品和农资线上线下融合、形成"进城"与"下乡"双向流通新格局。

(三)加快小城镇建设,有效吸纳农村剩余劳动力

小城镇是一种"半城镇、半乡村"的城乡过渡型聚落,是连城带乡的纽带。

作为城市之尾,小城镇因其区域中心地位和相对完善的功能设施,成为广大乡村区域就地就近城镇化的主要载体,对农村经济发展具有辐射和引领作用。加快小城镇建设需要从以下几点着手:一是明确小城镇连城带乡的核心功能定位,科学制定发展规划,优化小城镇与乡村腹地的功能布局和规模结构,激活小城镇的生活成本适中、连城带乡等发展优势,加强人口流动、资源调控、产业调整、基础设施、绿色生态空间等方面的供给与管理,提升小城镇发展质量,提高小城镇产业竞争力和生活环境魅力;二是优化小城镇发展环境,通过健全相关制度配套,加快完善城乡基础设施,加强乡镇公共服务能力建设,补齐农村社会事业发展滞后短板,增进农村区域民众福祉,吸引外出人员回镇返乡创新创业,恢复小城镇活力;三是以经营乡村理念,推进农业农村现代化发展,巩固和完善农村基本经营制度,统筹合理运用涉农资金,理顺农村投融资体制,加快农业生产示范园区建设,扩大股份合作制改革试点,盘清盘活本土资源与资产,培育地理标志特色产业。

(四)加强农民工培训工作,提高农村劳动力素质

紧紧围绕乡村振兴战略对新型职业农民培育的新要求,以提升农民综合素质、职业技能和创业发展能力为核心,着力推进教育培训、认定管理、政策扶持"三位一体"的新型职业农民培育制度体系建设,努力提高新型职业农民培育质量,培养一批爱农业、懂技术、善经营的新型职业农民,为加快推进乡村振兴提供人才支撑。首先,增强农民参加培训的主动性。针对农民文化程度普遍偏低,参加职业培训积极性不高,尤其是年龄偏大的农民接受新鲜事物困难、缺乏开拓创新思维、承受风险能力较低、改变现状的意愿不强等问题,持续加大新型职业农民培育的力度,充分利用明白纸、报刊、网络等各种形式,宣传群众身边的真实案例、先进人物、创业能人,引导农民充分认识职业教育的重要性,增强参加培训的主动性。其次,根据农民需求创新培训方式。需求是求知的重要动力,如果培训内容与农民需求相脱节、培训方式与农民接受能力不匹配,就会影响大家参与培训的积极性与主动性。为此,一方面要增强培训的灵活性和针对性,切实根据农民实际需求设置课程内容,增加田间地头一对一、手把手指导和跟踪反馈等实践培训;另一方面要利用现代信息技术,创新培训的方式方法,加大网上培训力度,利用手机App、微课,推进线上线下培训相结合。

(五)规范企业用工制度,保障农民合法权益

保障农民在本地就业的合法权益需要从以下几点着手。第一,政府相关部门要提前做好摸排工作并制定应急预案,针对企业拖欠工资、企业经营或破产过程中存在的困难等方面进行排查备案;对目标企业要提前介入、提前检查,做到及早发现、有效介入、妥善处理。第二,政府业务部门要深入企业指导劳动用工网上电子备案工作,切实提高劳动合同签订率,实现企业用工动态管理。第三,相关部门要组织开展规范企业用工行为专项检查,企业自查和执法检查双管齐下,通过实地查看、职工交流、查阅相关资料等方式,重点检查用人单位依法支付农民工工资、劳动用工制度、劳动合同履行情况、社保缴纳情况等。第四,开展重点企业劳动保障书面审查活动,将重点企业纳入当地用人单位劳动保障诚信档案,进行分类管理,对出现多次或者严重违反劳动保障法律法规的企业,监管部门应及时处理,同时要利用用人单位劳动保障诚信档案"黑名单"实行联合惩治,震慑欠薪违法行为,营造诚信守法氛围。

(六)增强员工归属感,构建和谐企业

增强员工的归属感需要从以下几方面着手。第一,物质激励与精神激励缺一不可。员工的归属感离不开工资福利,衣食住行用状况与自己的薪资待遇息息相关,这一点对农民工来说尤其敏感,月收入不仅关系到自己的生活水平,甚至关系到全家的获得感与幸福感。因此,要想增强企业员工的归属感,需要物质激励与精神激励并行。第二,完善员工的职业生涯规划。新生代农民拥有更多的文化知识,各种信息来源较广,因此在工作中更关注自己在企业中的位置与价值,更加关心自己未来的提升和发展空间。企业应加强员工的职业生涯规划指导,清楚地向员工说明个人进步与企业发展的结合方式,激发员工的工作积极性。第三,营造良好的人文环境。公平、融洽、积极向上的工作环境是员工对企业产生归属感的土壤,企业管理层与员工多交流、多沟通,充分了解职工的诉求,为员工提供民主管理的平台,形成一个共同发展的团队,使员工感受到家庭式的温暖,激发员工的责任感和归属感。第四,充分尊重员工。企业要体现出对就地就近转移就业劳动力的尊重,给他们提供一个舒适的工作环境,给予他们足够的工作自主权等。

五、本章小结

城市扩展、产业驱动是农村人口就地就近向中小城市转移就业的两种重要形式，依托因地制宜发展起来的特色产业，则是农村人口就地就近向特色小城镇转移就业的主要渠道。作为农业大省、人口大省，河南农村人口就地就近转移的就业问题仍然相当严峻，表现为：产业支撑度不够，就业空间较小；劳动力市场结构性矛盾突出，"人岗相适"的就业岗位不足；企业生产波动性大，就业稳定性差；权益保障度不高，工资性收入较低等。基于此并借鉴国内外相关实践经验，促进河南农村人口就地就近转移就业的途径有：尊重农民意愿，打造与转移人口能力相匹配的就业岗位；大力推进农业产业化经营，挖掘农业就业潜力；加快小城镇建设，有效吸纳农村剩余劳动力；加强农民工培训工作，提高农村劳动力素质；规范企业用工制度，保障农民合法权益；增强员工归属感，构建和谐企业。

第六章
农村人口就地就近转移就业的个案分析

一、文献评述

就地就近城镇化是新型城镇化的重要实现形式,也是促进区域协调发展、城乡一体化与农业现代化的必然要求。众所周知,实现稳定就业是加快新型城镇化的关键所在。为此,近年来广大学者围绕城镇化与就业增长的关系(辜胜阻、高梅、李睿,2014;段炳德,2017;岳雪莲,2015)、失地农民的就业问题(王轶、王琦,2016;吴婧,2017;邓文、乔梦茹,2017)、农民工的就业问题(马德功、尚洁,2015;任远、施闻,2015;王琦,2015)等方面的内容展开了广泛探讨,并取得了丰硕成果。但总体来看,也还有一些问题有待深入研究。其一,对非失地、自发性就地就近向小城镇转移农村人口的就业问题关注得不够。一方面,失地农民向非农产业转移本质上是被动的城镇化,而非失地农民向城镇转移则是主动的城镇化,二者面对的就业问题有较大差别;另一方面,已有对农民工就业问题研究的考察对象主要是异地转移的农村劳动力,而就地就近转移的农村人口与异地转移的农村人口所处的环境有很大差别,因而二者需要解决的就业问题也不可能完全相同。其二,缺乏对转移人口就业问题破解路径的针对性研究。不难理解,解决转移人口就业问题的根本途径是发展城镇产业。然而,我国各地资源禀赋千差万别,经济社会发展水平也有着显著差异,因而在发展产业时必须因地制宜;与此同时,受生产、生活环境的影响,农村转移人口有着自身的"特质性",在解决其就业过程中必须考虑其就业能力与选择偏好,也就是要做到"因人制宜"。换言之,城镇化过程中转移人口就业问题的破解应坚持"两个适应",即与区域地理环境相适应、与农村人口的"特质性"相适应,而已有研究多大而泛之,缺乏实际可操作性。

我国传统农区面积辽阔、人口众多,农业资源丰富,农产品种类多、产量大,在保障国家粮食安全方面起着不可替代的作用。与此同时,传统农区经济发展水平较低,城镇化进程滞缓,成为我国区域发展的"洼地"。近年来,同全国许多地区一样,传统农区农村人口异地转移的脚步开始放缓,越来越多的劳动力更倾向于转移到本地小城镇,从而推动了新一轮的就地就近城镇化。在此过程中,受诸多因素的影响,大部分农村人口在小城镇都选择了"购房但不落户"的模式。事实上,根据我国现行的城镇化政策,这些转移人口已完全具备了在小城镇落户的条件。研究表明,对大多数人而言,小城镇就业难度大是导致这种局面的最主要因素,破解就业难题是实现转移人口"市民化"的关键。鉴于此,本章的研究试图实现两个目的:一是全面了解传统农区就地就近向小城镇转移人口的就业状况;二是探讨具有"两个适应"的传统农区小城镇就业难题的破解路径,以期为河南就地就近城镇化中的政府决策提供借鉴与参考。

二、观测地域与样本特征

(一) 观测地域概况

本研究选择河南省黄淮4市作为观测地域。黄淮4市是指河南境内位于黄河以南的淮河流域地区,包括信阳、驻马店、周口、商丘4市。该区地处豫东、豫东南,属于豫、鲁、皖、鄂四省交界地带。2021年,4市常住人口约2968.4万,约占河南全省的30.0%;4市总面积约56671平方千米,约占全省总面积的33.9%。地势西高东低、南高北低,山地、丘陵与平原兼而有之。其中,平原约占4市总面积的74.0%,山地、丘陵则主要集中在驻马店西部与信阳南部。该区位于亚热带向暖温带过渡地带,属湿润半湿润大陆性季风气候,四季分明,降水自南向北减少(年平均降水量750.0~1030.0毫米)。

黄淮4市是典型的传统农区、农业大区,粮、棉、油、肉等主要农产品产量均占全省的40%以上,是河南粮食生产核心区、全国重要商品粮生产基地。2021年,粮食播种面积6927.63万亩,占全省的42.87%;粮食总产量3012.4万吨,占全省粮食总产量的46.0%(见表6-1)。该区经济发展水平偏低。2021年,4市GDP为12727.3亿元,约为全省的21.6%;人均GDP为42876.0元(按常住人口计算),仅为全省平均水平(59410.0元)的72.2%。城镇化进程滞缓,城镇化率仅为46.5%,较全省平均水平(56.5%)低了10.0个百分点。同期,黄淮4市第一、第二、第三产业增加值分别为2345.9亿元、4834.1亿元与5547.4亿元,占比分别为18.4%、38.0%与43.6%,与全省平均水平相比,第一产业高了8.9个百分点,而第二、第三产业则分别低了约3.3个与5.6个百分点。同其他地区一样,近年来黄淮4市农村人口就地就近向小城镇转移的势头呈现增强态势。总体来看,该地无论是经济社会发展状况还是城镇化进程特点都在我国中西部传统农区中具有典型性与代表性。

表6-1 黄淮4市2021年主要农产品产量及其在全省的比重

主要农产品产量	信阳	驻马店	周口	商丘	4市合计	全省	4市占全省的比重/%
粮食总产量/万吨	577.3	805.7	923.7	705.7	3012.4	6544.2	46.0
蔬菜产量/万吨	440.4	504.5	1092.1	556.0	2593.0	7429.0	34.9
猪牛羊禽肉产量/万吨	49.8	87.0	77.2	56.3	270.3	641.2	42.2
禽蛋产量/万吨	40.2	35.5	50.2	55.7	181.6	446.4	40.7

数据来源:根据2021年河南省及各市国民经济和社会发展统计公报相关数据计算所得。

(二)研究方法与样本特征

为了让样本更具有代表性,在黄淮4市各选取重点镇[1]2个、一般小城镇3个。这样,共选取小城镇(含县城)20个,其中,重点镇8个、一般小城镇12个。

---

[1]重点镇的界定来自2016年住建部等七部委公布的全国重点镇名录。

调研对象是近年来已在小城镇购房居住但未落户的农村转移人口[①]。考虑到单一的问卷调查难以涵盖所有的问题,尤其是无法呈现农户行为的深层次原因,故本研究采取了问卷调查与深度访谈相结合的考察方式。调查在上述20个小城镇的镇区进行,调查时间选择在2022年春节前后的1—2月。其间,共发放问卷1200份,获得有效问卷1007份,占比为84.0%。其中,重点镇样本450个,一般小城镇样本557个,占比分别为44.7%与55.3%。从样本农户的性别、年龄、教育程度、家庭成员数、城镇购房时间分布等特征来看,样本农户具有广泛代表性,其描述性统计分析结果如表6-2所示。

表6-2 样本农户基本信息统计($n=1007$)

类别	内容	频率	百分比/(%)	类别	内容	频率	百分比/(%)
性别	男	589	58.5	家庭成员数	1人	2	0.2
	女	418	41.5		2人	21	2.1
年龄	20岁以下	4	0.4		3人	116	11.5
	21~30岁	114	11.3		4人	390	38.7
	31~40岁	209	20.8		5人	294	29.2
	41~50岁	319	31.7		6人及以上	184	18.3
	51~60岁	226	22.4	城镇购房时间	2016年	241	23.9
	60岁以上	135	13.4		2015年	203	20.2
受教育程度	小学	320	31.8		2014年	171	17.0
	初中	558	55.4		2013年	143	14.2
	高中、中专	87	8.6		2012年	118	11.7
	大专	27	2.7		2011年及以前	131	13.0
	本科及以上	15	1.5				

数据来源:根据田野调查相关数据计算所得。

[①] 这部分人口已完全具备落户小城镇的条件。把他们作为考察对象,可以更精准地把握传统农区就地就近城镇化的就业问题。

三、河南黄淮4市就地就近转移就业状况及其成因

调查显示,在1007个有效样本中,330人在异地务工,占比为32.8%;677人在本地就业,占比为67.2%。其中,异地务工的主要目的地是省外尤其是沿海发达地区,其人数占异地务工人数(330人)的69.1%。在本地就业的劳动力中,有262人属于非农为主兼业型,占比最高,为全部本地就业人数(677人)的38.7%;其次是以农为主兼业型,占比为27.5%;完全在非农岗位就业的只有136人,占比为20.1%。特别值得注意的是,就近在小城镇购房的被调查者中有93人仍然从事的是农业,占比为13.7%。可以得出,在本地就业的转移人口中,有541人的工作与农业有关,占比为79.9%,占全部样本数的53.7%。若对比重点镇与一般小城镇的被调查户,二者的共同点在于异地务工的比例都较高;不同点在于,重点镇的异地务工比重低于一般小城镇(低18.3个百分点)。换言之,重点镇本地就业的比重更高。

(一)异地就业占比仍然较高

尽管已就近在小城镇购房,但仍有高达32.8%的被调查者选择在异地务工(见表6-3),生计方式与转移前完全相同,即表现为平时在外地务工,重要节日时才回到家乡短期居住,家里常年只有老人、妇女和孩子留守。

表6-3 黄淮4市就近在小城镇购房的农户就业状况统计(*n*=1007)

类型	就业地/职业特征	频率	百分比/(%)	合计/(%)
异地务工	省外	228	22.6	32.8
	省内其他城市	102	10.2	
本地就业	农业	93	9.2	67.2
	以农为主兼业	186	18.5	
	非农为主兼业	262	26.0	
	非农业	136	13.5	

数据来源:根据田野调查相关数据计算所得。

通过进一步访谈得知,选择异地务工的被调查者中,有85.6%的人认为主要原因是本地城镇就业机会少,只有少数人(占比10.3%)是由于本地收入水

平低才做出这一选择。理论上,就业机会的多少很大程度上是由区域经济规模与经济结构决定的。显然,黄淮4市的经济发展状况使得小城镇就业空间显著不足。第一,非农产业规模较小、比重低。2021年黄淮4市第二、第三产业实现增加值10381.5亿元,占比为81.6%,较全省平均水平低了8.9个百分点,因而非农产业能够提供的就业机会不多①。第二,第二产业发育不充分,链条短、层次低,行业类型少、覆盖范围小。第二产业包括40多个行业,但只有不到20个行业在被调查地区的小城镇得到了一定程度的发展,且大部分是处在价值链上游、与农业关联性强的加工业,同时还存在企业规模小、空间布局分散、在小城镇镇区集聚度不高的问题,从而大大限制了小城镇的就业空间。第三,第三产业发展缓慢,对劳动力的吸纳能力不强。众所周知,行业多、门类广、劳动密集是第三产业的显著特点,因而其合理发展能够提供更多的就业机会。然而,黄淮4市经济发展水平偏低,生产方式相对落后,不具有推动第三产业快速发展的条件。同时,小城镇的人口规模小(平均规模仅6000人),达不到现代服务业孕育的最低市场门槛,导致第三产业发展的广度与深度都严重不足,突出表现为产业规模小,构成单一且层次不高。2021年,黄淮4市第三产业比重为43.6%,较全省平均水平低了5.6个百分点。从行业分布上看,交通运输、批发和零售贸易、餐饮业等低端服务业占据主体,而金融业、保险业、房地产管理业、居民服务业、公用事业、旅游业等高端服务业则严重不足。从运营方式上看,"地摊经济"与自主经营的"门店经济"占比很高,这也一定程度上缩小了小城镇的就业空间。此外,小城镇也很难通过承接产业转移的方式来解决转移人口的就业问题。因为地理要素的空间扩散规律告诉我们,任何要素的扩散都会遵循接触扩散(也就是由近及远的扩散)与等级扩散(也就是按照等级高低顺次扩散)规律。与所在区域的大中城市相比,由于等级偏低,在距离相同的情况下,小城镇承接产业转移的机会很小。

(二) 兼职农业是本地就业最主要的方式

调查显示,在本地就业的转移人口中,"半工半耕"(兼职农业)的有448人,占全部本地就业人数(677人)的66.2%。其中,以农为主兼业型186人、非农为主兼业型262人,分别占全部兼职农业人数的41.5%与58.5%。进一步

---

① 由于小城镇的非农产业规模远低于大中城市,因而其提供的就业机会更少。

了解发现,转移劳动力兼职农业主要有三种类型,即自耕自种型、雇佣工人型与农业帮工型。

除了本地非农产业的就业空间较小外,黄淮4市就近到小城镇购房的转移人口兼职农业还源于以下几方面的原因。第一,具有兼职农业的有利条件。一方面,部分劳动力长期生活在农村,拥有丰富的农业生产经验,参与农业生产能够驾轻就熟,就业的心理成本较低。调查统计也证明了这一点:兼职农业的被调查者中,年龄在50岁以上的有318人,占比达71.0%。显然,他们较20世纪80年代以后出生的人口有着更多的农业生产阅历。另一方面,由于空间距离短,就近到农村兼业的物质成本与时间成本都很低。此外,2003年以来实施的"村村通"工程让乡村交通条件日益改善,也让兼职农业较以前更加方便。第二,农村农业的拉力导致了愈来愈强的"土地眷恋"。一是尽管传统农业生产的比较收益不高,但进入21世纪以来,国家出台了一系列的惠农政策,种地无须缴纳农业税,也不用向村集体缴纳各种费用,还能获得相应的农业补贴。二是随着农村土地流转速度的加快,加之媒体的广泛宣传报道,人们普遍对土地的未来回报有较高的预期,这一定程度上强化了转移人口保留承包地的意愿。三是自耕自收不仅可以在粮食、蔬菜等农产品上实现自给自足,而且还可以降低在城镇的生活成本。四是在全社会愈来愈重视食品安全的大背景下,自主经营承包地既可以满足对农产品质量与安全的要求,也可以获得一种相对于城镇居民的优越感。五是同其他地区一样,近年来黄淮4市正逐步走向成熟的土地流转市场大大推动了土地的集中经营。显然,农业生产的规模化、专业化不仅需要更多的农业产业工人,而且也能提供更高的报酬。对于那些已流转土地且又被经营方(也称受让方)雇佣的转移人口而言,无疑可以获得土地租金与劳动工资两份收入,这也对农村转移人口有较大的吸引力。

(三)镇区就业比重低且与农业的关联度高

如表6-3所示,在本地就业的677人中,有584人的工作领域涉及非农产业,但只有356人的非农就业地点在小城镇的镇区,占比为61.0%。这主要是因为黄淮4市的部分第二、第三产业并非布局在镇区,而是散布于广大乡村地区。另外,调查也发现,在镇区工作的转移人口中,有327人的工作直接或间接与农业有关(占比为92.0%),其范围包括农产品加工和流通、农业生产资料、农业中介、农业信息、农业科技企业,覆盖农产品产前、产中和产后各个环节。归纳来看,这种就业特点源于两个方面的原因。

首先,这是小城镇的职能决定的。处在城镇体系末端的小城镇镶嵌于广袤的农村地域,它与农村相互作用、相互影响,构成了一个联系紧密的地域系统。在这个系统中,小城镇最主要的职能就是服务农村、带动周边发展:一是为农业生产就近提供所需的种子、肥料、农药、机械等生产资料,同时为农产品销售提供基础市场,为农产品加工提供近距离的空间场所;二是作为大中城市与乡村之间的桥梁与纽带,小城镇为大中城市更多、更优质的农业生产资料进入乡村,以及乡村农产品走向外部世界提供了空间载体。不难理解,在服务农村的过程中,小城镇必然会孕育出众多与农业生产有关的产前、产中与产后行业或部门。需要说明的是,人们经常提到的特色小城镇(相对于综合小城镇而言)也同样具有服务农村的功能。换言之,特色小城镇只不过是在服务农村的基础上,逐步形成了一个或若干个有特色的产业或产品,如交通枢纽型小城镇、商贸小城镇、文化旅游小城镇、宜居小城镇等。

其次,黄淮4市具有发展农业企业及其关联产业的优势。一是该区属于传统农区,农业的发展历史悠久,农产品种类多、产量大,可以为农业企业及其关联产业的发展提供丰富的原料。二是该区的农业生产长期根植于其地理环境,二者具有较高的适应性,在此基础上发展起来的农业企业属于典型的"内源型"企业,市场竞争优势明显。正是得益于良好的发展条件,以农产品为原料的食品工业多年来就是该地的传统支柱产业,与农业有关的许多其他产业也都逐步发展成为优势产业或特色产业。例如,信阳市的粮油加工、茶叶加工、畜禽加工、饮料制造、水产品加工以及林果、中药材加工等产业;驻马店市的粮食加工、油料加工、肉制品加工,以及食用菌加工、饮料制造、休闲食品等产业;周口市的食品制造业以及面制品、肉制品、油脂、方便食品、棉纺织、现代中药等产业;商丘市的农副食品加工业、纺织业、食品制造业、医药制造业,以及皮革、皮毛、羽毛及其制品等产业。三是国家与河南省支持黄淮4市大力培育和发展与农业资源有关的非农产业。按照《全国主体功能区规划》要求,作为传统农区的黄淮4市被明确定位为农产品主产区,即"以提供农产品为主体功能,以提供生态产品、服务产品和工业品为其他功能",限制高强度的城镇化与工业化。为此,各级政府出台了一系列政策以支持该区域保持并提高农产品生产能力。四是农产品加工业及其关联产业对农村转移人口的吸纳能力强。一方面,这类产业涉及农产品的产运销,经营范围广,劳动密集程度高,就业渠道多、空间大。另一方面,农产品加工业及其关联产业与农业、农民有着天然联系,对劳动者的文化水平要求较低,与农村人口的"素质能力"最为匹配,可以一定程度上弥补农业劳动力转移能力不足的问题(彭荣胜,2016)。同时,它们又多属于集体所有制或私营企业,就业方式灵活,准入"门槛"低。此外,转移人口熟悉农村市场,了解农业生产的周期性规律,能够正确预判农业生产活动中的需求与供给及其时间变化,因而在农业企业中就业更有竞争优势。

(四)就业层次低、稳定性差

调查表明,就地就近转移人口在小城镇镇区的就业还呈现两个鲜明特征。

第一,就业层次低。在第二产业中,建筑业与轻工业是就业的主体。其中,农副食品加工业、食品制造业、饮料和精制茶制造业、纺织服装服饰业、家具制造业、纸制品业以及文教、工美、体育和娱乐用品制造业等行业的就业比重高达65.0%。在第三产业中,批发和零售业、住宿和餐饮业以及交通运输等传统服务业的就业比重很高,达到了71.9%,而在以金融保险业、信息传输和计算机软件业、租赁和商务服务业为代表的现代服务业,以及以旅游、信息、会计、咨询、法律服务等为代表的新兴服务业中就业的比重不到10.0%。值得一提的是,在转移人口的就业中,个体私营经济占比很高,达到了62.6%,其中又以小商店、家庭餐馆、车辆维修以及人力车、电动车与摩托车等低端运输服务为主体。

第二,就业不稳定。一是黄淮4市小城镇的企业规模普遍较小,缺乏现代企业管理理念,日常管理依靠的不是健全的规章制度,而是个人经验、私人情感与好恶,随意性很强,主要表现为:不与员工签订就业协议,这一比例高达37.8%;薪酬发放不及时,拖欠、克扣工资的现象严重;员工不能正常享受国家法定假日,也不安排调休、补休,更没有按照劳动法的规定支付加班工资;随意辞退生病、哺乳期与年老体弱的员工,且没有给予必要的经济补偿。企业的这些行为不仅损害了职工的权益,而且也降低了转移人口就业的稳定性。二是部分个体私营经济没有在工商部门注册登记(本质上属于地下经济,如家庭餐馆等),因而一般都不会为员工提供"五险一金";此外,为了降低用工成本,加之劳动监察与社保审计不严,一些正规企业也不为员工购买社会保险与住房公积金,导致员工普遍缺乏归属感。三是受农业生产周期性规律的影响,加之市场适应能力不强,那些为农业生产提供产前(如农业生产资料供给等)、产后服务(如农产品销售、流通等)的部门,甚至一些农产品加工企业的经营活动都会表现出明显的"淡旺季",这种情况也进一步加剧了转移人口就业的波动性。

就业层次低、稳定性差是黄淮4市小城镇的产业结构与转移人口的特性决定的。首先,小城镇现阶段尚不具备孕育现代产业的土壤。一般来说,现代产业发展对市场、技术、人才等要素环境有较高的要求,当科技创新、人才培养、资本运营、信息共享等产业支持系统不完善时,现代产业的发展将举步维艰。一方面,小城镇人口规模小,在城镇体系中的等级低,对高端要素的吸纳能力不强①,导致区域要素禀赋结构层次相对较低,不能为现代产业体系的生成提供必需的区域要素条件。另一方面,黄淮4市城镇化进程滞后,经济发展水平不高,人均可支配收入偏低,居民消费能力不强,难以支撑非农产业尤其是高附加值的加工业与高端服务业的发展。其次,转移人口的素质状况也导致其不能适应高端产业的岗位要求。一般认为,以知识和技术的生产、累积、扩散、应用与迭代为基础的动态竞争能力逐步取代传统的以资本、土地与劳动力为基础的要素禀赋,是左右现代产业发展的重要因素。换言之,与层次较低的传统产业相比,现代产业对劳动者素质有着更高的要求。然而,黄淮4市小城镇大部分被调查人口(占比87.2%)的受教育程度在初中及以下水平,又很少接受系统、有针对性的职业培训,因而缺乏在高端行业就业的知识与技术。

四、促进河南黄淮4市就地就近转移就业的政策引导

破解小城镇转移人口就业问题的根本途径是寻找产业支撑。然而,受自身条件的限制,欠发达地区小城镇发展非农产业的难度很大,如果紧盯着小城镇本身,很容易走入死胡同。换言之,推动非农产业在小城镇的发展与集聚必须要有新理念、新思维,必须把目光放在小城镇之外,即跳出小城镇来发展小城镇。作为典型传统农区的黄淮4市,其最大优势是农业,因而按照"因地制宜、发挥优势,有所为、有所不为"的产业发展原则,应在"农"字上做文章,大力发展与农业资源有关的第二、第三产业。

---

① 一般认为,小城镇镇区人口在5万左右才能正常发挥集聚的功能。

(一)加快生态农业园建设,夯实非农产业发展基础

加快生态农业园建设的目的是提升黄淮4市农业发展水平。此举既可以有力推进非农产业的发展规模,也可以为小城镇居民到农村兼业提供更多的机会,从而有效提升小城镇的就业空间。配第-克拉克定律告诉我们,在经济发展过程中,就业会由以第一产业为主,向以第二产业为主,进而向以第三产业为主转变。产业结构这种顺序演进的本质是由于随着第一产业生产水平的提高,在把更多的劳动力从农业中解放出来的同时又能极大地推动第二、第三产业的进步,从而拉动农村劳动力进入城镇非农产业就业。

目前,黄淮4市生态农业园建设正处在起步阶段,潜力很大、大有可为,已经具备了加快发展的基础与条件。尤其是随着近年来人们对食品安全的日益重视以及旅游业的快速发展,越来越多从农村走出去的"成功人士"开始把目光转回农村与农业,以不同方式参与农业项目的开发,积极发展生态农业与乡村旅游。其主要的开发模式是以规模化、专业化种植和养殖为基础,逐步建立起集农业体验、旅游观光、休闲度假、商务会展于一体的综合性、多功能生态园区。

现阶段,加快推进黄淮4市生态农业园建设的主要任务是为土地流转扫清障碍。为此,必须解决实践中存在的两个突出问题。第一,受地块位置、土壤质量等因素的影响,有流转意愿的承包方找不到合适的受让方。对此,可以通过设立土地银行的办法来破解,即农户把土地像货币一样存到银行,然后定期获取存地利息(所有权和承包权不变,只改变经营权)。在这一过程中,发包方(村委会)或中介组织是土地银行的实际管理者,其把流转的土地交给受让方经营。设立土地银行的另一个好处是:与单个的农户相比,发包方或中介组织具有更强的谈判能力,能够有效保护农户的利益。第二,部分农户的流转意愿不强,导致受让方的土地不能集中连片经营。显然,解决这个问题的根本手段是因人而异、因地施策。调查表明,农户不愿意流转承包地经营权的原因主要有两种情形。一是对土地有很深的情感,同时又不具备其他的谋生手段(老年劳动力居多)。对此,受让方应承诺吸收这些劳动力参与流转土地的生产与经营,并把这一内容载明于流转合同中。如此一来,既可以保证原承包户在土

地流转后获取更大的收益,还能满足其对土地情感的需要。二是一些农户希望在种什么、怎么种上拥有自主权。对此,受让方可以在征求承包户意愿的基础上,通过适当补偿的方式进行地块互换,从而实现流转土地的集中经营。

(二)大力发展农业资源关联产业,并促使其向小城镇集中

一是充分利用黄淮4市农产品种类多、产量大的优势,大力发展各种农产品加工业,并推动产前、产后服务业落地生根。二是发挥该区域特色农业资源优势,加快形成一批特色产业。应重点依托信阳的油茶、茶叶、板栗、食用菌、干果、水产,驻马店的芝麻、小果花生与珍稀食用菌,周口、商丘的大果花生与食用菌等特色农产品,逐步发展类型多样的特色加工业。三是发挥部分行业竞争力强的优势,在壮大食品加工业、油脂加工业、饮料制造业、水产品加工业、畜禽加工等产业规模的同时,促进中介与信息业的快速发展。四是充分利用该区域被定位为"农产品主产区"的政策优势,加快农产品深加工、农产品流通、储运企业与设施建设,并大力开展农产品加工副产物的综合利用。

针对该区域农业企业空间布局分散、小城镇镇区集中度不高,不利于拉动转移人口在城镇非农产业就业的问题,政策的着力点应主要放在两个方面。一是加大政策驱动力,加快农业企业及其关联产业集聚区建设。对于进驻园区的企业,除了给予用地、用电、税收、信贷与产品流通等方面的优惠政策外,还应设立农业企业发展专项资金,对农业企业需要建设的生产性车间、仓库、场地等设施以及引进先进的加工、包装、储藏、保鲜等设备,给予一定比例的补贴;对农业企业所需的固定资产投资贷款或流动资金贷款,按照银行当期基准利率给予一定比例的贴息。二是加快完善小城镇基础设施。调研发现,尽管经过多年治理,但黄淮4市部分小城镇"脏、乱、差"的面貌并没有根本性改变,"骑路市场"以及垃圾随意堆放或者清运、处理不及时的现象仍然普遍存在。少数小城镇地表水和地下水污染严重,居民的饮用水安全得不到保障。同时,教育、医疗、体育、文化等社会性设施不健全或者发展层次不高,也大大降低了小城镇对各类要素的集聚。据此,鉴于传统农区政府财力的限制,应本着"谁投资、谁管理、谁受益"的原则,把基础设施建设引向市场,鼓励企业和个人投资,形成政府、企业和个人多元化投资机制。

（三）科学把握城镇化本质，鼓励就近转移人口到农村兼业

一般认为，完全的城镇化需要完成三个转换，即居住从农村到城镇地域的转换，职业从农业到非农业的转换，身份从农民到市民的转换（辜胜阻、李洪斌、曹誉波，2014）。不难理解，居住与职业的转换是由于随着经济社会的发展，就业会由以农业产业为主，转向以非农产业为主，且非农产业主要聚集于城镇的缘故，而强调身份的转换则是源于我国特有的城乡二元户籍管理制度。

不过，笔者认为，新型城镇化跟"职业"与"身份"并无必然关系。一方面，新型城镇化的核心问题是农业转移人口的市民化，而市民化的本质则是城镇常住人口享有均等的公共服务。据此可以看出，"市民化"并不等同于就业的非农化与户籍的非农化。换言之，无论是在第一产业工作还是在第二、第三产业就业，也无论是农民身份还是市民身份，只要能获得均等的公共服务，就意味着已经完成了"化入城镇"的过程。另一方面，区域城镇化的模式是由其经济社会发展水平或所处的阶段决定的，不同发展阶段有不同的发展模式。居住、就业与身份的"三转换"是城镇化的高级形式，它可以让转移人口享有市民的所有权益；城镇化的另一种重要形式是允许转移人口通过持有城镇居住证享有子女教育等基本公共服务。事实上，对大多数地区而言，就近向本地小城镇转移的制度门槛早已不复存在。或者说，转移人口不持有城镇居住证也能享有基本公共服务。

基于上述对新型城镇化内涵以及城镇化发展规律的认识，在当前黄淮4市小城镇镇区就业空间不足的情况下，应当打破传统思维的桎梏，充分考虑"就近城镇化"的特点与农业转移人口的"特质性"，鼓励转移人口到农村第一产业就业或兼业。此举既能为破解就近城镇化中的就业难题提供一个突破口，也能有效促进城乡之间要素的双向流动，有助于实现城乡一体化，还能够一定程度上缓解农业必要劳动力不足的问题。此外，与传统城镇化相比，新型城镇化更加强调要以人为核心，要尊重农民意愿。显然，摒弃就业偏见，对城镇非农产业就业与乡村第一产业就业都持开放与支持的态度，体现了对转移人口职业选择权利的尊重，这是"人的城镇化"的应有之义。

五、本章小结

针对我国在推进新型城镇化过程中,对自发性就地就近向小城镇转移农村人口的就业问题关注不够,以及对具有两个"适应"(与区域环境相适应、与转移人口"特质性"相适应)的小城镇就业难题破解路径探索不足的客观现实,本研究在中部传统农区黄淮4市选取20个小城镇作为观测点,借助问卷调查与深度访谈法全面分析在小城镇就近购房的农村人口就业状况及其成因。结果显示:异地就业仍然占有较大比重,兼职农业是本地就业最主要的方式,小城镇镇区就业比重低且与农业的关联度高,以及就业层次低、稳定性差是目标区域就近转移人口就业的4个突出特征。传统农区农产品种类多、产量大与第二产业发育不充分、非农产业规模小等区情,以及农业生产经验丰富、土地情结浓厚与素质能力偏低等转移人口的"特质性"是上述特征形成的主要原因。据此,按照充分尊重区情、尊重农民意愿,发挥优势、顺势而为的指导思想,解决传统农区就地就近向小城镇转移人口就业问题的措施有:加快生态农业园建设,夯实非农产业发展基础;大力发展农业资源关联产业,并促使其向小城镇集中;科学把握城镇化本质,鼓励就近转移人口到农村兼业。

一方面,由于我国地域辽阔,各地自然禀赋与经济社会发展水平有较大差异,不同地区小城镇就业问题的程度、表现形式及应对措施自然也有所不同,因此,扩大视野、对更多区域就地就近城镇化中的就业问题进行深入探讨将是进一步研究的方向之一。另一方面,本研究把重点镇与一般小城镇作为一个整体进行考察。显然,对二者进行归类分析将是另一个进一步研究的方向。此外,重点镇是就地就近城镇化的主要空间载体,而重点镇又可以划分为大都市周边或城市群内部的重点镇(承担着疏解中心城市功能的职能)、专业特色镇(具有特色资源或区位优势)与综合性小城镇(服务农村)等三种类型。那么,根据职能差异,对重点镇的就业问题进行细分探讨也将是进一步研究的内容。

第七章
农村人口就地就近转移的主要模式

一、文献评述

在国外,"就地就近城镇化"这一术语并未明确出现。国外学者的研究多集中在城市化的模式上,并根据研究视角不同而划分为静态城镇化模式、动态城镇化模式两大类别(刘岱宁,2014)。具有代表性的模式有伯吉斯与巴布科克提出的同心圆模式、塔佛和加纳提出的理想城市模式、洛斯乌姆提出的区域城市模式、穆勒提出的大都市模式(Kale V S,Joshi V U,2012);Homer Hoyt(1939)针对美国城市发展特征提出的扇形模式;美国地理学家哈里斯和乌尔曼基于社会分工不同提出的多核心模式(周一星,1995);Cozen提出的周期性模式(叶骁军,2001);Richardson提出的差异化城市模式(高佩义,1990);等等。部分学者对城乡混杂区的研究在一定程度上趋近于就地就近城镇化的内涵。Mcgee(1989)认为在发展中国家,大城市周边地区、交通枢纽地区及乡镇企业聚集区的城镇化水平明显较高。加拿大学者Qadeer(2000)提出乡村就近转型主要体现在景观特征的城镇化上。Lo和Yeung(1996)等发现就近城镇化区域的乡村劳动力的非农化程度更高、人口更密集、基础设施更完善。但这些研究并未明确提出就地就近城镇化的具体模式(Shen Jianfa,2007)。

国内关于就地就近城镇化模式的研究已经积累了一系列的成果。就地城镇化的模式通常可分为"村改居"模式、"村企合一"和"村组合并"模式、工业园区带动模式以及政府主导模式四种。王国栋（2010）认为以乡镇企业和"三资"企业带动民营经济发展，是实现就地就近城镇化的重要途径。崔曙平、赵青宇（2013）通过对苏南就地城镇化发展的研究，认为就地城镇化主要包含以非农化为主要形式、以小城镇发展为中心和以县城发展为主的三种模式。李强等（2013）指出，中国城镇化呈现明显的制度投入特征，在实践中具有多元化推进模式，具体包括建立开发区、建设新区和新城、城市扩展、旧城改造、建立中央商务区、乡镇产业化、村庄产业化等实践类型。刘文勇、杨光（2013）认为就地就近城镇化主要是通过城乡市场与产业互动的模式来实现的。此外，通过宅基地置换打造"功能型社区"和以工业转移完善"新型社区"是实现就地就近城镇化的重要途径。卢红等（2014）通过对敦煌市的研究提出了农业与服务业协同推进就地就近城镇化的模式。胡宝荣、李强（2014）按地域范围将就地城镇化模式归纳为城乡接合部的就地城镇化模式、县域范围的就地城镇化模式、中心城镇的就地城镇化模式和新型农村社区的就地城镇化模式。李强、张莹等（2016）提出了大城市近郊乡村的就地城镇化、地方精英带动的乡村就地城镇化、外部资源注入为主的乡村就地城镇化三种典型模式。李强、陈振华、张莹（2017）提出了发展县域经济的模式、强镇崛起带动的模式、由地市推进全域的模式。吴碧波、黄少安（2018）认为，在我国西部欠发达地区，就地城镇化可以通过房地产商开发模式、企业发展带动模式、项目统筹建设模式、村集体筹资建房模式、政府保障房模式、中心村建设模式、慈善模式实现。

归纳来看，当前关于就地就近城镇化模式的研究主要集中在动力机制和途径等方面，关于模式名称的总结和概括多依据现有的典型案例，没有具体的判别标准。基于此，本章在已有研究成果的基础上，根据不同的划分标准，在整合已有成果的基础上，剖析就地就近城镇化模式的运行机理和适用条件，以期能为河南就地就近城镇化的路径选择提供有价值的参考。但由于就地就近城镇化的模式具有多元性，大多数乡村在实现就地就近城镇化时，是以多种模式混合推进的。

二、推动主体不同的河南农村人口就地就近转移模式

(一) 政府主导型模式

政府主导型模式主要是指在就地就近城镇化的过程中,政府以行政手段,通过制定强有力的规划或颁布相关政策(如城市规划控制和区划调整等)来优化资源配置,实现土地的整理和转换,进而影响城镇化水平,最终达到一定的国家目标(秦震,2013;蔡继明、王栋、程世勇,2012)。此种模式下,虽然在一定程度上会有市场力量的介入,但总体来讲,推动就地就近城镇化的动力不是地区自身经济发展而引起的产业体系演进升级,更多的是政府战略布局下的政策辐射功能(宣超、陈甬军,2014)。因此,政府主导并不是说完全依靠政府力量,更多情况下是以政府力量为主、市场力量为辅进行的,二者是难以独立存在的。

对于经济基础较为薄弱的地区来讲,仅仅依靠经济自发的力量来产生经济剩余和资本积累是不现实的,因此,民间资本在推动这些地区的城镇化进程中难以发挥主导作用。由于社会力量的发育不足,自发推进城镇化举步维艰,此时就需要政府介入,以政治力量和行政手段,整合利用各方面资源以缩减城乡差距,实现乡村地区的城镇化,而就地就近城镇化是乡村实现城镇化的有效途径。

政府主导推动的就地就近城镇化一般需要这一地区处在政府宏观发展的战略布局和规划中,且具备一定的资源优势,具有实现就地就近城镇化的可能性。此外,农民的意愿也是政府在推动城镇化过程中不可忽略的重要因素,农民渴望改变生活方式和改善生活环境的强烈意愿,是政府推进就地就近城镇化的重要助力。如从城乡规划和管理、社会公共事业和体制改革等方面着手的我国浙江城镇化模式以及韩国政府在1970年开展的"新村运动"等。基于土地国有制度,我国政府在推动城镇化进程中,一般采取建立开发区、新城区、中央商务区和旧城更新的模式等(李强、陈宇琳、刘精明,2012)。由于本研究所针对的是就地就近城镇化,因此在具体论述时,以就地就近为主,将政府主导型的模式从土地要素方面概括为以下几种。

1. 建立开发区模式

建立开发区的模式可以说是政府主导型就地就近城镇化的典型模式。一些地区拥有极大的人文环境潜力和经济环境潜力,为促进这些地区的经济发展,政府一般通过实行一系列优惠政策和特殊管理手段,整合各种资源,以实现区域范围内经济高地的建设。这些被政府划定的特殊区域就是开发区。开发区基于政策福利,可以迅速实现人口和产业的集聚,促进农村地区的非农化进程,快速实现就地就近城镇化(李强、陈宇琳、刘精明,2012)。

2. 建设新城区模式

由于土地国有制度,新城区建设须经政府部门审批且由政府部门主导。在新城区建设过程中,政府通过对土地、人口、产业以及基础设施的整体规划和空间布局,推动要素和资源在一定区域内快速整合和集中,最终实现就地就近城镇化。新城区的选址一般在大中城市近郊,或位于其辐射范围之内,是当地城镇化体系中的重要组成部分。这些乡村一般具有某种资源或产业优势,可以作为推动就地就近城镇化的载体,但由于经济实力还不强,很难依靠自身力量在短期内实现城镇化。在这种情况下,充分发挥政府主导作用,通过区域规划或空间再造,以建设新城区的方式推进城镇化无疑是一种有效的解决问题之道。

3. "城中村"改造模式

在高速发展的城镇化进程中,大量土地被征用,但部分村落农民的居住区由于发展滞后而游离于城市管理之外,未能脱离农村户口成为真正的城市居民,加之城市的发展吸引了大量外来农村务工人口,而较高的城市生活成本使得这些农村人口在"滞后区"集聚,进而形成了"城市中的村庄"。由于我国土地所有制结构的二元性,"城中村"的改造有着许多制约性因素,市场力量很难发挥主导作用。此时政府通过拆迁补偿、土地置换或者住房改造的方式,结合一定的市场力量,对"城中村"进行规划改建,以实现城市功能的更新和环境的改善。

"城中村"的改造需要耗费巨大的人力财力,只有在经济条件相对成熟,投入成本和改造效益达到一个相对平衡的状态时,才能实现"城中村"的就地就近城镇化,如郑州市中牟县的政策主导型就地就近城镇化。

（二）市场主导型模式

市场主导型的城镇化主要是在市场机制的影响下，充分发挥市场经济的作用，配置资源，调节供需，促进产业体系发展升级，为城镇化建设提供根本动力。由于经济发展是推进欧美地区城镇化的主要动力，因此，欧美地区的城镇化模式多属于市场主导型。

在市场主导型模式中，专业市场带动型的就地就近城镇化较为典型。一些农村地区在传统集市的基础上，逐渐形成了商品集散地或交易中心，以商业发展来促进县域经济或镇域经济的兴盛，如浙江义乌小商品城集散中心就是通过小商品批发来以商兴市，创造大量岗位，带动周边县域范围内的就地就近城镇化（岳文海，2013）。

市场主导型城镇化的发展主要是市场经济自然发展的结果，因此，通过此模式实现城镇化的乡村需要拥有强势的市场环境，如河南省许昌市鄢陵县的就地就近城镇化即是这种类型。

（三）民众主导型模式

在民众主导型的模式中，当地居民是实现就地就近城镇化的主导力量。由于农村人口希望提高生活水平，改变生活方式，他们会通过个人力量或非政府的社会组织和团体的力量参与到就地就近城镇化的过程中去，如20世纪80年代，温州龙港人民自费城镇化（李强、陈宇琳、刘精明，2012）。

舒尔茨在他的人力资本理论中指出，人的因素在影响经济发展的诸多因素中是最关键的。因此，在就地就近城镇化的过程中，除了主导力量，部分掌握了一定社会资源和社会关系的个别乡村精英人士也起着至关重要的作用。他们通过自己的威望和才能整合当地资源，构建社会关系网络，对内使民众信服，对外进行有效沟通，争取政府部门和非政府组织的帮扶以促进当地经济发展和居住环境的改善，促进乡村非农产业的发展和基础设施建设，推进当地城镇化进程，如江苏华西村的吴仁宝、河南新乡市刘庄的史来贺等（李强、张莹，2016）。

由于民众主导型模式中，发挥主导作用的主要是私人资本和力量，故而此种模式多适用于民间资本比较发达且拥有一定人口条件的地区。

以上三种主要就地就近城镇化模式的比较如表7-1所示。

表7-1 三种主要就地就近城镇化模式的比较

类别	政府主导型	市场主导型	民众主导型
特征	以政府力量为主，其他力量为辅	主要发挥市场机制作用，政府支持、民众参与	个人力量或非政府的社会组织和团体起主导作用
常见举措	凭借规划（计划）制定、相关政策颁布等行政手段，明确空间发展重点，优化资源配置，实现发展目标	利用区位、资源或产业优势，尊重与顺应市场规律，引导民间资本进行城镇化建设	精英人士利用个人威望和才能，引领当地经济发展及居住环境的改善，促进乡村非农产业发展和基础设施建设
主要优势	执行力强，实施效率高，可以在短期内实现预期目标	有效解决城镇化"钱从哪里来"的问题，资源配置效率高，可以较好地兼顾各方的利益	这里的精英人士或"好的带头人"具有乡土性特征，因而更熟悉乡情，更具有造福乡民的使命感，也更易实现目标
适用条件	经济基础较为薄弱、市场化水平较低的地区	市场机制健全，多出现于经济发达地区	拥有志愿带领乡民改变落后面貌的精英人士，或者民间资本比较发达且拥有一定人口条件的地区
代表性地区	郑州市中牟县	许昌市鄢陵县	新乡市刘庄

三、驱动产业不同的河南农村人口就地就近转移模式

新西兰经济学家费歇尔（1935）首次提出了三次产业分类法，将产业分为以种植业、林业、畜牧业和渔业为主的第一产业，以矿业、制造业和供给业为主的第二产业，以流通部门和服务部门为主的第三产业。城镇化发展离不开经济发展，三大产业是推动就地就近城镇化的重要力量。

（一）工业驱动模式

严国芬（1988）认为，工业化是我国城镇化的基本动力。工业化在一定程度上是等同于城镇化的，它是农村就地就近城镇化的初始动力和根本动力，工业化不断发展的同时，也会促进与之相配套的服务业共同发展，为农村就地就

近城镇化提供后续动力(翁计传、闫小培,2011)。如改革开放以来,工业基础较好的我国东北地区,以工业带动当地经济发展,推动了众多乡村地区的城镇化进程。与此同时,充分发挥区位、资源以及基础优势,结合市场需求,培养竞争力强且知名度高、规模大的特色工业是就地就近城镇化的重要基石。如河南漯河的特色食品工业,不仅成为特色旅游资源,也带动了乡镇企业和手工作坊的发展,为周边农村实现就地就近城镇化创造了条件。

以工业带动实现就地就近城镇化要求当地具备丰富的能源或者原材料,拥有较为深厚的工业基础,工业技术较为先进。同时,工业属于人口密集型产业,因而需要一定的劳动力数量作为支撑。此外,工业产品的销售要求地区具备便利的交通条件,以快速实现产品经济价值(王雪芹,2015)。在工业推动就地就近城镇化的过程中,矿业、制造业以及水、电等供给业起着至关重要的作用。矿产资源带动就地就近城镇化可以说是工业驱动的典型模式。矿产资源作为一种非可再生资源,是社会经济发展的重要物质基础。由于其储量有限,开发利用价值高,往往成为地区经济发展的重要助力。

在拥有矿产资源的乡村地区,采掘业的发展可以为农村大量剩余劳动力提供就业岗位,同时关联产业的发展会促进产业结构的调整和优化,推动农民职业的非农化,提高地区的工业化水平。如河南平顶山舞钢市,20世纪80年代之前属于偏远的山村地区,经济水平极为落后,由于铁矿石储量丰富,在政府大力发展钢铁产业之后,形成了经济态势大好的局面,摆脱了以传统农业生产方式为主的生活,逐渐脱离原属县区,成为了县级市,实现了山村地区的就地就近城镇化。

(二)农业驱动模式

农业是国民经济的基础,随着社会的不断发展,传统的农业生产方式已逐渐落后于先进的生产力水平。但对于农村地区来讲,农业依然是农民的主要经济来源,因此,通过发展农业现代化来带动广大农村地区实现就地就近城镇化,提高农民收入,改善农民生活环境,是解决城乡二元经济结构造成的贫富差距的有效手段。农业发展驱动的就地就近城镇化模式如图7-1所示。

农业现代化主要包含农业机械化、农业生产技术科学化、农业产业化、农业信息化以及农业发展的可持续化,而实现农业经营方式的产业化是农业现代化的重要内容,农业产业化主要是指在一定的地区,结合当地自然条件和社会经济条件,以农户为基础,根据市场需求,立足经济效益,在龙头企业或合作经济组织的带动下,通过系列服务手段,形成种养加一体化、产供销一体化、贸工农一体化的经营格局(陈柳钦,2004)。在农业产业化过程中,应加大农业科技和农业机械的投入和应用,提高劳动者的素质水平,培养一批具有带动作用的龙头企业,形成"公司+农户""公司+基地+农户""公司+合作社+农户"等经营模式,以实现利益的共享和风险的分摊,最终全面提高农业发展带来的综合效益。同时以农业产业化带动工业的发展,实现优化产业布局和产业结构的目的,增加就业岗位,吸引劳动力回流,促进农民职业和生活方式的非农化,进而实现农村地区的就地就近城镇化。如河南省周口市商水县农业现代化驱动的就地就近城镇化就是这种模式。

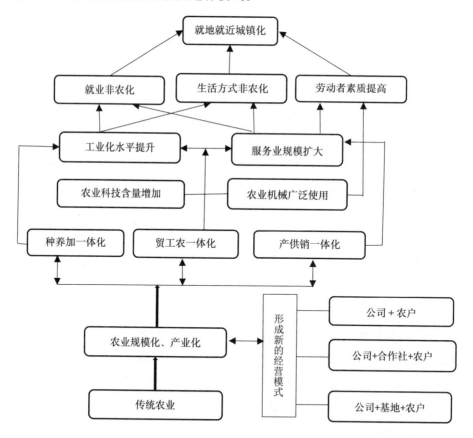

图7-1 农业发展驱动的就地就近城镇化模式

农业产业化一般要以丰富的农业资源为基础。换言之,在农业生产资源短缺的地区,想通过此种方式实现就地就近城镇化则较为困难,如西北地区深处内陆,降水稀少,农业生产多依靠灌溉,水资源匮乏严重制约着其农业发展水平。因此,走农业驱动的就地就近城镇化道路需要具备耕地面积大、土地土壤条件利于耕作、水利配套设施完善,以及气候适宜、农业基础较好、农业技术较高且农业的现代化转型较快等条件。

(三) 第三产业驱动模式

第三产业包括以交通运输业、邮电通信业等为主的流通部门和以房地产业、旅游业、保险业等为主的生产和生活服务部门,此外,教育、医疗等公共服务也属于第三产业的范畴。一般来说,农村劳动力的平均文化素质偏低,因此那些技术含量不高的服务业往往会成为他们就业的首要选择。随着经济和工业化的不断发展,人民生活水平不断提高的同时,消费需求也日益增长,这就为以服务业为主的第三产业的发展带来了契机。从本质上看,第三产业主要是通过带动或驱动关联产业或行业发展、基础设施建设、居住环境改善、公共产品供给等引导农业人口就地就近城镇化。此外,第三产业还能提供大量的就业岗位,提高地方财政收入,为就地就近城镇化提供不竭的动力。

1. 房地产业驱动模式

房地产业和就地就近城镇化是相辅相成的关系。我国中等城市的建设存在力度不足、效果不明显的现象,同时县级城镇也具有巨大的发展空间。农村人口想要拥有城镇化的生活方式和生活环境,就渴望向现有城市转移,随之会产生大量的住宅需求。但由于经济力量有限,多数农民会选择就近购买那些实现景观城市化和社会服务建设较为完善的住宅或地产,此时房地产业就可以作为城乡接合区或潜力较大的农村地区经济发展和就地就近城镇化的重要动力。房地产业在拉动内需、促进基础设施建设的同时,会带动钢铁、家电、建材、水泥等多个行业的发展,创造一定的就业岗位,提高民众的生活水平和消费能力(王鹏,2012)。

房地产业驱动模式需要在政府部门合理的统一规划下,引入开发商,开发住宅小区,同时完善生活配套设施,明确住房标准及利益分配原则,引导农民入住新房。这种模式多适用于城中村改造、城乡接合部或实现城镇化潜力较大的地区(黄少安,2013)。由于开发商是以经济利益为导向的,因此,经济条件较好、村镇企业较多、有一定城镇化基础的地区,更容易成为开发商的建设目标。

2. 旅游业驱动模式

20世纪70年代,澳大利亚学者Partrick最早提出了"旅游城市化"(tourism urbanization)的概念。到20世纪90年代,国内学者也提出了"旅游城镇化"的概念。旅游城镇化主要是指旅游资源开发和旅游经济的发展,促使旅游目的地人口的非农化和景观的城市化(李强,2013)。旅游业泛产业的特性使其可以很好地融合多种产业共同发展,促进产业结构的优化,提供大量的工作岗位,对经济发展起到很好的催化剂作用,而旅游资源的含义也比较广泛,有形的山水林田和无形的文化、民俗等都可以成为吸引要素,助力旅游业的发展。对于经济水平落后的乡村地区来讲,"青山绿水"可以通过旅游业的经济效益变成"金山银山",在农民既不离乡也不离土的情况下,以"旅游+农业"的方式实现农村的就地就近城镇化。如云南的香格里拉和芒市,都是依靠当地的旅游资源,以旅游业带动餐饮、住宿、购物、住宅等发展,推动当地乡村的就地就近城镇化进程(Ben Hillman,2013)。旅游业发展驱动的就地就近城镇化模式如图7-2所示。

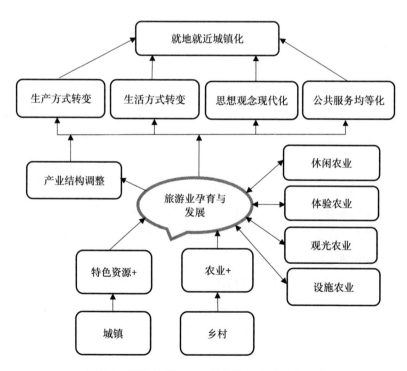

图7-2 旅游业发展驱动的就地就近城镇化模式

在发展旅游业时,最基本的要求是具有可达性,故而以旅游业驱动的就地就近城镇化就要求该地区具备良好的交通条件。旅游业发展的差异性原则决定了旅游目的地对所属地居民的吸引力并不强,回游率较低,因此,外来人员的流动会对旅游业的发展产生强大的推动作用,而具有特色的旅游资源是吸引外来游客的关键,也是促进当地经济发展、推动城镇化的重要动力。

3. 公共服务驱动模式

公共服务是保障人类社会发展的重要条件,其涵盖的范围非常广泛,既有为公民的生存、生活与发展提供的服务,也有为个人与组织生产经营活动提供的服务。可以说,人的全面发展离不开高质量的公共服务,一个国家或地区的经济发展水平也可以用公共服务的供给状况来衡量。换言之,尽管公共服务是在经济社会发展中产生的,但公共服务的数量多少与质量高低,又会对经济社会发展起到促进或抑制作用。就城镇化而言,就地就近城镇化需要良好的公共服务;反过来,公共服务的发展也推动着就地就近城镇化进程。城镇化与公共服务业相互推动,相互促进,实现良性循环发展,将有力带动整个国家或地区的城镇化进程。归纳来看,公共服务业推动就地就近城镇化的常见模式主要有以下几种。

1) 生态环境保护驱动模式

良好的生态环境是民之所愿,保护生态既是发展生产力,也是经济社会高质量发展的重要推动力。改革开放以来,国家一直十分重视生态环境的保护和建设工作。2005年8月,时任浙江省委书记习近平于湖州安吉考察时首次提出"绿水青山就是金山银山"的发展理念,生态保护驱动的就地就近城镇化模式应运而生。如今,这一理念已经成为全党全社会的共识和行动,成为新发展理念的重要组成部分。全国上下一盘棋,坚持在保护中发展、在发展中保护,因地制宜、大胆探索各具特色的"两山"理论践行模式,以实现人与自然和谐共生,让青山绿水产生巨大的生态效益、经济效益、社会效益,满足人民日益增长的优美生态环境与生态产品需要,不断促进生产、生活方式转变,提升城镇化质量。

河南省众多乡村地区有着良好的生态资源,这些生态资源是宝贵的自然财富与经济财富,但传统的生产方式对当地生态环境造成了不同程度的破坏,人口、资源、环境关系失调,成为经济社会持续发展的重要制约因素。在这种情况下,政府及社会力量通过科学规划、资金投入以及撤村建居、建立保护区等方式,在保护生态环境的同时,实现产业结构优化升级,增加公共服务供给,改善村民居住环境,隐性地帮助这些地区实现就地就近城镇化(王国新,2010)。

2) 高校校园建设驱动模式

高校校园经济可以带动其所在区域范围内餐饮、住宿、电信及金融等多种服务业的发展,提高区域范围内的经济发展水平。同时,高校培养的多种人才在择业时会有就近心理,这就为产业发展提供了一批素质较高的人才,促进产业提质增效,实现多样化发展。服务业的发展和产业的多样化能够促进经济结构的转型升级,农村劳动力就有了较多的就业选择。因此,在中小城镇及大城市郊区建立高校或高校分校,能拓展学区房市场,为经济发展注入一股活力,同时依附高校而产生的消费圈和产业圈能有力地促进经济发展,推进就地就近城镇化进程(崔国富,2014)。如河南省近年来各地建设的大学城等,都是以政府为主导实现校区建设后,吸引学校入驻,实现人口区域范围内的集聚,进而通过产业的集聚和多样化发展,为就地就近城镇化提供岗位和资金支撑(陈多长、游亚,2016)。

由于高校的建设和扩展需要较多的土地资源和资金支持,因此,只有资金供给充足、土地资源丰富且符合土地用途管制的地区,在充分考虑政府的高等教育布局、高校的发展诉求、民众的期盼等因素下,才能实施这种高校校园建设驱动的就地就近城镇化模式。

3) 交通服务驱动模式

良好的交通区位优势是促进经济发展的关键。分布在交通枢纽或交通干线周围的乡镇村庄,更容易依托交通网络发达的优势,吸引众多的人力物力集聚,实现人流、物流、信息流的高效流通,进而带动关联产业和配套服务业的同步发展,创造就业岗位,改善生活环境,实现一定区域范围内村落就地就近城镇化。在我国西南地区,处于交通沿线的城市数量占云南、贵州和广西地级市个数的38%(岳文海,2013)。由此可见,只有在交通网络体系发达、基础设施齐全、地势相对平坦、地理区位优越、具有一定产业基础的地区,才适合采取此种模式。

四、城镇发展带动的河南农村人口就地就近转移模式

(一)大城市扩容模式

法国经济学家弗朗索瓦·佩鲁的发展极理论认为,经济的增长在空间上具有不均衡性,经济高地会通过极化或扩散效应带动整个区域经济的发展。因此,在就地就近城镇化进程中,可以选择经济发展水平高且潜力大、带动示范作用强的城市作为地区发展的增长极(王海波,2014)。这些增长极城市依托资源优势和区位优势,不断壮大自身,从而出现城市扩容的现象,辐射影响周边卫星城镇,隐性或显性地为扩容区提供技术、资金支持,通过资源共享,促进城郊农村地区第二、第三产业的发展,进而创造就业岗位,实现城市周边农村人口的稳定和回流,推动其工业化和城镇化建设,最终实现就地就近城镇化。

只有位于经济规模和集聚效应较大的大城市周边的农村地区,才能够享受到大城市扩容带来的经济和社会福利,就地就近实现城镇化。

(二)中小城镇产城融合共同发展模式

20世纪80年代,费孝通先生通过对农村城镇化的研究,率先提出了"小城镇模式"。该模式旨在通过小城镇的"蓄水池"功能,防止农村人口在大城市的过度集聚,通过鼓励农民在农村现有的发展基础之上,充分利用各种条件,实现"离土不离乡"的就地就近城镇化(费孝通,1996)。由于小城镇的基础条件和经济水平以及资源利用、科技、基础设施等方面都不及中等城镇,在同等成本代价下,中等城镇更容易产生集聚效应,带动并促进小城镇的就地就近城镇化(厉以宁,2005)。因此,充分利用中小城镇生活成本低、发展潜力大的优势,将多样化的产业通过建设工业园区和经济开发区等措施与城市发展融合起来,利用产业发展的规模效应、集聚效应以及经济效应,为周边农村人口就近提供就业岗位,实现非农化的转变,同时加大公共服务设施建设的投入,形成功能齐全、宜居宜业的新城区,实现就地就近城镇化的目标(金良浚,2013)。

产城融合发展的就地就近城镇化模式,要求农村地区具备发展工业的资源和交通优势,有一定的产业基础和充足的劳动力,同时这些中小城镇应具备一定的集聚功能,能为产业发展提供一定的支撑。

（三）中心集镇发展模式

中心集镇主要是指县市地区范围内，集聚功能较强、地理位置相对居中的建制镇（晏群，2008）。中心集镇可以说是小城镇的一部分，但由于它处在乡村城镇化体系的最末端，具有特殊的研究意义。中心集镇对促进县域经济的发展起着至关重要的作用。乡镇企业和民营企业以及手工作坊和农产品加工业等的出现，促进了小范围内乡镇经济的发展，非农的就业岗位也相对增多，伴随着小规模的集聚效应，就形成了中心集镇。随着集镇工业化水平的提升，就业和居住环境不断改善，农村人口会选择在集镇就业定居，进而提高集镇的城镇化水平。乡镇和村庄实现产业化经营后，就会吸引更多人口集聚，这样中心集镇的就地就近城镇化就会形成一个良性的循环，同时在区域范围内，随着点状分布的中心集镇数量的逐渐增多，也会连点成片，引发质变，实现较大范围的就地就近城镇化。

在县域范围内，集聚功能较强，乡镇和村庄内企业数量较多，市场经济有一定的基础，且占据了居中地理位置的地区，可以以中心集镇为带动点，逐渐实现范围内的就地就近城镇化。

五、本章小结

就地就近城镇化的模式具有多元性。按照推动主体的不同，可以分为三种模式。

（1）政府主导型模式。该模式以政府力量为主，其他力量推动为辅，其实施的基本路径是政府凭借规划（计划）制定、相关政策颁布等行政手段，明确空间发展重点，优化资源配置，实现发展目标。建立开发区、建设新城区、"城中村"改造均属于此种模式。由于政府要达成的目标往往具有综合性、战略性、前瞻性特征，很容易与农民的个人意愿与局部诉求错位，其适用于经济基础较为薄弱、市场化水平较低的地区。

（2）市场主导型模式。该模式在政府支持、民众参与的基础上，主要发挥市场机制作用。常见的做法是利用区位、资源或产业优势，尊重与顺应市场规律，引导民间资本进行城镇化建设。此模式很大程度上取决于政府引导的力度与方向，若坚持社区参与原则，则农民意愿程度高。反之，若政府"有形的手"弱化,则农民的利益往往容易受损,其支持度就低。该模式适用于市场机制健全的经济发达地区。

(3)民众主导型模式。该模式中个人力量或非政府的社会组织和团体起主导作用。其运作机制是精英人士或乡贤利用个人威望和才能,引领当地经济发展和居住环境的改善,促进乡村非农产业发展和基础设施建设。民众参与广泛、参与程度深是这种模式的突出特点,因而农民的意愿往往也能得到较好的体现。该模式适用于拥有志愿带领乡民改变落后面貌的精英人士,或者民间资本比较发达且拥有一定人口条件的地区。

从产业驱动的角度进行划分,就地就近城镇化的模式也可以分为三种。

(1)工业驱动模式。工业发展一方面拉动传统农业走向产业化、规模化,另一方面推动服务业不断聚集并提高水平,从而为城镇化奠定坚实的产业基础,进而促进农民就业非农化,推动生产方式、生活方式转型以及思想观念的现代化。该模式适用于拥有丰富的能源或者原材料、工业基础较好的地区。

(2)农业驱动模式。一方面,农业从传统走向现代的过程中,必然孕育多种新型经营模式,形成种养加一体化、产供销一体化、贸工农一体化的经营格局,培养一批具有带动作用的龙头企业,进而拉动农业实现更高质量的专业化、规模化与产业化,并促进工业做大做强、生产与生活性服务业快速发展,同时为乡村旅游提供了良好的资源环境条件与广阔的市场空间,从而为就地就近城镇化奠定良好的产业基础。另一方面,农业的现代化转型与农村产业的多元化,不仅创造了更大的就业空间,而且也提升了劳动者的综合素质,增强农村人口的就业能力,推动农民职业多样化和生活方式的非农化,从而实现农村地区的就地就近城镇化。该模式适用于气候适宜、耕地面积大、土地土壤条件优良、水利配套设施完善,以及农业发展基础较好且现代化转型较快的地区。

(3)第三产业驱动模式。该模式主要是通过个别发展迅速的优势产业,带动或推动关联产业或行业发展、基础设施建设、居住环境改善、公共产品供给等引导农业人口就地就近城镇化。适用条件:地区拥有特色鲜明且处在成长期、关联性强、带动作用大的产业。比较典型的有房地产业驱动模式、旅游业驱动模式与公共服务驱动模式。

第八章
农村人口就地就近转移的制度红利模式解析

同全国总体情况一样,河南省区域经济社会发展水平差异大,人口、资源、产业和环境条件不同的区域,其人地系统的特点和问题不一样,城镇化发展的模式与策略也不同。全省各地在城镇化的实现过程与方式、推动主体与驱动产业方面各有特色。现将这些地区就地就近城镇化的典型案例进行分析,以提炼出可供借鉴的经验。

一、制度红利模式的新乡市样本

新乡市位于河南省北部,地处海河、黄河两大流域,北依太行山,南临黄河,与郑州市隔河相望,西与晋东南接壤,东与鲁西相连,总面积8249平方千米,其中平原约占78.0%,下辖12个县(市、区),118个乡镇(其中75个镇),2019年末户籍人口664.39万人,常住人口581.43万,常住人口城镇化率为54.91%。

2013年以来,新乡市创新农村建设用地管理体制,试点集体建设用地使用权流转,建设用地指标交易面向更多的市场主体,以增加土地权属的流动性,以多村合并实现人口集聚,整理出大量农村建设用地并将其复耕为耕地,转化成用地指标,这些指标流转后,形成了土地流转增值的制度红利(田鹏,2019),

拓宽了城镇建设资金的筹措渠道,也解决了就地就近城镇化所需土地问题,形成了就地就近城镇化的制度红利型模式,为中部经济欠发达地区的城镇化提供了重要经验。

二、新乡市制度红利模式的实现路径

(一)新乡市城镇化发展现状

总体来看,新乡市城镇化的起点较低。2010年,尽管该市的城镇化率高于河南省2.46个百分点,但低于全国8.99个百分点。2010—2019年,新乡市城镇化进程加快,这期间全国城镇化率平均每年提高1.18个百分点,而新乡市城镇化率平均每年提高1.55个百分点,高于全国平均增长速度。因此,到2019年新乡市城镇化率与全国平均水平的差距已大为缩小(见表8-1)。

表8-1 新乡市城镇化率变化及其与河南省、全国的比较

年份	新乡市/(%)	河南省/(%)	全国/(%)
2010年	40.96	38.50	49.95
2011年	42.98	40.57	51.27
2012年	44.69	42.43	52.57
2013年	46.50	43.80	53.73
2014年	48.30	45.20	54.77
2015年	49.00	46.60	56.1
2016年	50.44	48.50	57.35
2017年	51.96	50.16	58.52
2018年	53.41	51.71	59.58
2019年	54.91	53.21	60.60

数据来源:《中国统计年鉴》(2010—2020年)、《河南统计年鉴》(2010—2020年)、新乡市国民经济和社会发展统计公报(2010—2019年)。

2011年10月,国务院发布的《关于支持河南省加快建设中原经济区的指导意见》(国发〔2011〕32号)指出,河南省面临着经济结构不合理、城镇化发展滞后、公共服务水平低等挑战和问题。从统计数据上看,新乡市也存在同样的

问题。2012年新乡市地区生产总值1618.93亿元,常住人口566.85万人,三次产业结构为12.4:58.7:28.9,常住人口城镇化率44.69%,人均财政支出4250元;同期,全国的三次产业结构为10.1:45.3:44.6,常住人口城镇化率52.57%,人均财政支出9302元,新乡市人均财政支出仅为全国平均水平的45.7%①。新乡市是传统农业区,既要大力发展工业和服务业推进城镇化,又要守住耕地红线,土地供应缺口较大。一方面是城镇建设用地指标严重短缺,另一方面是大量农村土地利用效率偏低。2011年,河南农村居民建设用地占地2000多万亩,户均占地超过一亩,不少多年前进城工作、生活甚至落户的人口仍然长期保留农村宅基地,不仅造成严重的土地资源浪费,也让一些新增农村人口无宅基地可用。河南省委农村工作办公室经过调研和测算后认为,如果通过"拆村并居"开展新型农村社区建设,可以盘活约900万亩的农村集体建设用地②。

为了破解城镇化对土地需求的难题,2011年国务院发布《关于支持河南省加快建设中原经济区的指导意见》,赋予河南省土地管理制度改革先行先试的权利,以有效推进土地和资金在地区之间、城乡之间流转。据此,新乡市以河南省统筹城乡发展试验区和全国农村改革试验区建设为基础,按照占补平衡的原则,加大土地整理复垦开发力度,一方面增加置换用地指标,腾出建设用地发展产业、农民创业园。同时,将腾出的农村集体建设用地指标和节余的建设用地指标,通过土地指标交易平台进行挂牌交易,让农民分享土地增值收益(刘森,2013;王永记,2014)。另一方面通过拆村并居、腾退闲置宅基地,整理出农村建设用地,将其转化为用地指标在全市范围内流转,获得增值收益,提高了农村土地资源的利用率,形成了农村闲置土地资源的资产化机制。这种土地资产指标化流转的增值收益被称为"制度红利"。该"制度红利"在市县乡(镇)三级政府、村集体、村民之间分配,推动了新型农村社区建设,在政府规划的引导下,制造业和服务业在这些社区周边集聚,吸纳农村居民在非农领域就业,逐步形成了较为完善的就地就近城镇化机制。

---

① 新乡市地方史志局.新乡年鉴(2013)[M].郑州:中州古籍出版社,2013.
② 天下粮仓河南土地谋变:试图在全省范围内流转[EB/OL].http://news.focus.cn/bj/2012-07-30/2208537.html.

（二）新乡市城镇化制度红利模式的实现路径

1. 创新制度进行新型农村社区建设

从2013年开始，新乡市开展城乡之间、地区之间人地挂钩试点，实现城镇建设用地增加规模与吸纳农村人口进入城市定居规模挂钩。与此前的规定相比，这次实施的"人地挂钩"政策无疑是一个创新之举，因为它突破了建设用地增减挂钩指标只能在县域内流动的政策限制，推动了用地指标在全省范围内跨区域流转[①]。土地指标流转范围的扩大，提高了流转的效率和价格，大幅提高了流转的收益。新乡市通过推进旧村拆迁建设新型农村社区，提高农村建设用地的使用效率，减少房屋后空闲土地，实现土地腾退，将这些土地复垦，形成耕地，由此产生土地指标。腾出的建设用地可以在本乡本村发展制造业和服务业，吸纳农村居民从事非农产业。同时，将腾出的农村集体建设用地指标和节余的建设用地指标，在市土地指标交易平台进行挂牌交易，获得的收益一部分用来建设新的农村社区，一部分发放给为土地整治做出贡献的农民，土地指标化后跨市级和县级行政区流转带来的增值收益，也让农民得到了分享。

新乡市按照"以拆促建"的思路，促进人口规模集聚，将镇区作为城镇化的重点，加快基础设施和公共服务设施建设，增强居住和服务功能，吸引农村人口就地就近向镇区集聚，高标准规划建设新型农村社区，促进土地集约利用、农业规模经营、农村产业发展、农民就近就业。新乡市仅2013年就已启动352个新型农村社区建设，并建成15个示范社区，投入资金303亿元，完成建房3055万平方米，入住农户12.7万户，50万人入住新型农村社区，拆除旧宅6.1万亩，复耕或恢复生态3.1万亩[②]。

2. 推动产城融合发展

新乡市以新型工业化带动新型城镇化，并推动其与服务业融合发展，与农业现代化协同发展，促进农民就地就近就业，实现就地就近城镇化。在县城区、镇区周边规划建设产业集聚区、专业园区，在县城发展带动能力强的支柱产业，小城镇发展劳动密集型产业，产业集聚区发展特色优势产业，传统农村

[①] 齐亚琼."人地挂钩"试点，全省确定43个[EB/OL].http://newpaper.dahe.cn/hnsb/html/2013-10/18/content_971458.htm.

[②] 李瑞.新乡市小城镇建设迈大步[EB/OL].https://www.henan.gov.cn/2013/06-13/491425.html.

发展现代农业。与此同时,对空间利用与产业布局进行科学规划,突出主导产业培育,促进产业集群发展,鼓励企业提供更多的就业岗位,以吸引更多的农村劳动力进城区、镇区与园区工作。把农民创业园规划建设在镇区、新型农村社区的周边,实现"职住一体"化的工作与生活。此外,大力推进生态文化旅游产业开发战略,着力发展乡村生态休闲旅游业,重视发展物流产业,稳步发展房地产业,规划建设坚持高起点、高标准,促进城市中心商务区迈上综合化、高端化发展之路。推进农业产业化,发挥示范园区带动和龙头企业拉动作用,积极稳妥促进土地流转和适度规模经营,推进农业发展模式加快转变。仅以新乡市获嘉县为例,2014年该县建成省级产业集聚区1个、市级专业园区2个,入驻企业340家,创造就业岗位1.5万个;突出发展物流产业和乡村生态休闲旅游业等服务业,全县服务业从业人员占全社会从业人员的比重达37.0%;成立农民专业合作社610家,发展现代农业,累计发展经济作物10.2万亩,实现土地流转7.8万亩,草编、白皮松、食用菌、花木和中药材等农产品已经形成有全国影响力的品牌(王永记,2014)。

3. 实施城乡一体的公共服务供给

新乡市引导推进城乡能源、交通、通信、水利、环保等基础设施统一布局和建设,逐步构建城乡均等化、一体化的公共服务和公共产品供给机制,建设教育、文化、卫生等城乡一体的公共设施体系。完善农村义务教育财政投入保障机制,发展农村职业教育和成人教育,推进城乡教育均衡发展。健全农村文化卫生服务体系,完善县、乡(镇)、村三级农村公共卫生服务网络,推进城乡公共服务均等化。2015年12月,新乡市深化城乡户籍制度改革,出台《新乡市人民政府关于深化户籍制度改革的实施意见》,将入住社区的居民,统一登记为城镇居民户口,在继续享受各项惠农政策的同时,还可享受城镇居民的同等公共服务。

三、新乡市制度红利模式的实施成效

2012年以来,新乡市就地就近城镇化机制逐渐完善,在经济增长、产业转型和农村发展等方面取得了较好的成效。

（一）城镇化与农业现代化齐头并进

2012年以来,新乡市经济综合实力不断提升。2019年,全市地区生产总值为2918.18亿元,按常住人口计算,人均生产总值为50190元,为2012年的1.76倍,年均增长率为8.4%。同期新乡市公共预算收入187.21亿元,进出口总额84.97亿元,全年实际利用外资12.16亿美元;全年社会消费品零售总额达1129.3亿元,2012—2019年年均增长率为15.57%;城镇和农村居民人均可支配收入分别为33626元和16344元,相比于2012年的20159元和8647元,年均分别增长7.6%和9.5%。需要特别指出的是,2019年全市粮食种植面积716.85千公顷,棉花种植面积1.06千公顷,油料种植面积78.27千公顷,蔬菜种植面积54.37千公顷,合计主要农产品种植面积850.55千公顷。与2012年相比,粮食种植面积增长了15.05%,粮食产量增长了18.42%,主要农产品种植面积增加了9.12%,说明新乡市在加快制造业、服务业发展和城镇化进程的同时,保持了粮食种植面积、粮食产量和主要农产品种植面积的增长[1][2]。

（二）生产方式向现代化转型

新乡市产业结构不断优化升级。2012年,新乡市的三次产业比例为12.4:58.7:28.9,2019年已调整至8.7:45.9:45.4。由此可见,相对于2012年,新乡市第一、第二产业比重不断下降,而第三产业的比重则持续上升。该市通过升级纺织服装、食品加工、装备制造、建材、造纸、能源化工等具有优势的传统产业,加速发展电动车、生物与新医药、电子信息等新兴产业,促进了制造业的发展。先后实施了南太行、唐庄镇、陈桥古镇、卫辉古城等文化旅游标志性工程,2019年1个景区晋级国家5A级旅游景区,2个景区晋级国家4A级旅游景区,6个村庄被评为省级乡村旅游特色村。同时,加快区域物流枢纽建设,2019年新乡保税物流中心和郑北农副产品冷链物流港等物流项目成功运营[3][4]。

---

[1] 新乡市地方史志局.新乡年鉴(2012)[M].郑州:中州古籍出版社,2012.
[2] 新乡市地方史志局.新乡年鉴(2019)[M].郑州:中州古籍出版社,2019.
[3] 新乡市地方史志局.新乡年鉴(2012)[M].郑州:中州古籍出版社,2012.
[4] 新乡市地方史志局.新乡年鉴(2019)[M].郑州:中州古籍出版社,2019.

（三）就地就近就业与公共服务均等化

2019年，新乡市常住人口城镇化率为54.91%，人口密度为每平方千米705人，远高于国际上公认的每平方千米400人的城镇化地区标准，2019年城乡居民可支配收入比为2.06:1，远低于同期全国平均水平的2.64:1。2010年，新乡市平原新区成立，2013年更名为新乡市平原城乡一体化示范区，其功能定位是城乡一体化和产业新高地，区域面积约400平方千米，总人口约30万人。该示范区强化新型农民技能培训，引导农村劳动力就地就近就业；实施被征地农民养老保险制度，统一纳入城乡居民社会养老保险；将城市功能区内的行政村整合成社区，并实施城市社区化管理。

2017年以来，新乡市深化土地利用综合改革、承包地"三权分置"改革、宅基地"三权分置"改革、集体产权制度改革以及集体建设用地入市改革等农村五项重点改革。这一改革激活了闲置资源，增加了集体和农民收入，拓展了发展空间，实现了"资源变资产、资金变股金、农民变股东"。2019年，全市有集体经济收入的乡村由过去不到50%提升到96.5%，村均增收2.1万元。

四、新乡市制度红利模式解析

（一）推动主体

新乡市就地就近城镇化的推动主体包括政府、村集体组织、农民、建筑商。市级政府制定了农村土地资源资产化、指标化的政策，为村集体和农民通过土地整治获得经济收益提供了政策保障。市县两级政府通过制定或核准村镇建设规划，引导人口集聚，提高要素空间配置效率；同时，还通过下派机关干部到村，帮助建设新型农村社区。此外，乡镇政府还作为监督者，规范以建筑商为代表的社会资本在新型农村社区建设中的行为。具有独立法人资格的村集体组织作为土地指标转让资金的直接接收者，具有公平、公开、公正分配转让收益的权利，还作为项目业主代表与新农村建设的承建方（建筑商）签订施工合同。农民作为土地整治的当事人和新型农村社区住宅的业主，在预期有居住条件改善和经济收益的条件下，成为就地就近城镇化的推动主体。建筑商为了获得土地整治工程和新型农村建设工程,则在结余土地指标尚未完成交易获得收益时,需要先行垫资承建工程。

(二)融资模式

新乡市就地就近城镇化的资金来源主要有三个渠道:一是政府财政资金,这部分占比最大,其主体是转让用地指标获取的收益;二是民营资本,主要是投资企业与地方政府合作,以先行垫资的方式建设城镇基础设施和新型农村社区;三是农民的资金投入,包括农民自有储蓄资金、土地承包权转让收益和拆迁补偿金等。

(三)农民意愿

就地就近城镇化成功的前提是充分尊重农民意愿。新乡市在城镇规划设计、新型社区建设模式、户型选择、成本核算等方面,都充分听取群众的意见,不搞强迫命令和"一刀切"。截至2016年7月,全市3571个行政村被规划整合为1050个新型农村社区,同时坚持政府引导与群众自愿相结合,本着"规划先行、就业为本、群众自愿、量力而行、因地制宜、分类推进"的原则,全面启动了重点区域内的369个社区建设[①]。由于这一过程中最大程度地保障了农民的权益,因而农户参与社区建设的积极性较高。调查显示,95%以上的农户愿意到社区建房。

(四)适用条件

新乡市实施"人地挂钩"试点,建立城乡统一的土地市场,以土地增值收益推动新型农村社区建设,实现就地就近城镇化。因此,能够获得较高的土地增值收益是成功的关键。新乡市地处平原地区,灌溉和交通条件好,并位于中原城市群核心位置,农村建设用地适合复垦后转化为高产农田;土地整理转化形成的用地指标,流转后可以获得较高的收益,也适合就地转化为制造业和服务业用地,进而获得较高的土地出让金。理论上,一个地区如果位于山区或干旱、高寒地带,距离大中型城市、铁路和公路主干线较远,发展制造业和服务业

---

① 邵强.新乡市新型农村社区建设调研报告[EB/OL].http://www.xxcndca.gov.cn/?id=165&sortid=14&type=page.

缺乏区位优势,其农村土地整理后形成的收益就不会太高,可能无法启动新型农村社区建设。因此,就地就近城镇化的制度红利模式,一般适合于灌溉条件和交通区位优势较好的地区,且地方政府勇于改革创新,敢于先行先试,从而形成并释放制度红利。

五、本章小结

本章主要从推动主体、融资模式、农民意愿、适用条件4个方面分别解析了新乡市就地就近城镇化的制度红利模式。该模式是就地就近城镇化的欠发达地区样本。其主要推进路径如下:实施"人地挂钩"试点,建立城乡统一的土地市场;以土地增值收益推动新型农村社区建设;以新型工业化带动新型城镇化,并推动其与服务业融合发展,与农业现代化协同发展;引导推进城乡基础设施统一布局和建设,逐步构建城乡均等化、一体化的公共服务和公共产品供给机制,建设城乡一体的公共设施体系。在此过程中,新乡市就地就近城镇化取得明显成效,表现为城镇化与农业现代化齐头并进、生产方式向现代化转型、就地就近就业与公共服务均等化。

新乡市制度红利模式的推动主体包括政府、村集体组织、农民与建筑商,但政府起主导作用;在发展资金的多元化来源中,政府财政资金是主渠道;该模式在实施过程中,能充分听取群众的意见,不搞强迫命令,一般适合于灌溉条件和交通区位优势较好的地区,且地方政府勇于改革创新,敢于先行先试,从而形成并释放制度红利。

第九章
农村人口就地就近转移的旅游业驱动模式

乡村振兴,产业兴旺是根本,留住足够的青壮年劳动力是保障。改革开放40多年来,我国中西部欠发达地区农村劳动力持续外流。实践证明,劳动力的过度外流尤其是青壮年劳动力短缺已经严重制约了乡村经济社会发展。近年来,在多重因素的作用下,中西部地区出现了不同程度的劳动力回流现象。在此过程中,旅游业发展所形成的"拉力"是主要影响因素之一。

信阳市地处中国南北过渡地带,是中部传统农区,经济发展水平低,但农业资源丰富、民俗文化多样,具有得天独厚的旅游业发展条件。近年来,蓬勃发展的乡村旅游业吸引了部分劳动力回流,从而为乡村振兴战略的实施奠定了良好开端。然而,旅游业发展的自身问题使得劳动力回流规模偏小、回流的稳定性不够,这又反过来制约了乡村旅游的持续发展,这种情况在全国欠发达地区具有一定的代表性。基于此,本研究试图通过系统探讨信阳市乡村旅游对劳动力回流的影响,既为促进旅游业健康发展、实现劳动力稳定回流提供决策依据,又为类似欠发达地区乡村振兴的路径选择提供借鉴与参考。

一、基于乡村旅游发展的信阳市劳动力回流状况

农村劳动力回流是农村劳动力流动的一种形式,与劳动力外流相对应,是

指农村外出务工人员由流入地返回家乡的行为。具体而言,农村劳动力回流是指曾经外出务工或经商的农村劳动力由于失业、返乡创业、个人与家庭因素、心理因素等原因主动或被动返回户籍所在地(多指本县区域),从事农业、非农业或兼业活动,且停留时间超过6个月的行为。

(一)调查地点与方式

根据调查的科学性与便利性要求,本研究选取信阳市平桥区郝堂村、新集村,新县田铺大湾、西河湾与商城县里罗城等5个旅游发展基础较好、有一定旅游流量、对劳动力回流有较大带动作用的代表性乡村作为观测点,并主要采用问卷调查与深度访谈相结合的方法获取样本数据,调研时间是2020年5月。

调查共发放问卷2000份,回收有效问卷1922份,有效回收率为96.1%。其中,外出务工后回流的共1415份,占有效问卷的73.6%;与旅游业相关的回流问卷共1129份,占有效问卷的58.7%,统计情况如表9-1所示。

表9-1 信阳市代表性乡村劳动力回流情况统计

类别	数量/人	比重/(%)
调查人数	1922	100
回流人数	1415	73.6
与旅游业相关回流人数	1129	58.7

(二)调查结果与分析

1. 回流劳动力的规模及变化趋势

图9-1显示,2010年以来,在乡村旅游的带动下,信阳市农村劳动力回流规模呈现上升态势,且具有3个明显的节点,即2013年、2016年与2018年,回流劳动力分别为118人、163人与186人,较上一年分别增加了50人、58人与28人,这一变化与代表性乡村旅游业发展的历史进程密切相关。其中,2013年是一个关键年份。这一年是郝堂村由美丽乡村建设走向乡村旅游发展的转折点。当年1月,《人民日报》的专题报道"郝堂画家画出的小村"让该村迅速进入大众视野。随后,郝堂村先后入选第一批美丽宜居村庄示范名单、全国美丽乡村首批创建试点乡村。在此背景下,该村旅游业快速发展,也吸引了不少外出务工劳动力回乡就业、创业。同样是2013年,"英雄梦、新县梦"规划设计公

益行活动正式启动,西河湾被纳入新县"一城三线"精品旅游线路,并成为第十四届全国11个"中国景观村落"之一,次年又跻身第三批中国传统村落名录。2013年也是新集村开始迈入乡村旅游发展阶段的时间点,民居改造、环境卫生整治、基础设施建设等,为该村旅游业发展奠定了坚实基础。此外,随着上海蔓乡旅游投资管理有限公司牵手田铺大湾,凭借科学谋划与精心运作,2016年前后该村涌现一批咖啡厅、茶舍、手工艺店等快消项目,成为河南第一个以创客为主题的新型美丽乡村示范点,部分农村劳动力因此返乡创业、就业。作为后起之秀,里罗城2017年开始发展旅游业,大别明珠旅游综合开发有限公司2018年进入该村进行大规模旅游开发,并成功通过项目引领与节事活动使里罗城乡村旅游进入发展的快车道,为回流劳动力提供了众多就业机会。

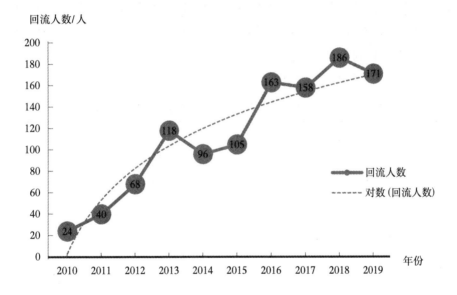

图9-1　基于乡村旅游的信阳市回流劳动力增长情况

值得注意的是,农村劳动力回流近几年有趋缓的迹象。究其原因有三:一是外出务工人员增量下降,导致回流劳动力增量减少;二是随着乡村旅游发展,那些通常到了法定年龄就会选择外出务工以及部分从未外出但计划外出务工的劳动力,获得了就业岗位、实现了就地就业,因而不再进行异地转移,导致"相对回流劳动力"增多;三是经过前一阶段的较快发展,由于缺乏理念与手段创新,信阳市乡村旅游普遍进入边际递减状态,就业岗位增长缓慢、劳动收入提升不快,一定程度上抑制了劳动力回流。

2. 回流劳动力的人口统计学特征

如表9-2所示,从性别上看,与旅游业相关的回流劳动力中,男性多于女性,占比分别为54.1%与45.9%。这主要是因为外出务工人员中,男性占比较大,因而回流的人数也较多,同时男性劳动力回乡创业的意愿也较女性强。从年龄上看,回流劳动力覆盖各个年龄段,但以中青年为主,占比最大的是31~40岁、41~50岁两个年龄段,合计为63.7%。这两个年龄段的劳动力在外务工时间较长,阅历丰富、视野开阔,且积累了一定的人脉、技术和资金,回乡发展的意愿较强,属于主动型回流。从婚姻状况上看,回流劳动力绝大部分已婚,占比达92.4%。这是因为外出务工人员已婚比率本来就高,他们在决策时会更多地考虑家庭因素,并拥有较年轻人更浓厚的乡土情结。从受教育程度上看,回流劳动力的平均文化水平不高,初中及以下人员占比达到了59.9%,这与信阳市农村人口的整体状况基本一致。从健康状况看,"较好""一般"的占比最高,合计达到71.7%,健康不佳的只有3.8%,这与旅游相关岗位较传统农业生产对劳动力身体素质要求更高有关。

表9-2 信阳市代表性乡村回流劳动力基本信息统计(n=1129)

类别	内容	频次	比重/(%)
性别	男	611	54.1
	女	518	45.9
年龄	16~30岁	178	15.8
	31~40岁	361	32.0
	41~50岁	359	31.7
	51岁及以上	231	20.5
婚姻状况	未婚	86	7.6
	已婚	1043	92.4
受教育程度	小学及以下	249	22.1
	初中	427	37.8
	高中或中专	377	33.4
	大专	52	4.6
	本科及以上	24	2.1
身体状况	非常好	277	24.5
	较好	489	43.3

续表

类别	内容	频次	比重/(%)
身体状况	一般	320	28.4
	较差	34	3.0
	非常差	9	0.8

3. 回流劳动力的就业状况

总体来看,回流劳动力在乡村旅游中的就业选择呈现多元化特征,基本覆盖了旅游业发展的全部环节(见图9-2)。鉴于部分回流劳动力在多个部门兼业,因此就业人数之和大于样本总量,各个岗位的占比之和大于100%。其中,提供餐饮服务的人员最多,达到400人,占比为35.4%;其次是旅游商品销售(含土特产品),共245人,占比为21.7%;第三、第四位的是住宿服务、休闲农业种植,人数分别为201人与148人,占比分别为17.8%与13.1%。人数最少的是参与层次较高、对劳动力素质要求更高的旅游经营与管理,只有7人,占比为0.6%。

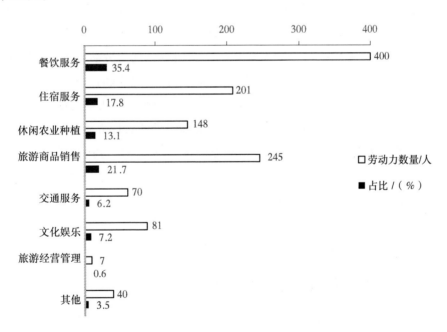

图9-2 信阳市回流劳动力在乡村旅游中的就业状况

注:由于存在兼业,因此比重之和大于100%。

二、信阳市农村劳动力回流的乡村旅游发展动因

(一)获得"人岗相适"的就业机会

劳动力是否流动以及流向何处,是一个理性决策的过程。其中,就业机会是影响这一决策的主要因素之一。对微观个体而言,就业机会多少既取决于工作岗位的多寡,又取决于个人就业能力的高低。换言之,只有与求职者能力相适应的就业机会才是有效的。长期以来,信阳市农村第二、第三产业基础薄弱,就业空间非常有限,大量富余劳动力只能背井离乡流向非农产业集聚度较高的沿海发达地区或大中城市。这些地区由于经济社会快速发展,一方面需要大量建筑、家政、保洁及其他低端服务业的工作人员,另一方面又拥有众多对文化素质要求不高的劳动密集型产业。在这种背景下,作为传统农区的信阳市,农村劳动力持续外流就成为利益驱动下的合理选择。然而,近年来,我国经济社会加快步入高质量发展阶段,东部发达地区不断优化经济结构,加快产业升级换代步伐,加之环境保护持续保持高压态势,落后产能的生存空间愈来愈小,产业体系的技术含量快速提升。与此同时,随着劳动力使用成本的快速上升,沿海地区及大中城市的"人口红利"优势进一步减弱,一些传统劳动密集型企业或破产,或向中西部地区转移,或外迁到劳动力成本更低的东南亚、南亚乃至非洲地区。如此一来,文化程度总体偏低的农村劳动力,在发达地区越来越难找到与自身能力相匹配的就业岗位。与之相反,蓬勃发展的乡村旅游业则能够为农村劳动力提供相应的就业机会。这是因为,旅游业关联度与劳动密集程度高,对劳动力的能力要求相对较低。对信阳市5个代表性乡村的调查也很好地证明了这一点:在回乡就业、创业的1415位劳动力中,有1129位从事与乡村旅游有关的工作,占比达79.8%。

(二)拥有较高的综合与相对收益

人们选择何地、何岗位就业,除经济收入外,还会考虑工作环境、劳动强度、闲暇时间、心理压力、社会保障与社会地位等因素。与此同时,对收益高低的衡量,更倾向于看实际收益而不是名义收益。总体而言,乡村旅游拉动下的农村劳动力本土就业拥有两方面的优势。第一,综合收益较高。一方面,与异

地就业难以融入当地社会相比,农村劳动力由于熟悉本地环境及风土人情,就地就近就业不存在融入社会的门槛,心理压力较小或心理成本较低。另一方面,就近陪伴家人有益于身心健康与温馨和谐家庭氛围的形成,能大大增强家庭成员的获得感、幸福感与安全感。此外,"熟人社会"是中国农村的主要特征之一,在遇到困难时,大家习惯于左邻右舍、亲朋好友的互帮互助,加之大部分亲属相距不远,日常联系较为频繁,有助于巩固彼此之间的亲情与友情,这对于乡土情结较为浓厚的农村居民而言尤为重要。第二,相对收入较高。留在本地从事旅游服务的劳动力,尽管多数人的名义工资低于外出务工,但扣除各种支出后,其实际收入并未降低甚至还有所增加。调查也显示,在旅游相关岗位就业的1129位回流劳动力中,有592位认为其实际收入与外出务工时持平或有一定程度的上升,占比为52.4%。究其原因有二:一是沿海发达地区或大中城市的平均物价水平高于中西部尤其是农村地区,房屋租赁或购买、医疗、教育及其他日常生活开支的成本均较高;二是农村宅基地是无偿使用的,农民一般都拥有自住房,粮食、蔬菜乃至瓜果、禽蛋都可以自给自足,而这些生活用品在外地务工期间则都需要购买,其维持生计的开支项目明显多于本地就业。

(三)实现乡村生产方式"非农化"

由于长期以来我国城乡之间发展严重不平衡,与城市的落差导致农民产生"城市膜拜"心理,因而渴望获得与城市居民一样的生产方式与非农就业岗位,就自然而然地成为农村劳动力回流的动因之一。乡村旅游与众多产业或行业关系密切,关联度高、带动作用强,其快速发展促使农民生计方式发生了巨大转变。一是就业非农化。信阳市乡村旅游有力拉动了餐饮、住宿、交通、商业、文化和休闲农业的发展,也吸引农村劳动力从传统农业进入非农产业谋生,生计方式与之前相比发生了显著变化。调查显示,前述1129位回流劳动力中,尽管有部分采取的是农业与旅游业兼业模式,但其在旅游业的时间投入已远远超过农业,农业反而成了"副业"。二是收入非农化。随着兼业旅游生计模式的逐步扩展,农户的收入结构也发生了变化,农业收入的比重呈现下降态势,非农收入已在部分农户中占据主体地位。其中,非农收入在家庭收入比重中超过70%的有289户,占样本比例的25.6%;超过50%的有651户,占样本比例的57.7%。三是农业非农化。农业非农化,是指农业在原有提供农产品功能的基础上,由于技术进步、产业融合及市场需求变化而衍生出新的功能,且这种功能的地位日益提升的发展态势。在旅游业的带动下,农业与旅游业加快融合,衍生出多种新业态,农业的面貌发生了很大改变,农业不再单纯地生产物质产品,还可以提供能够满足人们不同层面需求的精神产品,进而发展出观光农业、体验农业、创意农业等休闲农业,表现出非农化的发展趋势。

(四)实现农民生活方式城镇化

不难理解,在上述"城市膜拜"心理驱动下,享有与城市居民一样的生活方式与生活条件,必然成为农村劳动力回流的又一重要动因。调查表明,在乡村旅游的带动下,信阳市农村回流劳动力的生活方式愈来愈城镇化。在居住方面,尽管住宅外观跟城市有所不同,但室内陈设已相差无几,冰箱、空调、彩电等现代生活用品一应俱全,自来水普及率超过80%;环境卫生条件明显改善,垃圾集中堆放与转运率接近90%,家禽、家畜散养问题已基本得到根治,居家养殖日趋减少。在出行方面,传统交通工具自行车退居次席,电动车、摩托车、小轿车取而代之,基本家家户户都有电动车或摩托车,小轿车的拥有率也达到了20.6%。在通信方面,手机的使用率达到96.8%,宽带接入率为66.7%,手机已经成为人们日常交流最重要的工具。在购物方面,网上下单、快递送达已成为新时尚,尤其受中青年劳动力的偏爱。在饮食方面,举办家庭聚会、招待亲朋好友时,越来越多的农户倾向于选择在酒店进行,市场化程度不断提升。在劳动生活方面,进入旅游部门工作的劳动力,组织性、纪律性明显提高。在文化生活方面,旅游业让文化"活"起来,具有区域特色的农耕文化、民俗文化、人居文化得到了保护和利用,甚至成为主要旅游吸引物,极大地丰富了农民的文化生活,近年来城镇流行的"广场舞"也成为乡村生活的一部分。在政治生活方面,理论学习与宣传愈来愈常态化,村民参与民主选举、民主决策、民主管理、民主监督越来越普遍,行使政治权利、履行政治义务的积极性显著增强。例如,里罗城充分发挥党建在乡村旅游发展中的引领作用,逐步走出了一条"党建引领、政府主导、政策支持、企业经营、市场运作、群众参与、共建共赢"的发展模式。

三、信阳市农村劳动力稳定回流的旅游发展问题

尽管近年来信阳市乡村旅游发展迅速,但其总体规模还很小、发展水平仍然不高,对经济社会发展的贡献还很有限,对农村劳动力稳定回流的拉动作用还有待增强。

(一)目的地开发意识不强,乡村旅游缺乏战略引领

一是缺乏旅游目的地发展战略定位。旅游目的地发展战略定位至关重要,因为它决定着所在区域乡村旅游、城市旅游及其他全部旅游形式的发展目标、努力方向与实现路径,是避免各景区景点一盘散沙、各自为政、盲目模仿、重复建设的必然要求。迄今为止,信阳市尚无科学、明确的旅游业发展战略定位,这是各种旅游发展问题的根源所在,也是乡村旅游发展水平不高的重要影响因素。因此,应牢固树立旅游目的地发展理念,在认识与尊重旅游发展规律,把握区域旅游所处发展阶段的基础上,摸清家底、扬长避短、错位竞争,以开阔的眼界把信阳市放在河南省、放在鄂豫皖(大别山区)、放在全国乃至全世界中审视其发展目标,明确其发展定位。唯有如此,才能在更大的领域整合与利用市场资源,才能在满足人们日益增长的旅游消费需求的过程中,引领信阳市乡村旅游高质量发展。

二是缺乏鲜明的旅游目的地宣传口号。众所周知,旅游业有一个著名的黄金公式,即"旅游业=宣传"。在现代互联网时代,宣传的重要性更加凸显。纵观全国乃至全世界,凡是旅游业发展速度快、发展水平高的目的地,都毫无例外有一个成功的旅游宣传口号。信阳市旅游资源丰富,旅游业发展基础好、起步早,但跟其他地区相比还有很大差距,这跟长期以来缺乏清晰的旅游宣传口号不无关系,因而也成为制约信阳市乡村旅游发展的主要因素。显然,"看山看水看蓝天,品红品绿品毛尖"不是旅游目的地宣传口号,各个景区景点的宣传语也不是旅游目的地宣传口号。这个问题不尽快解决,信阳市无论是乡村旅游还是其他旅游形式,都难以产生足够的市场影响力,也就不可能有更大的发展空间。

(二)针对性培育力度不够,乡村旅游增长极尚未形成

区域经济发展规律告诉我们,在经济发展的早期阶段,应集中力量培育区域经济增长极,然后依靠增长极的聚集与辐射作用带动周边地区经济快速发展。信阳市地处我国南北过渡地带,拥有1.89万平方千米的土地,880多万人口(截至2019年),地势南高北低,地形地貌复杂多样,山地、丘陵、平原各占约三分之一,虽以暖温带与亚热带季风气候为主,但受地形地貌影响,局地气候差别大;物种资源丰富,生物多样性特征明显,各地农业生产与风土人情也有较大差异。因此,信阳市乡村旅游不可能也不应该均衡发展,而应当着力培育若干个增长极。目前,在全市2800多个行政村中,已有三分之一发展了乡村旅游,其他村也在积极创造条件进军旅游产业,呈现遍地开花的态势,但其总体特征是多而不强,部分村庄的旅游流量基本为零。尽管经过近几年的发展,信阳市相继形成了以浉河区睡仙桥村、凌岗村,平桥区郝堂村、新集村,新县西河湾、丁李湾、田铺大湾以及商城县七里冲村、黄柏山村,罗山县灵山村,潢川县付店镇晏庄村等为代表的特色旅游村,但无论是从旅游流量、旅游收入、游客停留时间等指标进行衡量,还是从旅游与其他产业或行业的融合程度、创造的就业岗位多少等指标进行评价,这些乡村的旅游业发展规模都还很小、发展水平都还很低,仍然处在发展的初级阶段,实力不强,带动作用较弱,无法承担乡村旅游增长极的角色。众所周知,旅游业是一个高投入、缓回报、长周期的产业,一个区域除非拥有"孤品"或"绝色"资源,一般很难自我成长为具有强大竞争力的旅游地。因此,有选择、有重点、有针对性地打造少数几个增长极,是信阳市乡村旅游快速、持续发展的当务之急。

(三)品牌资源挖掘不力,"卖点"不多且层次偏低

第一,开发方式单一。信阳市乡村旅游过于倚重田园风光、农事活动,以欣赏、采摘为主,没有从播种、管理到收获全链条发挥休闲农业的旅游价值;在时代性方面,缺乏"现代"与"超现代"因素的植入,创意农业、精致农业、科普农业等新型业态偏少。在文旅融合方面,以浅层次、碎片化、走马观花式的"看"与"听"为主,没有把乡村自然生态与信阳市特色农耕文化、乡村聚落、乡村建筑、乡村民俗、乡村服饰、乡村饮食等人文元素有机结合起来,进而深度挖掘开发文化旅游产品,也没有实现商务会展业、健康养生业、文化创意业、体育运动

业与原生原长、土乡土色之民俗文化的有效嫁接,导致文旅产品似有若无、文化活动单调乏味。

第二,品牌资源利用不够。信阳市特色资源种类多,但其最靓丽的名片则是信阳茶。信阳毛尖茶历史悠久、享誉全球,1915年即获国际博览会金奖,是中国十大名茶之一。按照"因地制宜、发挥优势,有所为、有所不为"的原则,信阳市理应充分利用、深度挖掘这一优势,大力促进茶旅融合,全方位打造茶旅游品牌。然而,长期以来信阳市乡村旅游发展在资源利用方面"面面俱到"、重点不聚焦,茶旅游发展层次不高、形式单一,手段缺乏创新、内容缺乏延展、深度挖掘不够,没有很好地向健康、运动、美容、摄影、露营、迷宫等领域延伸,开展的主要活动仅有一年一度的节会,为数不多的体验活动也存在规模太小、环节太少等问题,特点没有成为卖点,品牌优势没有转化为市场优势。

第三,"三少一短"特征突出。一是娱乐项目少,大部分娱乐项目局限于骑人力车、品农家饭及偶尔观看演出,缺乏"情""奇"要素的植入,不能迎合"娱乐至上"的现代人特性;二是体验项目少,主要的体验项目是农产品采摘与农具使用,吸引力不强,不能满足游客的参与需要;三是旅游商品少,种类单一,且地方特色不鲜明,很容易被替代,尤其缺乏拥有社交价值的旅游纪念品,难以让游客对信阳市乡村旅行形成深刻的印象与记忆;四是旅游旺季短,受农业生产的季节性影响,加之缺乏其他项目的有效补充,信阳市乡村旅游流在时间上高度集中,尽管近几年也通过桃花节、油菜花节、插秧节、徒步大会、国际马拉松比赛等节事活动来拉动旅游业发展,但由于品牌效应不够、时间分布不合理,单靠这些活动很难稳定旅游流、延长旅游时间。

(四)配套服务严重滞后,公共产品供给短板突出

影响劳动力回流及其稳定性的因素很多,既有经济因素也有非经济因素。调查显示,基础教育等公共服务及相关设施不足,对农业劳动力稳定回流的阻滞作用越来越凸显。

一是学前与小学教育设施不足、水平不高。由于可以在校寄宿,农户一般会选择将子女送到教育质量较好的乡镇中学或县城中学就读,因而乡村中学状况如何对农业劳动力回流影响不大。相比较而言,学前与小学教育就大不相同,它需要家长更多陪伴,需要就近入学。随着经济社会的快速发展,人们客观上对教育质量的要求越来越高,主观上对就读学校的选择具有典型的"从

众心理"。现阶段,信阳市绝大多数乡村小学教育规模小、设施落后、师资力量薄弱,尽管近年来大力实施"特岗教师"与"全科教师"制度,但一心扎根乡村小学的教师很少,年轻教师流失率高,教育质量难以有效提升。受此影响,更多的农户就不得不把子女送到城镇学校就读,这势必会大大增加教育的心理成本与时间成本。与此同时,多数乡村要么没有幼儿园,要么条件较差,学前教育投入远远不能满足需要。

二是公共卫生与基本医疗服务供给不足。虽然信阳市乡村按照统一标准均建有卫生室,但卫生室医疗设施简单,医护人员数量少、年龄大、水平低,只能进行常见病的问诊与治疗,农民对其信任度也较低。相比较而言,人们更倾向于在医疗卫生条件较好的县城生活。

三是文化娱乐设施匮乏。由于有外出务工经历,回流劳动力尤其是年轻劳动力,对文化娱乐生活有着更高的期待与要求。虽然在美丽乡村建设及旅游业发展的推动下,信阳市乡村的文化娱乐设施有所增加、相关活动有所增多,但仍然存在数量偏少、类型单一、层级偏低等突出问题。至于各地普遍建设的村级文化广场,受条件限制及组织不力的影响,难以对青年人产生足够的吸引力。调研也发现,68.0%的受访者对乡村文化娱乐生活不满意。

四、促进信阳市农村劳动力稳定回流的建议

(一)更好地发挥政府作用,着力解决目的地管理中的关键问题

一是明确信阳市区域发展战略定位,为乡村旅游发展奠定良好的环境条件。乡村旅游业是国民经济体系的一部分,一般来说,区域经济发展水平越高,乡村旅游的发展水平也越高。我国目前在空间上实施的是"块状"与"带状"相结合的点轴开发与带动战略,"一带一路"与"长江经济带"是国家重点打造的经济发展支撑带。信阳市一直以来就是武汉的经济腹地,且近年来武汉的发展要素呈现加快外溢的态势。信阳市应充分利用这一有利条件,主动融入长江经济带,以促进全市发展水平的整体提升,进而带动乡村旅游的高质量发展。二是合理确立旅游目的地发展目标,科学引领信阳市乡村旅游健康发展。目前,我国旅游业正加速从观光游向休闲游过渡,信阳市应顺应这一发展态势,根据自身区位特点、资源优势,并结合战略性、全局性、前瞻性要求,把信

阳市打造为"大别山区核心地带休闲度假国际旅游目的地",进而在目的地建设中实现乡村旅游快速发展。三是尽快打造旅游目的地宣传口号,强力提升信阳市乡村旅游公众知晓度。一个简洁、生动、贴切的旅游宣传口号是做大做强旅游产业的关键所在。建议面向全球征集信阳市旅游宣传口号。征集口号的过程也是宣传推介的过程,因此口号征集应有一定的时间跨度,应有抓住眼球的资金投入,以全方位提高信阳市乡村旅游的吸引力。

(二)尊重区域发展规律,加快培育乡村旅游开发的空间重点

信阳市乡村旅游发展,既要全域推进、遍地开花,更要重点突破、以点带面。现阶段,须加大力度遴选与培育区域增长极,充分发挥其聚集与辐射作用,带动与促进全市旅游产业快速发展,为吸引与稳定劳动力回流奠定坚实的物质基础。在空间布局上,每个县区以1~2个为宜,新县、商城县、浉河区等3个国家全域旅游示范区或创建单位可适当多一些,但也不宜超过3个。在遴选条件上,应优先考虑区位条件好,旅游资源丰富且地方特色鲜明,有一定的发展基础尤其拥有诸如"国家休闲农业与乡村旅游示范点""全国特色景观旅游名村""中国美丽休闲乡村""中国传统村落"等国家级名片的乡村。据此,平桥区的郝堂村,新县的田铺大湾、西河湾,商城县的里罗城等是较为合适的乡村旅游增长极培育对象。在培育路径上,应坚持"市场主导、政府引导、社会共治"的基本原则,在充分发挥市场主体的作用的同时,政府必须有所作为,要通过规划引领、政策支持、资金扶持助力增长极形成,政策着力点应放在基础设施建设、旅游目的地推介、人才培养与引进、良好营商环境打造、公共服务供给等方面。

(三)把握消费需求特点,有效对接产品"卖点"与游客"买点"

一是充分发挥资源优势,加快农旅融合,增强"二次消费"吸引力。立足信阳地处南北过渡地带、地貌类型多样、降水充沛、河湖密布、农业种质资源丰富、农林牧渔历史悠久的基本区情,牢牢把握我国现阶段实施乡村振兴战略、推进农业现代化的政策机遇,坚定地走"农旅融合"之路,让传统与现代交融,使历史与未来对接,以观光农业、休闲农业、体验农业、设施农业引领旅游产业发展,以生态旅游、民俗旅游、研学旅游、农耕文化游助推农业迈上"绿色、高效、安全"生产的新台阶。二是植入情感因素,凸显社交价值,满足游客冲动性

消费需求。一般来说,游客消费多数属于冲动性行为,这是一种即兴自发的、无意识的非计划性购物行为,往往具有较强的情感因素。同时,人们在购买高溢价产品时,考虑更多的是功能体验之外的社交价值。据此,在具体实践中,首先应仔细梳理、总结提炼出能体现信阳市乡村特色的内容,然后结合当下的话题、风格、色彩与款式等流行趋势,创作基于情感与社交的 IP 视觉形象与内容,并按照人格化演绎思路,开发具有话题谈资、个性表达、情感兴趣等特征的 IP 商品,引导人们在情感体验、情感认同与情感触动中进行冲动式消费。

(四)统筹公共产品供给,不断增强对乡村回流人口的黏附力

义务教育、公共卫生与基本医疗、社会保障及娱乐设施的健全与完善,归根结底取决于区域经济发展水平,只有夯实产业发展基础,才能聚集"人气",也才能为社会事业发展提供最低的门槛条件。当然,这并非意味着政府无可作为。相反,它为更好地发挥政府作用提供了大有作为的空间:一是高度重视基本公共服务供给及相关配套设施建设,强化其对乡村旅游及劳动力稳定回流的拉动作用。二是推动医疗卫生资源下沉,健全县(区)、乡(镇)、村三级公共卫生服务体系,夯实村卫生室的基础地位。采取有效激励措施吸引农村生源地的医学专业毕业生回乡就业,不断壮大医疗队伍。同时完善支农医疗卫生机制,促进城乡医务人员交流互访,实现专家下乡诊疗与讲座常态化、基层医务人员到专业机构学习与培训日常化,全面提升农村公共卫生人员业务水平。三是大力扶持乡村学前与小学教育,在物质待遇与职称晋升上加大激励力度,多措并举稳定乡村小学师资队伍,同时出台制度,把一定年限的乡村基层工作经历作为高级职称评定的必要条件。此外,盘活乡村小学空置场地,实施小学、幼儿园一体化教育。四是以税收减免的方式,鼓励旅游经营企业加大公共设施建设力度,把娱乐设施、娱乐项目打造成为旅游吸引物,开发为旅游产品,并实现与当地居民的共建共享。

五、本章小结

近年来,蓬勃发展的信阳市乡村旅游有效吸引了劳动力回流,促进了农村人口就地就近转移,从而形成了旅游驱动模式。对 5 个代表性乡村的调查显

示,在旅游业的带动下,信阳市农村劳动力回流规模呈现上升态势,但回流有趋缓的迹象。回流劳动力在乡村旅游中的就业呈现多元化特征,餐饮服务、住宿服务、旅游商品(土特产品)销售、休闲农业种植等占比较高。获得"人岗相适"的就业机会,拥有较高的综合与相对收益,实现乡村生产方式"非农化"与农民生活方式城镇化,是劳动力回流的主要动因。影响信阳市农村劳动力稳定回流的旅游发展问题包括:目的地开发意识不强,乡村旅游缺乏战略引领;针对性培育力度不够,乡村旅游增长极尚未形成;品牌资源挖掘不力,"卖点"不多且层次偏低;配套服务严重滞后,公共产品供给短板突出。据此,应采取四项措施促进农村劳动力稳定回流:更好地发挥政府作用,着力解决目的地管理中的关键问题;尊重区域发展规律,加快培育乡村旅游开发的空间重点;把握消费需求特点,有效对接产品"卖点"与游客"买点";统筹公共产品供给,不断增强对乡村回流人口的黏附力。

第十章
农村人口就地就近转移的产业生态化个案分析

  产业发展是农村人口就地就近转移的必备条件,而坚持生态优先、绿色发展,是协同推进经济高质量发展和生态环境高水平保护的客观需要,是贯彻以人民为中心发展思想的必然要求,是不断满足人民日益增长的美好生活需要的科学道路,也是以"中国式现代化"推进中华民族伟大复兴、建成社会主义现代化强国的重要途径。信阳市是大别山革命老区,为中国革命做出了重要贡献,其绿色转型有利于加强生态建设和环境保护,有利于增强老区自我发展能力,缩小区域发展差距,对于推动欠发达地区的现代化进程具有示范意义。

  习近平总书记强调要"着力建设绿色发展的美丽中部""实现中部绿色崛起"。信阳市区位优势独特,生态地位重要,旅游资源丰富,产业特色突出,拥有绿色崛起的有利条件。因此,加快推进生产方式的绿色低碳循环转型、促进产业绿色崛起高质量发展,是实现大别山革命老区振兴发展的必由之路,是引导农村人口就地就近转移的重要产业支撑。

一、信阳市产业生态化水平评价及演化分析

  推进产业生态化是经济高质量发展的必然要求,也是拓展农村人口就地就近转移空间的重要手段。产业生态化包含了自然、社会和经济发展三者之

间的协调发展关系,围绕"绿色、高效、可持续"的目标进行,即通过将特定区域内利益相关的产业、企业主体纳入一个封闭的生态循环系统,在生态经济和循环经济理论的指导下,产业生态系统内部创新融合发展,实现产业生产的资源吸收和产业活动废物的自我代谢的循环过程。因此,低消耗、可循环、有创新、多融合、显集约是产业生态化的显著特征。

根据产业生态化的内涵及特性,其发展水平涉及经济、社会、自然等多个方面的综合协调,因此有必要利用科学全面的评价指标体系和方法对信阳市的产业生态化水平进行客观评价,深度剖析信阳市产业生态化水平的动态演进情况,以了解信阳市产业生态化的现状和可能存在的问题。在此基础上,结合信阳市经济、社会及自然环境的实际情况,制定提升产业生态化水平的策略。

(一)信阳市产业生态化水平评价方法

1. 评价模型

根据以上论述的产业生态化的内涵及特性,产业生态化包含了自然、社会和经济之间的协调发展关系。经济合作与发展组织(Organization for Economic Cooperation and Development,OECD)提出的压力—状态—响应(Pressure—Status—Response,PSR)模型能较好地体现这三者间的协调互动关系。该模型认为人类的经济活动会对资源环境和人类社会产生压力(P);这些压力将改变环境的质量或自然资源的数量(S);同时,人类社会会采取一定的措施对这些改变做出反应(R),以恢复环境质量或防止环境退化。如此循环,形成了人类经济活动、自然环境与社会活动之间在压力—状态—响应三个环节之间相互作用的关系。因此,我们将根据该模型建立信阳市产业生态化评价指标体系的框架。同时,产业生态化具备低消耗、可循环、有创新、多融合、显集约五大特征。因此,经济发展情况、资源投入情况、废物排放情况、代谢循环情况、融合发展情况、创新发展情况、集约发展情况等都是评价产业生态化水平的重要指标。

结合PSR模型和产业生态化的特征,可建立如图10-1所示的信阳市产业生态化评价模型。

信阳市的经济发展需要资源投入,同时会排放废物。这些经济活动在带来经济效益的同时,也给信阳市自然环境带来了压力。为了应对这些压力,信阳社会（包括政府和民间等）采取一些措施，如融合发展、创新发展、集约发展等，以促进代谢循环。通过代谢循环恢复的自然环境又能为经济的进一步发展提供充足的资源。在这种经济活动、自然环境、人类社会的不断协调循环中，产业生态化水平得到不断提升。

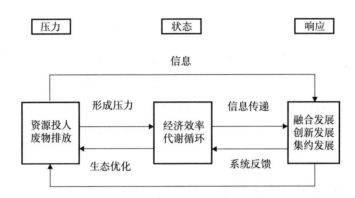

图 10-1 产业生态化评价模型

2.评价指标体系

基于客观性、全面性、层次性、动态性和可行性原则，结合上文建立的产业生态化评价模型，我们从目标层（A）、准则层（B）、指标层（C）、具体指标层（D）四个层次建立了信阳市产业生态化水平评价指标体系。在具体指标选择上，我们参考了已有研究中常用的指标，并结合信阳市数据的可得性进行了选择，具体见表10-1。

表 10-1 信阳市产业生态化水平评价指标体系

目标层	准则层	指标层	具体指标层	方向
产业生态化水平A	压力B1	资源投入C1	固定资产投资额 D1	+
			地区综合能源消费量 D2	+
			城市建成区面积 D3	+
		废物排放C2	单位GDP工业废水排放量 D4	−
			单位GDP工业废气排放量 D5	−
			单位GDP工业固体废物排放量 D6	−
	状态B2	经济效率C3	GDP增长率 D7	+
			失业率 D8	−
			居民可支配收入 D9	+

续表

目标层	准则层	指标层	具体指标层	方向
产业生态化水平A	状态B2	代谢循环C4	工业固体废物综合利用率D10	+
			环境污染治理投资占比D11	+
			城市污水处理率D12	+
	响应B3	融合发展C5	第三产业产值占GDP比重D13	+
			产业关联度D14	+
			高新技术产业产值占比D15	+
		创新发展C6	R&D经费占GDP比重D16	+
			教育经费占GDP比重D17	+
			高技术产品产值占GDP比重D18	+
		集约发展C7	产业集聚度D19	+
			能源消费弹性系数D20	−
			建成区绿化覆盖率D21	+

（二）信阳市产业生态化水平及其演化

1. 数据来源

选择信阳市2011—2021年的数据来测度产业生态化水平。数据主要来自《河南统计年鉴》《河南省环境统计年报》，以及信阳市国民经济和社会发展统计公报等。对于部分缺失数据，采用回归插补法填补。具体指标含义及计算方法见表10-2。

表10-2 评价指标计算方法及单位

具体指标层	指标含义及计算方法	单位
固定资产投资额D1	全社会固定资产投资额	万元
地区综合能源消费量D2	综合能源消费量	万吨标准煤
城市建成区面积D3	城市建成区面积	平方千米
单位GDP工业废水排放量D4	工业废水排放量/GDP	万吨/亿元
单位GDP工业废气排放量D5	工业废气排放量/GDP	亿立方米/亿元
单位GDP工业固体废物排放量D6	工业固体废物排放量/GDP	万吨/亿元
GDP增长率D7	GDP增长率	%
失业率D8	城镇登记失业率	%
居民可支配收入D9	全年居民人均可支配收入	元

续表

具体指标层	指标含义及计算方法	单位
工业固体废物综合利用率 D10	工业固体废物综合利用率	%
环境污染治理投资占比 D11	环境污染治理投资/GDP	%
城市污水处理率 D12	污水处理厂集中处理率	%
第三产业产值占 GDP 比重 D13	第三产业产值/GDP	%
产业关联度 D14	第三产业拉动率	%
高新技术产业产值占比 D15	高新技术产业主营业务收入/GDP	%
R&D 经费占 GDP 比重 D16	R&D 经费内部支出/GDP	%
教育经费占 GDP 比重 D17	教育支出/GDP	%
高技术产品产值占 GDP 比重 D18	高技术产品出口交货值/GDP	%
产业集聚度 D19	赫芬达尔-赫希曼指数（HHI指数）	—
能源消费弹性系数 D20	能源消费弹性系数	%
建成区绿化覆盖率 D21	建成区绿化覆盖率	%

需要注意的是，产业关联度可以表示为三次产业对GDP的拉动。由于目前信阳市第三产业已经占GDP中最大的比例，因此产业关联度以第三产业拉动率来体现。另外，产业集聚度只是对工业集聚度的测算，以每年工业生产总值排名前五位的区县数据计算赫芬达尔-赫希曼指数（HHI指数）。

2. 指标权重

根据整理后的各指标数据，我们计算得到了各个指标的信息熵、差异性系数和指标权重，如表10-3所示。

表10-3 各指标信息熵、差异性系数及权重

一级指标	二级指标	熵值	差异性系数	二级指标权重	一级指标权重
资源投入 C1	固定资产投资额 D1	0.995	0.005	0.068	
	地区综合能源消费量 D2	0.991	0.009	0.036	0.154
	城市建成区面积 D3	0.994	0.006	0.050	
废物排放 C2	单位GDP工业废水排放量 D4	0.991	0.009	0.042	
	单位GDP工业废气排放量 D5	0.995	0.005	0.036	0.123
	单位GDP工业固体废物排放量 D6	0.994	0.006	0.045	

续表

一级指标	二级指标	熵值	差异性系数	二级指标权重	一级指标权重
经济效率 C3	GDP增长率D7	0.997	0.003	0.081	0.201
	失业率D8	0.996	0.004	0.041	
	居民可支配收入D9	0.994	0.006	0.079	
代谢循环 C4	工业固体废物综合利用率D10	0.991	0.009	0.024	0.102
	环境污染治理投资占比D11	0.993	0.007	0.032	
	城市污水处理率D12	0.997	0.003	0.046	
融合发展 C5	第三产业产值占GDP比重D13	0.998	0.002	0.069	0.184
	产业关联度D14	0.992	0.008	0.067	
	高新技术产业产值占比D15	0.994	0.006	0.048	
创新发展 C6	R&D经费占GDP比重D16	0.994	0.006	0.036	0.120
	教育经费占GDP比重D17	0.990	0.01	0.040	
	高技术产品产值占GDP比重D18	0.992	0.008	0.044	
集约发展 C7	产业集聚度D19	0.996	0.004	0.042	0.116
	能源消费弹性系数D20	0.997	0.003	0.029	
	建成区绿化覆盖率D21	0.993	0.007	0.045	

从一级指标权重看,经济效率、融合发展和资源投入的权重较大,分别为20.1%、18.4%和15.4%,一级指标代谢循环的权重仅为10.2%。这表明研究期内信阳市产业生态化水平提升的主要动力来源于经济增长和资源投入,但经济水平的提高并没有带来相匹配的环境正外部性。一级指标创新发展和集约发展的权重分别为12.0%和11.6%,说明创新发展和集约发展在信阳市产业生态化中的作用还不是很突出。

从二级指标权重看,对信阳市产业生态化影响较大的因子有GDP增长率(8.1%)、居民可支配收入(7.9%)、第三产业产值占GDP比重(6.9%)、固定资产投资额(6.8%)。这表明研究期内信阳市在这些方面取得了较为明显的进展。而工业固体废物综合利用率(2.4%)、能源消费弹性系数(2.9%)、环境污染治理投资占比(3.2%)对信阳市产业生态化的影响较小。这表明研究期内信阳市在这些方面取得的进展不太明显。

3. 评价结果

根据上文处理后的数据和计算得到的指标权重,得到信阳市2011—2021年的产业生态化整体水平及其在"压力—状态—响应"三个方面的情况,具体如表10-4所示。

表10-4 信阳市2011—2021年产业生态化水平

年份	压力得分	状态得分	响应得分	产业生态化总得分
2011年	0.0112	0.0070	0.0079	0.0262
2012年	0.0147	0.0116	0.0072	0.0336
2013年	0.0132	0.0217	0.0104	0.0454
2014年	0.0213	0.0186	0.0205	0.0605
2015年	0.0248	0.0201	0.0286	0.0736
2016年	0.0305	0.0195	0.0391	0.0892
2017年	0.0279	0.0245	0.0658	0.1183
2018年	0.0270	0.0249	0.0731	0.1251
2019年	0.0266	0.0306	0.0856	0.1429
2020年	0.0330	0.0385	0.0949	0.1666
2021年	0.0302	0.0432	0.0942	0.1677

1)信阳市产业生态化水平逐年提升

根据表10-4,我们绘制出了信阳市2011—2021年产业生态化水平的变动趋势,如图10-2所示。

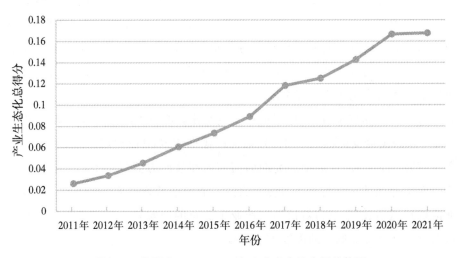

图10-2 信阳市2011—2021年产业生态化水平趋势图

从图10-2可以看出,2011—2021年,信阳市产业生态化水平逐年提升。从最初的0.0262提升到2021年的0.1677。其中,2016年到2017年表现出了明显的加速提升,这主要得益于绿色新兴产业得到了较大发展。如2017年在全市工业增加值增长4.3%的背景下,高耗能产业仅增加了0.6%。其中,绿色新兴产业如计算机、通信和其他电子设备制造业增加值增长了13.2%,医药制造业增加值增长了15.6%。同时,信阳市产业集聚发展取得了较大进展。如2017年全市产业集聚区规模以上工业企业增加值较2016年增长了8.3%,占全市规模以上工业企业增加值的82.6%。

另外,2020年到2021年,信阳市产业生态化水平表现出了增长放缓的态势,从0.1666仅提升到0.1677,几乎可以忽略。这主要是因为该年度高耗能产业增长迅猛,而绿色新兴产业增长较往年放缓。如高耗能产业增加值在2020年增长2.1%的背景下,2021年增长了8.1%;而绿色新兴产业在2020年增长15.4%的背景下,2021年仅增长了6.9%。同时,全市产业集聚发展放缓。如全市产业集聚区规模以上工业企业利润总额在2020年增长1.6%的背景下,2021年下降了5.1%。

2)信阳市产业生态化压力得分存在波动

根据表10-4内容,我们绘制出了信阳市2011—2021年产业生态化压力维度的变动趋势,如图10-3所示。

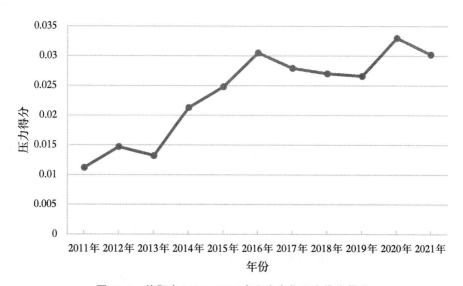

图10-3　信阳市2011—2021产业生态化压力维度得分

整体来看,在2011—2021年,信阳市产业生态化压力维度的得分表现出上升趋势,说明产业生态化的压力在不断增加。造成这种趋势的原因主要有两个:一方面,这10年间信阳市固定资产投资一直保持上升势头,城市建成区面积也在不断扩大,这说明在经济发展中,投入的资源在不断增加;另一方面,废水、废气、固体废物等的排放量整体也在增加,特别是2013—2016年,这种增加趋势更为明显。

从波动上看,信阳市产业生态化压力得分在2014年和2020年表现出了两次较为明显的上升趋势,说明产业生态化的压力在这两年有较大幅度增加。如在2014年,全社会固定资产投资比上年度增长了17.6%。其中,工业投资增长了31.7%。同时,综合能源消费量比2013年增长了3.6%。这些指标的增长导致2014年产业生态化压力显著增加。

3)信阳市产业生态化状态得分逐渐向好

根据前述内容,我们绘制出信阳市2011—2021年产业生态化状态维度的变动趋势,如图10-4所示。

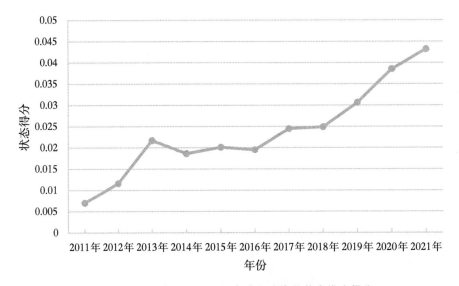

图10-4 信阳市2011—2021年产业生态化状态维度得分

从图10-4可以看出,2011—2021年信阳市产业生态化状态维度得分逐年增加,说明这10年间,信阳市在经济效率和代谢循环上一直在进步和完善。一方面,这10年间,信阳市GDP和居民可支配收入一直保持增长势头,如2013年信阳市GDP增长了9.1%,农村居民人均纯收入增长了13.9%,城镇居民人均可支配收入增长了11.0%。另一方面,信阳市在工业废物综合利用率、环境污染治理等方面也在不断提高和加强,如2017年信阳市工业废物综合利用率提升了3.1%。

4)信阳市产业生态化响应得分有明显增加

这里进一步绘制出信阳市2011—2021年产业生态化响应维度的变动趋势,如图10-5所示。

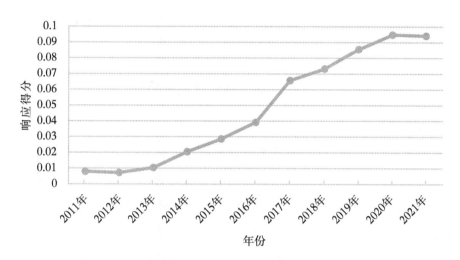

图10-5　信阳市2011—2021产业生态化响应维度得分

从图10-5可以看出,在2011—2021年,信阳市产业生态化响应维度得分有明显提升,说明这10年间,信阳市在融合发展、创新发展和集约发展上取得了明显改善。如2017年在GDP增长6.7%的背景下,信阳市第三产业增加值增长了10.6%,远高于第一和第二产业的增长速度,并且其对GDP增长的贡献率也达到了58.3%。另外,在工业增加值增长4.3%的背景下,该年度高技术产业增加值增长了12.4%,远高于五大主导产业和传统支柱产业的增长速度,这些都导致了2017年的响应得分较2016年有了显著增加。

二、信阳市产业生态化存在的问题

根据上文对信阳市在2011—2021年的产业生态化水平测度及演进的分析,发现信阳市产业生态化水平得到了明显的提升,但也存在一些不足。

（一）产业生态化水平偏低

2011—2021年，信阳市产业生态化水平得到了明显提升，从最初的0.0262提升到2021年的0.1677；但整体水平仍然偏低，2021年的产业生态化水平得分仅为0.1677。另外，经测算发现，信阳市产业生态化水平提升的主要动力来源于经济增长和资源投入，但经济水平的提高并没有带来相匹配的环境正外部性。造成这一问题的主要原因是产业结构没有实现很好的绿色转型，高耗能产业占比仍较高，而绿色新兴产业占比较低。

（二）废物排放控制和代谢循环水平提升较慢

从测算得到的各指标权重发现，废物排放控制和代谢循环水平两个维度的指标权重较低，如工业固体废物综合利用率权重为2.4%、能源消费弹性系数权重为2.9%、环境污染治理投资占比权重为3.2%。这说明2011—2021年，相较其他方面，信阳市在这些指标上的发展较为缓慢。造成这一问题的主要原因是工业企业的技术改造不够彻底，环境污染治理力度还需加强。一方面，工业企业，尤其是高耗能产业企业在生产技术和工艺上没有进行深度的技术改造，使得工业废物排放量、能源消费弹性、工业废物利用等方面提升不明显。另一方面，政府在环境污染监察和治理等方面的工作力度不够大，社会在环境污染治理上的投入增长缓慢，也给产业生态化的提升带来了不好的影响。

（三）创新发展和集约发展还需再加速

从测算得到的产业生态化响应维度的变动趋势看，信阳市2011—2021年在融合发展、创新发展和集约发展上取得了明显增长，特别是从2017年开始，响应水平有了较大提升。但从测算的指标权重上可以发现，创新发展和集约发展的整体水平还是较低，如一级指标创新发展和集约发展的权重分别为12.0%和11.6%，处于较低位置，说明这10年间，创新发展和集约发展在信阳市产业生态化中的作用不是很突出。造成这一问题的主要原因是高新技术产业占比较低和研发投入占比不高。一方面,由于高技术产业在信阳市整个产业结构中占比较低,高技术产业产值和高技术产品产值占GDP的比重都处于一个较低的位置。另一方面,全社会研发投入占比也较低,这在一定程度上又阻碍了高技术产业产值的增长。

三、产业生态化的国内外经验及启示

(一)发达国家促进产业生态化的做法

1. 瑞士促进产业生态化的做法

瑞士是中欧国家,全境以高原和山地为主,有"欧洲屋脊"之称。2020年,瑞士人均GDP为85996美元,是欧洲较富裕的国家之一;同时,瑞士的生态环境保护做得也非常好,2020年环境EPI比率达到87.42,位列世界前三。在制造产业方面,瑞士制造业主导产业为机械制造、化工、医药、高档钟表、食品加工、纺织工业;主要出口产品包括化工产品、机电设备、精密仪器和钟表等。为了促进产业生态化发展,瑞士采取了以下一些做法。

第一,努力提高产业附加值。由于瑞士国土面积较小、人口较少,其资源禀赋较为薄弱,国内市场较为狭小,因此其大力发展高、精、尖产业,如机电金属业、化工医药业、精密制造业等,这些行业产品体积小、科技含量高、附加值大、品牌效应明显。

第二,通过研发投入推动产业创新。在世界范围内,瑞士在专利申报、研发领域都名列前茅。瑞士是世界上人均科研费用较高的国家之一,每年研发投入总额高达上百亿瑞士法郎,约占国内生产总值的2.7%。这些研发经费中,来自政府和科研机构的投入仅约占四分之一,来自企业的研发投入远远高于政府,约占研发费用总额的80%。科技创新和研发使机电金属、化工医药、钟表制造业等新兴工业产品附加值大大提升,一些环境保护的新工艺和新技术投入使用也改善了瑞士的生态环境。为了更好地激发产业创新活力,瑞士政府制定各项政策鼓励科研创新,颁布《研究与创新促进法》推动科研与创新的具体实施,联邦技术和创新委员会从隶属联邦经济部的职业教育与技术局独立出来,成为专司创新促进的联邦机构;优化公共资金的使用和投入,综合使用税收政策、政府补贴和政府采购等手段促进企业创新和研发投入。

第三,通过职业教育和培训体系完善人才支撑。瑞士职业教育和培训体系十分发达,大多数学校以市场为导向,通过体制改革和调整专业设置,满足经济社会发展需要。瑞士很早就开始从改革中等教育入手,力求克服教育和现代生产经济相脱节的现象,先培训后就业,未经培训不得就业已经成为一种制度,如旅游、金融、运输等行业均有专门的职业技术学校(如洛桑酒店管理学院)培养和训练专门人才,以提高从业人员的基本技能、管理经验和道德水平。九年义务教育之后,进入大学深造的学生人数很少,约70%的学生进入职业学校学习,大大增加了技术人才和实用人才的数量。同时,瑞士政府制定了《联邦职业教育法》,使职业教育的资金投入和行政管理拥有了重要的法律保障。

第四,扶持中小企业海外扩张。由于瑞士国内市场狭小,瑞士企业国际化程度很高,政府不仅鼓励跨国企业海外投资,更加重视推动中小企业发展。瑞士联邦经济部经济事务局专门设有中小企业政策科,用以改善与中小企业相关的经贸环境;通过设立区域性的商业担保合作社帮助中小企业取得创业资本;通过瑞士外交部驻外使领馆协助中小企业厂商扩展海外市场等。中小企业的蓬勃发展也为瑞士的优势产业增添了活力,形成了中小企业与跨国企业和谐互动的良性局面。

2.新加坡促进产业生态化的做法

新加坡是东南亚的岛国,是"亚洲四小龙"之一,2021年人均GDP7万美元左右,属于较富裕的国家。新加坡是外贸驱动型经济,以电子制造、石油化工、金融、航运、服务业等为主。同时,新加坡因"花园城市"的美称闻名世界,高度的绿化率和宜居性使其被评为"亚洲生活品质最高"的城市。为了促进产业生态化发展,新加坡采取了以下一些做法。

第一,全力优化营商环境。新加坡常年在世界银行营商报告中位列第一或第二。为了提升自己的营商环境,新加坡政府一方面为使跨国企业投资更加便利,设立了一站式服务机构,使投资者不需要跟众多的政府部门打交道。与企业经营相关的一切事务,不论是用电、用水、环保、消防,还是土地等,均由一个机构统一完成;另一方面,进一步完善了基础设施建设,构建安全的金融体系,规划设计功能完备的工业园区,采取措施奖励出口等。这一切都要求政府核心人员具有高度的国际化视野、阅历和能力,并且这些核心人员在加入政府之前，都已在各自的行业取得了骄人的成绩，他们并非只有单纯理论知识的政务人员。

第二，大力促进制造业转型升级。新加坡一直将促进制造业转型升级置于国家产业政策的核心地位，并始终将技术升级作为制造业转型升级的主要抓手。一方面，新加坡政府借鉴瑞典、芬兰、以色列的研究型、创新型和创业型的发展模式，制定科技发展的战略目标、重点资助产业和核心资助计划，不断加大科技研发投入，推动研究开发和创新创业，创立国家级实验室和研发中心，逐步完善国家的创新体系。另一方面，新加坡政府密切跟踪国际科技前沿，聚焦"工业4.0"的新兴产业技术，实施产业转型计划及其配套措施，以加快迈向"工业4.0"时代。

第三，注重中小企业的主体作用。新加坡政府制定了中小企业数字化计划，推出鼓励和资助中小企业和跨国公司转型的措施，设立了大学的企业实验室，从而为企业采用新技术创造了有利条件。

（二）我国代表性地区产业生态化的做法

1. 福建宁德促进产业生态化的做法

宁德市位于福建省东北翼沿海，地形以丘陵山地为主。2021年，宁德市GDP为3151.08亿元，人均GDP超10万元；锂电新能源、新能源汽车、不锈钢新材料、铜材料四大主导产业增加值同比增长59.1%，占全市规模以上工业增加值比重达78.3%。同时，宁德在环境保护上也取得了很好的成绩。全市森林覆盖率达69.98%，荣获"国家森林城市"、中国"绿都"称号，省级森林县城、园林县城实现全覆盖；宁德"清海"经验全国推广。宁德主要采取了以下一些做法来促进产业生态化发展。

第一，推动主导产业扩能延链。根据主导产业的发展需求，支持其在本地扩大产能。2021年，针对锂电新能源产业，投产和在建电芯产能达295GWh；针对铜材料产业，中铜40万吨铜冶炼项目满产超产，3个铜铝精加工项目落地。同时，积极发展主导产业的配套产业。2021年，为配套锂电新能源产业，宁德市配套项目建成投产14个、在建17个；为配套不锈钢新材料产业，配套项目建成投产9个、在建16个。

第二，推动传统产业稳步转型。2021年宁德市实施省市重点技改项目112项、数字化项目20项，推广应用智能机器人、智能检测设备等先进装备130

台(套)。同时,大力发展特色鲜明的"小微园",大力支持中小微企业发展壮大,并为其提供科技、金融等一条龙服务。

第三,持续完善营商环境。2021年,宁德市全国首设"事难办"处理窗口,117项高频事项实现跨省通办,"一件事"集成套餐服务事项达129个,"一趟不用跑"事项占比达82.9%,全程网办事项比例达88%。

2. 浙江丽水促进产业生态化的做法

丽水市位于浙江省西南部,地形以丘陵山地为主。2021年丽水市GDP为1710.03亿元,人均GDP为6.80万元(按常住人口计算)。2021年,该市半导体全链条、精密制造、健康医药、时尚产业、数字经济五大主导产业集群的增加值较5年前增长了80.4%,占规上工业增加值的63.7%。同时,丽水是国家生态文明建设示范区、中国森林城市、中国优秀旅游城市、国际休闲养生城市、浙江高质量发展建设共同富裕示范区首批试点之一。丽水主要采取了以下一些做法来促进产业生态化发展。

第一,围绕主导产业链招商引资。丽水市要求各级政府主要领导三分之一以上精力、园区平台主要负责人二分之一以上精力用于招引标志性大好高项目。同时充分利用在外分支机构,强化链式招商、以商引商、基金招商、专业招商,对重大战略性项目招引实行"一票评优"机制。

第二,通过"强链"提升产业核心竞争力。丽水市着力打造制造业绿色发展标杆地,实施产业基础再造和产业链提升工程,引育行业领军企业和"链主型"企业,建立"链长+链主"协同推进机制,培育特色标志性产业链、产业链上下游企业共同体,实施产业链协同创新项目。

第三,推进生态产品价值实现机制改革。丽水市以华东林交所为载体打造区域性生态产品交易中心,率先开展生态资源权益交易试点,探索贯通生态保护、增值、变现全过程的有效机制,进一步提升碳排放权、用能权、水权、林权、碳汇交易等市场交易的活跃度。

第四,大力推进生态环境治理。丽水市以"无废城市""污水零直排区"建设为抓手加快补齐环境基础设施短板,力争60%的县(市、区)达到"无废城市"标准。同时,丽水市坚持降碳、减污、扩绿、增长协同推进,防止"两高"项目盲目发展。建立能源平衡表工作体系,"先立后破"推进能源低碳转型;加快零碳低碳技术招引、研发和推广应用,组织实施重点节能减碳技改项目。

(三)国内外产业生态化先进经验的启示

综合以上发达国家和我国代表性地区在产业生态化方面的经验和做法,可以得到以下启示。

1. 充分发挥政府在产业规划和引导上的作用

根据本国或本地区的资源禀赋、传统经济等情况,政府要因地制宜地准确定位经济发展方向,保证本国或本地区经济中的主导产业与本国或本地区生产要素所允许的技术进步路线相匹配,因地制宜发展特色优势产业。同时积极结合国际产业发展大趋势,实现主导产业转型升级,延伸产业链,提高产品附加值。例如,瑞士将重点放在精密制造和金融服务上;宁德把重点放在锂电新能源、新能源汽车等产业上。

2. 构建以龙头企业为核心的产业集群

产业集群不但有利于降低产业发展成本,还可以加速技术、人才等资源的合理流动与配置,有效破解土地、资源和环境等制约因素,实现区域经济的全面协调可持续发展。构建以龙头企业为核心的产业集群,可以紧密带动配套企业、生产企业共同发展。例如,新加坡通过技术、资金等鼓励产业龙头企业带动中小企业一起发展;丽水通过建立"链长+链主"协同推进机制,助力行业领军企业和"链主型"企业快速发展。

3. 加大研发投入和人才培养

要持续加大研发投入和人才培养,鼓励高校与科研机构、企业开展深度合作,充分发挥产学研结合的创新动力,依靠科技进步,助推优势产业发展,形成产业竞争的绝对技术优势,为产业发展提供原动力。例如,新加坡不断加大科技研发投入,推动研究开发和创新创业,创立国家级实验室和研发中心,逐步完善国家的创新体系。

4. 持续提升环境治理水平

这里的环境治理包括营商环境治理和生态环境治理。

一方面,持续不断优化营商环境是引育产业发展的重要手段。例如,新加坡建立投资一站式服务机构、构建安全的金融服务体系等都是优化营商环境的具体举措;宁德在全国首设"事难办"处理窗口,实现"一件事"集成套餐服务事项达129个,"一趟不用跑"事项占比达82.9%。

另一方面,持续提升生态环境治理能力。例如,瑞士重点扶持循环经济建设,鼓励企业运用清洁生产技术,改造能耗高、污染重的传统产业,淘汰落后产能等;丽水率先开展生态资源权益交易试点,探索贯通生态保护、增值、变现全过程的有效机制,进一步提升碳排放权、用能权、水权、林权、碳汇交易等市场交易的活跃度。

四、信阳市产业生态化的促进路径与建议

根据产业生态化的内涵,提升产业生态化水平的关键是在促进经济发展的同时实现"一加一减"。其中,"一加"指增加代谢循环能力,"一减"指减少资源投入和废物排放。结合信阳市产业生态化发展的实际情况,借鉴发达国家和我国代表性地区的先进经验,可以从以下几个方面开展工作以促进信阳市产业生态化水平的提升。

(一)加快提升中心城区首位度

聚集集约发展是产业绿色崛起的必然要求。现代产业发展对市场、技术、人才等要素环境有较高的要求,当科技创新、人才培养、资本运营、信息共享等产业支持系统不完善时,现代产业的发展将很难达到预期的效果。现阶段,信阳市的人口集中度还很低,不能提供现代产业的生长空间,也难以为产业生态化提供必要条件。2021年,信阳市中心城区常住人口为101.6万,刚刚跨过大城市的人口规模门槛,属于Ⅱ型大城市,距离信阳市"十四五"规划确立的150万人口目标还有很长的路要走。

城市首位度在一定程度上代表了特定区域城镇体系中的城市发展要素在最大城市的集中程度。2021年,信阳市中心城区的经济首位度约为24.5%,人口首位度仅为16.3%,而洛阳市的经济首位度超过了40%,人口首位度达到了33.3%。

我国区域发展很不平衡,但最大的不平衡表现在城乡之间与东中西部之间。信阳市10个县区之间的差距并不很大,何况区域之间的不平衡是阶段性的不平衡,是过程性的不平衡,往往也是实现更快发展的必要条件以及实现高

水平平衡的重要手段。现阶段,信阳市8个县城的产业基础都还很薄弱,既不能为农业人口就地就近转移提供应有的就业空间,也不能为产业绿色崛起提供人才、资金、信息、科技等环境条件。近年来,各县城的体量增长很快,容易给人一种城镇快速发展的假象,因为它更多地表现为用地规模的快速扩张与房地产的大幅增长,而人口规模的迅猛增长只是表象或者说是暂时的。由于县城在教育、医疗等方面的相对优势,农村人口热衷于进城购房居住,形成了所谓的"居住城镇化"。然而,也应该看到,这种人口转移只是过渡性的,县城并非大家的最终落脚点,其根本原因就是县城缺乏产业支撑而导致就业难度大。在这种情况下,许多农户尽管迁移到了县城,但主要劳动力仍然需要到发达地区或大中城市谋生,其生计跟迁移之前基本一样。所以,一些人口还需要进行二次迁移,直至迁移到能够稳定就业的城市。因而,信阳区域经济发展的战略定位不是谋求县区均衡发展,而是要集中力量提高信阳市中心城区的首位度。具体而言,就是要促进各种发展要素加快向信阳城区聚集,避免县区之间对人口、资源与产业的恶性竞争。

(二)持续优化产业布局

国内外的先进经验都表明因地制宜地制定产业布局,大力发展绿色新兴产业,在促进本地区产业生态化中具有重要作用。而根据信阳市产业生态化水平的测算和演变分析,发现当前信阳市传统产业占比仍然较大,规划的产业布局还需进一步落实。未来信阳可以采用以下手段大力落实产业布局。

1. 围绕产业布局招商引资

充分利用链式招商、以商引商、专业招商、乡情招商等手段,围绕产业布局进行"精准招商"。重点引进技术水平高、投资规模大、带动作用强的产业链头部企业落户信阳;同时,紧盯现有龙头企业和链主企业的供应链,引进上游配套企业,推动产业链上下游协同发展。在执行上,可以借鉴丽水市的做法,要求各级政府主要领导、各工业园区平台主要负责人把相当一部分精力用在招引标志性项目上,同时充分利用在外的分支机构进行精准招商。

2. 推动主导产业扩能延链

根据主导产业的发展需求,支持其在本地扩大产能。如针对绿色食品产业,支持本地重点企业和知名企业合作,通过农副产品精深加工,提高产品附加值。同时,积极发展主导产业的配套产业,推动产业联盟发展。如针对绿色建造产业,推动发展本市已有企业间的协作配套,以扩大产业规模,延长产业链。在执行上,可以借鉴宁德市的做法,为主导产业在本地扩大产能提供一揽子政策支持。

3.构建以龙头企业为核心的产业集群

通过产业生态化测算发现信阳市在集约发展上得分不高。而构建以龙头企业为核心的产业集群,可以紧密带动配套企业、生产企业共同发展;同时,也可以加速技术、人才等资源的合理流动与配置,有效破解土地、资源和环境等制约因素,从而提升信阳市集约发展水平。在执行上,可以借鉴丽水市的做法,建立"链长+链主"协同推进机制,助力行业领军企业和"链主型"企业快速发展。

(三)促进企业技术改造和创新

各地经验都已经证明企业的技术改造和创新能降低资源投入压力,提升生产废物利用率,降低废物排放量,从而显著推动产业生态化的发展。但根据上文测算的信阳市产业生态化水平和演变规律,我们发现信阳市在研发投入、新技术产值等方面还有很大的提升空间。未来,信阳市可以采用以下措施来促进企业技术改造和创新。

1.推动传统企业技术改造和数字化转型

一方面,根据产业发展趋势和传统企业的转型需求,有选择地支持技术改造项目,推动传统企业提升生产效率、增强综合竞争力。如在信阳市"百企倍增"行动中,除了支持重点企业扩大生产规模,更要支持其进行技术改造。另一方面,充分利用数字技术的优势,推动传统企业与新一代信息技术深度融合。在执行上,可以借鉴宁德市的做法,进行企业技改需求普查,开展"一对一"诊断服务,支持有条件的企业实施生产线和车间智能化改造,培育一批示范试点项目。

2.鼓励企业加大研发投入

通过产业生态化测算发现信阳市在创新发展上得分不高。为了提升创新发展的水平,一方面,信阳市可以制定各项政策鼓励企业进行科研创新。如可以借鉴瑞士的做法,设立单独的部门来负责科研创新工作;综合使用税收政策、政府补贴和政府采购等手段促进企业创新和研发投入。另一方面,政府要不断加大研发投入,积极创立各级实验室和研发中心,同时鼓励高校与科研机构、企业开展深度合作,充分发挥产学研结合的创新动力。

3.建立人才招引培养体系

丰富的专业人才是保证企业技术改造和科研创新的关键。一方面,要制定并实施信阳市自己的"招才引智"政策,对不同领域、不同层次的人才在工作环境、发展空间、住房、医疗、子女教育等方面给予有吸引力的待遇,以实现"引得来、留得住"。另一方面,要依靠本地科研院所、高等学校、企业研发中心等建立人才培养体系。在执行上可以借鉴宁德的做法,制定实施"申城精英""申城工匠"等工程,实现"产业—科技—人才—政策—服务"一体推进。

(四)持续优化营商环境

一个地区的发展近期靠项目、中期靠政策、长期靠环境。良好的营商环境是吸引投资和人才的重要因素,能为落实产业布局、促进企业技改和创新提供保障。国内外的先进经验也表明了营商环境在产业生态化发展中的重要性。信阳市可以采用一些手段持续优化营商环境。

1.推动惠企政策直达快享

目前,信阳市已经制定了丰富的惠企政策,在税收、土地、金融等方面给予投资企业很多的优惠,也明确提出要推动这些政策"免申即享"。下一步重点要保证这些政策能有效地执行落实,"真金白银"地推动惠企政策直达快享。在执行上可以借鉴丽水的做法,按照"国家城市信用状况监测"的指标体系,从政府、企业、个人三个维度推动政策落实。

2.完善企业服务体系

一方面,结合目前开展的"万人助万企"活动,分行业或产业链组建专属服务团队,建立重点企业服务员队伍,构建便捷畅通的涉企信息直达渠道。另一方面,对企业办理相关事项梳理整合、流程再造,涉企职能部门上门服务,推行"一次不用跑"办理。同时,推行涉企鉴定评估"最多评一次"、涉企执法检查"综合查一次"等。

3.建立企业公共服务平台

一方面,建立科技公共服务平台,针对重点行业"卡脖子"技术问题和通用技术问题进行联合科研攻关,为企业技术改造、科技研发和数字化智能化转型提供强有力的支撑。另一方面,建立金融服务平台,为企业技术改造和技术研发提供资金支持。可以考虑设立产业发展基金、工业企业应急周转资金池和制造业融资担保风险资金池等,同时引导鼓励金融机构支持企业技术改造和小微企业发展。

(五)提升生态环境治理水平

生态环境治理对产业生态化的重要作用已经被国内外很多地区的经验所证明。根据对信阳市产业生态化水平的测算和演变分析,可以发现信阳市在废物排放控制和代谢循环等方面还需进一步增强。

1.推进污染防治攻坚

以国家"无废城市"为目标,一方面,实施蓝天工程,推进钢铁、采矿等重点行业超低排放改造,在全省率先实现空气质量全域二级达标。另一方面,锚定水环境质量"保三争二"任务目标,以淮河一干九支、六大湖库为重点,全面开展水污染防治大排查大整治大提升行动,推进工业园区"污水零直排"。

2.加强生态保护修复

以"国土绿化提速行动"为抓手,推进新造林、抚育林等建设,统筹推进山水林田湖草沙一体化保护与修复。结合信阳市各区县情况,大力支持浉河区、罗山县、商城县创建国家生态文明建设示范县(区),浉河区(鸡公山管理区)、平桥区、罗山县、固始县、南湾湖风景区创建"中国天然氧吧",争取形成可示范、可复制、可推广的试点经验。

3.倡导绿色生产生活

一方面,制定以绿色生产、绿色生活为导向的政策体系,营造绿色生产生活氛围和舆论环境。另一方面,推动重点行业低碳化、清洁化改造;在重点企业实施节能项目试点工程,以实现降碳、减污、扩绿、增长的协同推进。在执行上可以借鉴丽水的做法,建立"能源平衡表工作体系",先立后破地推进绿色转型。

五、本章小结

本章基于"压力—状态—响应"模型构建了产业生态化水平测度模型,利用公开的统计数据,使用熵值法测度了信阳市2011—2021年的产业生态化水平,结果显示:信阳市产业生态化水平逐年提升,其中压力得分存在波动,状态得分逐渐向好,响应得分有明显增加。在此基础上识别出信阳市产业生态化存在的三个问题,即产业生态化水平整体偏低,废物排放控制和代谢循环水平提升较慢,创新发展和集约发展还需再加速。国内外产业生态化先进经验带给我们四点启示,即充分发挥政府在产业规划和引导上的作用,构建以龙头企业为核心的产业集群,加大研发投入和人才培养,持续提升环境治理水平。

促进信阳市产业生态化的路径:促进各种发展要素加快向中心城区聚集,避免县区之间对人口、资源与产业的恶性竞争,以提升信阳市中心城区的经济首位度、人口首位度;对绿色工厂进行分级,建立工业企业绿色制造体系梯次培育机制;围绕产业布局招商引资,推动主导产业扩能延链,构建以龙头企业为核心的产业集群,以优化产业布局;推动传统企业技术改造和数字化转型,鼓励企业加大研发投入,建立人才招引培养体系,以促进企业技术改造和创新;推动惠企政策直达快享,完善企业服务体系,建立企业公共服务平台,以持续优化营商环境;推进污染防治攻坚,加强生态保护修复,倡导绿色生产生活,以不断提升生态环境治理水平。

第十一章
农村人口就地就近转移的生态产业化个案分析

在全国上下日益重视生态保护的今天,促进生态产业化既是大势所趋,也是增强农村人口就地就近转移意愿的必然要求。2018年5月召开的全国生态环境保护大会上,习近平总书记指出,要加快建立健全"以产业生态化和生态产业化为主体的生态经济体系",这一论断对促进生态保护和经济社会协调发展具有重大指导意义。生态产业化的概念自此逐步清晰并有全面推进的趋势。一般认为,生态产业化是以生态资本为逻辑起点,以市场化运营与社会化生产的方式促进生态产品与服务的经济价值得以变现,从而实现产业经济与生态环境良性循环发展、生态资源得以永续利用的过程。

一、信阳市生态产业化发展现状

(一)茶产业

中国是茶的故乡,信阳被誉为"中国毛尖之都"。据史料记载,信阳产茶历史悠久,距今已有2300多年。信阳毛尖、信阳红还是国家地理标志保护产品。2019年,信阳毛尖入选中国农业品牌目录。2021年12月,信阳毛尖被选入2021年第三批全国名特优新农产品名录。2022年,信阳毛尖以75.72亿元位居全国茶叶区域公用品牌价值第三,仅次于西湖龙井和普洱茶。公开数据显示,经过多年发展,2021年,信阳市茶园面积216万亩,茶叶产量达8万吨,总产值达150亿元。茶产业已成为信阳山区农民增收的重要来源;全市出口茶叶备案企业增加到27家,茶叶出口目标市场已拓展到乌兹别克斯坦、尼日利亚、西班牙、美国等19个国家和地区;全市出口茶叶品种已发展到绿茶、红茶、砖茶、抹茶4个系列。

如今,茶产业已是信阳市的支柱产业之一,成为全市经济社会可持续发展的重要支撑点之一,同时也成为构建乡村振兴事业的重要着力点。经过多年建设,信阳市已拥有一批特色突出、规模较大的茶产业园区。主要有:以现代茶文化为主题,茶叶、民宿、生态、乡村与历史交汇的新型旅游景区——浉河区浉河港镇文新茶村;信阳毛尖高山绿茶原产地的商城县金刚台;集旅游、茶园观光、休闲娱乐、养生度假于一体的茶旅融合综合体的罗山县周党镇。此外,上市公司羚锐集团通过"公司+专业合作社+基地+农户"模式,大力发展茶油产业,同时与多家油茶企业联合成立信阳市油茶商会,制定信阳茶油标准。光山县坚持一手抓新造增量,一手抓低改提质,新发展油茶2.8万亩,油茶基地达22.7万亩,建成年加工3万吨油茶籽、年产8000吨的司马光油茶园——联兴智慧产业园,并于2020年成功入选生态环境部第四批"绿水青山就是金山银山"实践创新基地。新县为发展茶叶、油茶等特色农业,出台支持特色农业发展的意见,通过项目扶持、金融支持等多种方式,培育龙头企业,带动全县经济社会发展。

(二)生态旅游

信阳生态资源丰富,信阳的美体现在"山、水、林、茶"四个方面,山青、水秀、林密、茶香,生态旅游资源孕育其中。

山青。信阳的山区和丘陵面积占全市总面积的四分之三以上,大别山横贯信阳南部,淮河横穿信阳北部,大山有别,水佳为淮,信阳的山既具北方阳刚之气,又显南方灵秀之韵,成为江淮流域一块风水宝地。

水秀。信阳溪流纵横、河流众多,有大中小水库992座,多年平均水资源总量近90亿立方米,占全省水资源总量的21.5%。信阳的水,清澈见底、掬水可饮,水环境质量连年位居河南省首位,是一座环境良好的生态水城。

林密。信阳森林覆盖率达42.28%,高于全国、全省近20个百分点,部分县区森林覆盖率高达70%以上。全市建有自然保护地39个（自然保护区9处、森林公园13处、湿地公园10处、风景名胜区4处、地质公园3处），总面积34.6万公顷。

茶香。信阳居于中国传统产茶区的最北端，现有茶园面积210余万亩，所产的信阳毛尖为全国十大名茶之一，曾荣获1915年巴拿马万国博览会金奖。置身于信阳，满眼都是连绵的茶山，风过茶香溢满城。

良好的生态环境，赋予了信阳丰富的旅游资源。近年来，信阳紧紧围绕打造"中国山水旅游休闲度假目的地"和"中国中部区域性文化旅游中心"的目标，立足"山、水、红、茶、林、寺、根"等旅游资源要素，坚持以特色文化旅游引领区域经济发展，大力推进旅游基础设施建设，完善旅游要素配套建设，打造了鸡公山、南湾湖、灵山、鄂豫皖苏区首府等一批精品景区，截至2022年底创建国家5A级旅游景区1个、国家4A级旅游景区18个、国家3A级旅游景区40个。旅游星级饭店发展到41家、旅行社42家，商务快捷宾馆、农家宾馆、休闲山庄3000多家，为数十万人提供了创业就业的机会，形成了比较完善的旅游产业体系。信阳旅游呈现出一幅红绿辉映、古今交融、山水生态、休闲宜居的美丽画卷。

（三）林下经济

根据第三次全国国土调查，信阳市境内有林地50.90万公顷（763.51万亩）。其中，乔木林地41.78万公顷（626.76万亩），占82.09%；竹林地0.44万公顷（6.57万亩），占0.86%；灌木林地0.70万公顷（10.48万亩），占1.37%；其他林地7.98万公顷（119.70万亩），占15.68%。浉河区、罗山县、新县、商城县4个县区的林地面积较大，占全市林地的71.15%。

2019年，信阳成功创建国家森林城市。"十三五"期间，信阳创建河南省绿化模范乡13个、国家森林乡村48个、省级森林乡村24个、省级森林特色小镇3个。南湾国家森林公园被评为全国首批"中国森林体验基地"之一，鸡公山国家级自然保护区被命名为"中国森林养生基地"，金兰山国家森林公园成功申报"中国天然氧吧"。典型林下经济模式有以下几种。

1. 淮滨的"以短养长"模式

树木成林，林中生草，草能生"金"；林下养鹅，地肥鹅壮，壮得"白银"滚滚。位于信阳市淮滨县张里乡的万亩雪松种植基地正在探索林下经济发展模式。

在雪松林下发展家禽养殖,具有生产周期短、见效快的优势,既可以帮助雪松种植者"以短养长",快速实现经济收益,又能有效利用现有土地资源,拓宽增收渠道,可以积极探索实施。这种模式在朱双楼村的示范引领下,张里乡朱前楼村、王竹园村等村的雪松种植大户纷纷效仿,在自家地里养起了鹅、鸭、鸡等家禽。截至2022年8月,全乡已发展林下养殖300余亩,存栏家禽15000多只,有望每亩增收1200元,林下养殖势头强劲。

2. 固始的"茶园养鸡"模式

在固始县陈淋子镇西九华山万亩茶园基地有另外一种新景象——"茶园养鸡"。放眼望去,连绵茶山间,一栋栋"小木屋"式的鸡舍散布于内。走进茶园里,一群群散养的"固始鸡"在茶树丛中或悠闲觅食,或追逐逗趣。这只是固始县探索和尝试林下经济发展新模式的一个缩影。

近年来,固始县林业部门通过创新发展理念,着力推进立体经营,依托信阳茶乡优势,积极引导广大林农,深入发展林下养殖,大力推广"鸡茶共生"模式,走出了一条生态经济双赢的新路子。以固始县三高集团有限责任公司为例,该公司通过与河南九华山茶业有限公司合作,以"公司+基地+农户"的形式,在陈淋子镇建立"茶园鸡"养殖基地,散养近万只固始鸡,这些国家重点保护的畜禽品种常年在山上觅食青草、昆虫,饮用山泉水,辅以杂粮等食料,大大提高了鸡肉的口感品质和营养价值。

发展林下经济,这种看似"小打小闹",实则"钱景"广阔的生态经济模式,让固始众多林农走上了发家致富的"快车道",初步实现了"绿在山头上,钱在树林里"的愿望。广大农民因林致富,农业因林增光,农村因林而美。

3. 潢川的"林姜套种"模式

潢川州姜种植历史悠久,源远流长,唐贞观年间已经开始栽种,至今已长达1000多年,潢川古称光州,故所产生姜称为"州姜"。潢川州姜有超高的姜辣素、挥发油含量和极低的总灰分含量,特性、品质和功能都优于普通姜。

潢川县踅孜镇张湾村的华美园林苗圃基地,采取"林姜套种"的林下经济生态模式,着力提升苗木和州姜种植收益,做亮"一枝花"、做活"一块姜",促进了增产增收。州姜属于耐阴作物,在林园套种不仅能够为州姜提供遮阳,还能大幅提高土地利用率,提升土地的产出率,提高综合经济效益。县农业、林业、工信科技人员跟进服务,对姜农们进行种植、管理技术培训,县州姜协会严格按照统一育苗、统一供苗、统一技术、统一销售的要求,采取"协会+公司+合作社＋基地＋农户＋订单"的形式发展州姜产业,带动村民共同参与林下州姜套种,并与农户签订了州姜保底收购价协议。州姜单产每亩可达2000公斤以上,按12元/公斤的销售价格计算,每亩种植州姜能有效带动农民增收2万余元。

4.平桥区的"龙头企业＋基地＋农户"模式

为实现林地生态效益的优质化和经济效益的最大化,建设富民兴农的"绿色银行",平桥区兰店街道办事处强化工作举措,立足自然条件、市场需求,抓好技术服务,坚定发展信心,抓实抓细抓深经济林产业发展。

精准勘察,因地制宜选产业。对照产业革命,立足乡情、林情,精准勘察,科学规划,确定林下经济发展总目标,采取"龙头企业＋基地＋农户"及"产业专班＋合作社＋责任区管理"产业化发展模式,大力发展食用菌、中药材、养鸡、养鹅、养蜂等种养殖产业。截至2020年,辖区共有林地3.2万亩,可用面积2.1万亩,建有千亩示范点1个,百亩示范点3个,养鸡3.5万只,林蜂380箱,正在建设的百亩示范点5个,养鸡2.7万只,林蜂200箱,林下中药材种植130亩,林下菌100亩20万棒。

(四)生态农业

根据第三次全国国土调查,信阳市拥有耕地78.86万公顷(1182.87万亩)。其中,水田58.06万公顷(870.84万亩),占73.62％;水浇地2.40万公顷(35.95万亩),占3.04％;旱地18.40万公顷(276.07万亩),占23.34％。其中固始县、息县耕地较多,分别占全市耕地总量的19.25％、16.63％。信阳市拥有园地6.95万公顷(104.21万亩)。其中,果园1.69万公顷(25.40万亩),占24.37％;茶园3.44万公顷(51.55万亩),占49.47％;其他园地1.82万公顷(27.26万亩),占26.16％。园地主要分布在浉河区和新县,占全市园地的63.37％,非常适合发展生态农业。信阳市有25家农场入选2022年省级生态农场。

(五)林业碳汇

广义的林业碳汇是指利用森林的储碳功能,通过植树造林、加强森林经营管理、植被恢复等措施,吸收大气中的二氧化碳,从而减少温室气体在大气中的浓度的过程、活动或机制。狭义的林业碳汇是指可以用来交易带来收益的碳汇林,强调通过"造林护林"手段,在未来一段时间内(如5～10年)固碳能力的"增加量",而并非现有的森林固碳量。

信阳市森林资源丰富,但丰富的森林资源并不能自动变成可以获得碳汇交易收入的碳汇林。林地中有相当数量的中幼龄林,具备继续增加碳汇能力的有利条件,有相当面积的茶园可以通过立体栽培增加碳汇能力。上天梯非金属矿管理区、平桥区邢集镇等地区有相当面积的资源枯竭矿区,具备造林条件。信阳市在林业碳汇资源开发方面已经做了一些探索性的工作。

2021年4月,信阳市平桥区天目山林场与中国碳中和发展集团有限公司(原比速科技公司)签订森林碳汇开发合作协议。协议所载合作方式主要包括:对40平方千米范围森林中的碳汇项目进行识别、认定,预估其中可能转换为碳汇林的面积及可交易的碳资产(碳减排量);对可能产生碳减排量的碳汇林项目开发碳资产,按照国际或国内有关碳交易市场的要求完成项目报告、聘请第三方机构核查、提交项目注册申请碳汇、按规定年限申请签发碳减排量;完成以上碳资产的识别、核查、注册、核证、签发等工作;对该森林碳汇项目中包含的所有可交易的碳资产进行管理和全球营销。

2022年4月,信阳市浉河区政府委托河南环境能源服务中心有限公司建设"信阳市浉河区林业碳汇资源开发咨询服务项目"。项目对全区可纳入碳汇资源的森林资源,按照碳汇项目开发方法学,进行项目监测、项目设计、项目审定、项目备案、第一次减排量核证、第一次减排量备案,以及国家自愿减排量注册登记账户和交易账户开立等。

二、信阳市生态产业化存在的问题

生态产业化有助于推动第一、第二、第三产业的有效衔接,还能在保护生态环境的基础上,盘活特色产业,真正实现将绿水青山变成金山银山的目标。但是,信阳市生态产业化的发展还面临一些问题,主要包括以下几个方面。

(一)生态产业化尚处在起步阶段

我国大部分地区已初具生态产业转型意识,但在转型过程中面临较大的压力和挑战。信阳市生态产业化发展目前仍处在实验阶段,生态产业以点状分布,数量有限,无法以点带面、大规模落实生态产业化。

（二）生态产业化转型发展的机制不健全

首先，先进的资源信息收集和处理技术不能广泛运用，给生态资源的量化和赋值带来困难。其次，国土资源的流转、开发利用政策落实不够。同时，激励政策和监管机制存在漏洞，在生态产业化过程中容易出现资本逐利的现象。此外，还存在生态资源利用不合理、循环机制不完善等问题。

（三）生态资源权属不清

生态资源存在所有权与经营权、收益权、处置权分离现象，所有权归国家或集体所有，经营权、收益权、处置权属承包者，而在现实确权过程中，往往存在界限不清、面积不清、权属重叠、随意变更或终止承包合同等问题，由此可能导致承包者与所有者纠纷，影响承包者经营积极性，对保护生态资源不利。当前开展的林业碳汇项目主要在林权清晰的国有林场中开展。

（四）生态资源开发缺乏人才与资金支撑

由于缺乏懂生态康养、善经营的专业人才及开发资金，信阳丰富的生态资源"束之高阁"，产业化道路异常艰难。当前开展的林业碳汇项目，主要是依靠外地专业公司来运作，信阳本地参与方主要提供生态资源，不具备独立开发的人才和技术。

（五）生态资源开发氛围有待提升

党的十八大以来，随着生态文明建设持续发力，绿水青山就是金山银山的理念已成为广泛共识，绿色高质量发展之路已是必然选择，经济社会全面绿色转型正有序推进，尽管如此，生态资源价值转化的社会认可度、政府政策扶持度、乡村居民的参与度不够，开发生态资源，让生态资源变为生态资本的氛围需要进一步营造。

三、生态产业化发展的国内外经验借鉴

（一）世界生态产业化发展的总体趋势

1. 生态农业已成为21世纪世界农业的主导模式

随着高新技术的迅猛发展，生态农业得到广大消费者、政府和经营企业的一致认可,消费生态食品已成为一种新的消费时尚。尽管生态食品的价格比一般食品贵,但在西欧、美国等生活水平比较高的国家和地区仍然受到人们的青睐,不少工业发达国家对生态食品的需求大大超过了对其他产品的需求。随着世界生态农业产品需求的逐年增多和市场全球化的发展,生态农业已成为21世纪世界农业的主流和发展方向。

2. 生态农业的规模将不断扩大,速度将不断加快

随着可持续发展战略得到全球的共同响应,生态农业作为可持续农业发展的一种实践模式和一支重要力量,进入了一个崭新的发展时期,预计在未来几年其规模将不断扩大、速度将不断加快,并将进入产业化发展时期。

3. 生态农业的生产和贸易相互促进、协调发展

随着全球经济一体化和世界贸易自由化的发展,各国在降低关税的同时,与环境技术贸易相关的绿色壁垒日趋森严,尤其是对与农产品生产和贸易有关的环保技术和产品卫生安全标准要求更加严格,食品的生产方式、技术标准、认证管理等延伸扩展性附加条件对农产品国际贸易将产生重要影响。

4. 各国将进一步增加在生态食品科研和开发上的投入

先进的农业技术是生态农业的坚强后盾,生态食品的发展将促使各国增加生态农业开发方面的投入,更加重视科学技术的研究、应用和推广。随着生态食品生产技术研究的纵深发展,以"培育健康的土地,养育健康的动植物,为人类提供安全的食物"为理念的生态农业理论基础将更加巩固,生态农业的生产技术水平将得到进一步提高,生物肥料、生物农药、天然食品及饲料添加剂、动植物生长调节剂等生产资料的研制、应用和推广等方面将进一步加强,生态食品生产过程中的各种技术问题将逐渐被解决。

(二)发达国家或地区促进生态产业化的主要做法

1. 建立生态产业园

生态产业园区是依据循环经济理论和生态原理而设计的一种新型产业组织形态。目前,全球已有100多个生态工业园项目在建设之中。生态产业园区遵从循环经济的减量化、再使用、再循环原则,其目标是尽量减少区域废物,通过废物交换、循环利用、清洁生产等手段,最终实现园区的污染物"零排放"。

(1)丹麦卡伦堡生态工业园。丹麦卡伦堡生态工业园是目前国际上工业生态系统运行较为典型的代表。该园区把不同的工厂连接起来形成共享资源

和互换副产品的产业共生组合,使得一家工厂的废气、废热、废水、废物成为另一家工厂的原料和能源,从而在更大范围内实现物料循环,减少废弃物排放。

卡伦堡生态工业园以燃煤电厂、炼油厂、制药厂和石膏制板厂4个厂为核心,通过贸易的方式把其他企业的废弃物或副产品作为本企业的生产原料,建立工业横生和代谢生态链关系,最终实现园区的污染"零排放"。

(2)美国切塔努嘎生态工业园。美国田纳西州小城切塔努嘎生态工业园是全球节能降耗与效益增进的典型代表。该园区以杜邦公司的尼龙线头回收为核心推行企业零排放改革。该园区突出的特点是通过重新利用老工业企业的工业废弃物,以减少污染和增加效益。通过企业间物料能量循环,达到少排放甚至"零排放"目标。

2.大力发展生态农业

(1)生态农业典范:菲律宾玛雅农场。菲律宾是东南亚地区开展生态农业建设起步较早、发展较快的国家之一,其中以玛雅农场较具有代表性。玛雅农场位于菲律宾首都马尼拉附近,从20世纪70年代开始,经过10年建设,农场的农林牧副渔生产形成了一个良性循环的农业生态系统。该农场为了利用面粉厂产生的大量麸皮,建立了养畜场、鱼塘、肉食加工和罐头制造厂。为了控制粪肥污染和循环利用各种废弃物,建了十几个沼气生产车间,为农场提供能源。从沼渣中回收一些牲畜饲料和有机肥料;将沼液经处理后,送入水塘养鱼养鸭,最后再取塘水、塘泥用于肥田。农田生产的粮食又送面粉厂加工,进入又一次循环,实现了生物物质的充分循环利用。

(2)节水典范:以色列生态农场。以色列因缺水,大力发展了滴灌和其他微量灌溉技术,大大提高了水资源的利用率。农作物、绿树、草地、鲜花几乎全用滴灌。此外,以色列还重视研究利用废水进行农田灌溉的再循环利用。借助科技手段,以色列特色节水农业不仅保证了农产品的质量和产量,还提高了农业生产全过程机械化、集约化、规模化程度。

(3)严谨典范:德国生态农业。德国对生态农业的要求相当严格:不使用化学合成的杀虫剂、除草剂,而使用有益天敌或机械除草方法;不使用易溶的化学肥料,而使用有机肥或长效肥;利用腐殖质保持土壤肥力;采用轮作或间作等方式种植;不使用化学合成的植物生长调节剂;控制牧场载畜量;动物饲养采用天然饲料;不使用抗生素;不使用转基因技术。德国生态农业协会(AGOEL)制定了严格的"生态规定"。例如,某企业欲加入AGOEL,将其产品作为生态产品销售,必须经过3年的完全调整。由国家授权的检测中心对申请转入生态农业生产的企业进行检查,每年至少进行1次。此外,也可不定期进行抽查。如检查不合格,则要延长调整期。

(4)多样农庄:日本生态农业。日本农业资源有限,因此日本生态农业的形式往往因地制宜、多种多样,主要有以下几种类型。

第一,再生利用型。即通过充分利用土地的有机资源,对农业废弃物进行再生利用,减轻环境负荷。

第二,有机农业型。即在生产中不采用通过基因工程获得的生物及其产物,不使用化学合成的农药、化肥、生长调节剂、饲料添加剂等物质,而遵循自然规律和生态学原理,协调种植业和养殖业的平衡,采用一系列可持续发展的农业技术,维持农业生产过程的持续稳定。

第三,稻作—畜产—水产三位一体型。即在水田种植稻米、养鸭、养鱼和种植固氮蓝藻的同时,形成稻作、畜产和水产的水田生态循环可持续发展模式。

第四,畜禽—稻作—沼气型。即农民在养鸭、牛等家畜过程中,将动物的粪便作为供制造沼气的原料。同时,农作物的秸秆经过加工用来当作家养畜禽的饲料,或作为沼气的原料,沼气又可为大棚作物提供热源等。

(5)老牌农业典范:美国生态农业。美国的生态农业发展有完善的法律法规体系作为保障。早在1990年,美国颁布的《污染预防法》中就对生态农业做出过明确规定,1990年农业法案通过立法形式选择研究和教育途径来建立一种可持续的、有利可图的与保护资源的农业生产体系。为了实施低投入发展模式,还对农药、化肥等投放量标准制定了专门的法律规定。

有力的财政扶持是美国生态农业持续壮大的基础。目前美国已有2万多个生态农场,从20世纪90年代起美国便开始对农业进行"绿色补贴",要求受补贴农民必须检查自身环保行为,除此之外还暂行减免农业所得税;在生态农作制度改革过程中,为了引导农场采用休闲方式降低生产成本与保持水土,美国政府制定了休种补贴政策,对农户进行直接的补助补贴。

(三)我国代表性地区生态产业化的模式与路径

1. 三明市夏阳乡的"四级五类"发展模式

夏阳乡有针对性地建立"四级五类"生态空间下各个分区的生态产业化发展模式,如图11-1所示。

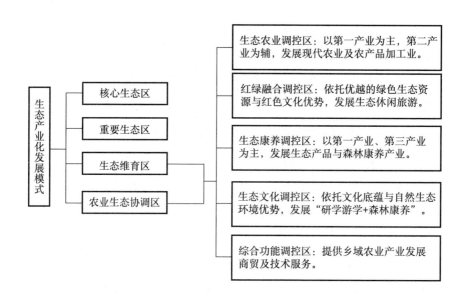

图11-1 "四级五类"生态空间下夏阳乡生态产业化发展模式

(1)生态农业调控区。在保护生态功能的前提下,基于乡域农业业态分布,设计以第一产业为主、第二产业为辅,重点发展林下套种、现代农业以及农产品加工等产业,在新坊村打造特色制种基地,在溪边村打造吊瓜种植基地。

(2)红绿融合调控区。以保护传统村落和发扬红色历史文化为主题,依托优越的绿色生态资源,以红色旅游为魂,以生态休闲旅游为支撑,促进红色绿色产业融合发展。

(3)生态康养调控区。以保护生态功能为主旨,依托优越森林资源,设计以第一产业、第三产业为主,重点发展生态产品与森林康养产业,结合自然、文化资源优势,发展多种类康养业态,打造"森林+静心休养"、睡眠康养、食疗瘦身、观鸟休闲等森林康养特色产品。

(4)生态文化调控区。依托深厚的理学文化底蕴和自然生态环境优势,以文化为基础,打造文化生态融合发展模式,在紫云村发展"研学游学+森林康养"产业,着力建设"中华闽学第一村"。

(5)综合功能调控区。依托集镇基础设施和公共服务设施优势,以夏阳村为农业服务中心,为乡域农业产业发展提供商贸及技术服务,同时以线性交通为农业发展载体,联动全域生态农业发展。

2.漳平市上界村的"旅游＋林业＋文化"模式

(1)生态农业产业模式。漳平市上界村积极响应国家实施乡村振兴战略的号召,同时通过不断总结农业实践经验,以乡村生态农业振兴为发展路径,走可持续的绿色发展路线。一是推动农业现代化进程,充分发挥出农业生态资源的最大优势,以生态系统原理为指导,发展田园生态种植、新兴农作物栽培、家庭农场、特色村庄与休闲农业等。二是探索全产业链发展方式,促进农业产供销一体化,寻求上界村农业与其第二、三产业的耦合共生关系,创新农业资源投入方式,实现农业生态技术和工艺的升级。三是以"党支部＋合作社＋农户"模式推进现代农业示范村的构建,发挥市场在配置农业资源上的关键作用,把逐步发展壮大的龙头骨干企业用于引领和指导农业合作社与农户的经营管理模式转变中。四是推动农业的循环经济发展,实现资源的再利用和减量化,以构建生态系统。

(2)生态旅游产业模式。优美的自然风光和丰富的各类资源为上界村旅游资源的整合提供条件,提高了生态旅游业的发展程度。一是借力龙崆洞、虎啸岩等周边热门旅游目的地圈层,构建起区域生态旅游产业带,凭借"景区边缘型"特征发展休闲农业、餐饮民宿等特色服务,吸引游客驻足停留。二是重点扶持农业旅游示范项目,开拓"旅游业＋农业"新途径,规划利用潜在的旅游发展空间。三是依据优越的自然环境和文化资源条件,蓄力打造"中国美丽田园",以"荷""莲"为主题发展旅游业。

(3)生态林业产业模式。上界村充分利用地理位置、地形地势、环境资源状况等优势,发展生态林业,争取赋予乡村更大的发展潜力和更长远的经济价值回馈,既无愧于"国家森林乡村"等荣誉称号,又力求向"绿盈乡村""乡村振兴示范村"的发展方向前进。一是推动果树种植、毛竹种植等经济林的发展,促进如养蜂产业体系等林下经济体系的完善,拓宽村民的收入渠道,瞄准生态林业产业品质的提升。二是实施红芽芋种植、蛋鸡散养、无花果种植等项目,充分利用林下土地资源,激励村民践行增收致富与保护生态环境"两手抓"的"绿盈乡村"理念。三是延长生态林业产业链,推进林产品深加工和森林观光、林果采摘等项目的创意落地。

(4)生态文化产业模式。上界村突出乡村生态文化特色,同时保护文化的多样性和丰富性,融入情感并赋予生态文化独有魅力,以振兴乡村文化产业,使其惠及社会经济发展。一是继承和发展龙岩非物质文化遗产,联结起红色文化、时代文化等,丰富文化内容,同时创新传统采茶灯文化的表现形式。二是定期举办荷花节、采茶灯表演、特色乡村民俗节等大型活动,宣传上界特有的荷花精神、夫妻树文化等,带动相关产业发展,凝聚起文化振兴力量。三是一系列表现主题特色的文创产品的设计与制作,让乡村文化"活起来""走出去",推进"一村一品"示范村建设。

3. 毕节市的"生态产业化和产业生态化"互融模式

(1)生态农业产业模式。①立体复合循环种养模式。这种模式是以林果业、种植业、养殖业为核心的丘陵山地立体复合循环农业经济模式,主要依托当地优质林果资源和产业基础,发展林下种植、养殖。这种模式一方面利用生物循环系统的建立,改善环境、培肥地力、增加产出,进一步挖掘农林、农牧、林牧不同产业之间的相互促进与协调发展的能力;另一方面有助于土地的集约使用,合理规划时间空间,实现土地生态系统综合效益的最优发挥。②智慧复合型生态模式。这种模式是信息技术与产业全面结合的新型复合型生态农业,通过使用"智慧生产管理系统"实时采集土壤、气候、空气质量、噪声等数据,自动分析,使各种影响动植物生长的因素达到最佳状态。管理员通过手机、触摸屏等多终端实时查看数据,远程控制管理,实现无人值守,精准调控。

(2)生态工业产业模式。"十三五"时期,毕节市深入推进工业供给侧结构性改革,将生态发展理念融入工业发展中,探索出一套生态产业集群发展模式,实现工业的转型升级和高质量发展。

(3)生态旅游产业模式。"十三五"以来,毕节市以"山地旅游+康养度假"发展理念打造生态旅游目的地,形成了独具特色的生态旅游产业模式。中国气象学会授予毕节"中国花海洞天避暑福地"称号。2020年全市4A级以上旅游景区已达13家,接待国内游客7110.73万人次,实现旅游总收入603.78亿元。

(4)生态林业产业模式。这种模式主要是通过在土地贫瘠破碎、水土流失严重的石漠化(荒漠化)地区,对集中连片的荒山坡地实施退耕还林、封山育林、恢复植被等一系列措施,大力发展林果桑茶药等生态产业,实现治理与开发并重,生态效益与经济效益有机统一。这种模式可以大幅提高所在退耕区域的植被覆盖率。

四、国内外生态产业化对信阳市的启示

(一)建立生态农业产业模式,大力发展特色农业

信阳具有地处我国南北地理分界线、南北气候过渡带的区位特点,能够充分发挥生态资源禀赋优势,在政府加强市级统筹、县区协同、集聚发展的推动下,围绕茶叶、油茶、弱筋小麦、优质水稻、水产畜禽等特色产品,重点打造南部山地特色生态农业区、东部平原优质高产农业区、环中心城市现代都市农业带和沿河高效渔业区等,建立多种形态农业产业园区,有助于当地特色农业产业的发展。

(二)建立生态旅游产业模式,加快发展休闲度假康养旅游业

信阳市应该借助生态资源的优势,把生态旅游放在第三产业重中之重的位置上。信阳市鸡公山景区就是"四大避暑胜地"之一,同时也是国家级自然保护区,区内森林茂密、生物资源丰富,有国家重点保护动物大鲵、长尾雉,国家重点保护植物香果树等,可以吸引大批外地游客,促进生态旅游收入的提升。同时也应整合区域内的其他旅游资源,如南湾湖风景区,打造旅游产业链,让外地游客到信阳不仅仅看山和水,还要把游客留住,从而加快宾馆、酒店等传统服务业的发展。

(三)建立生态林业模式,多举措开发林下经济

信阳市可以充分利用地理位置、地形地势、环境资源状况等优势,发展生态林业,争取赋予乡村更大的发展潜力和更长远的经济价值回馈:一是推动杉树种植、板栗种植等经济林的发展,促进如养蜂产业体系等林下经济体系的完善,拓宽村民的收入渠道,瞄准生态林业产业品质的提升;二是实施雪松种植,鸡、鸭、鹅散养、林姜套种等项目,充分利用林下土地资源,激励村民践行增收与保护生态环境"两手抓"的"绿盈乡村"理念;三是延长生态林业产业链,推进林产品深加工和森林观光、林果采摘等项目的创意落地。

(四)建立生态文化模式,推进文旅深度融合

信阳市应突出生态文化特色,同时保护文化的多样性和丰富性,融入情感并赋予生态文化独有魅力,振兴乡村文化产业,使其惠及社会经济发展。一是继承和发展信阳毛尖茶制作技艺非物质文化遗产,以茶文化、民俗文化以及生态农业等特色资源为重点,开发集观光、休闲、商务、康养、研学、文化体验于一体的高端文化旅游产品,加强传统民俗村落旅游项目包装策划,形成历史赋能、独具特色、还原传统的乡村民俗等文化产品。二是发展生态康养旅游,依托鸡公山、南湾湖等优质的自然生态环境,发展生态康养旅游,以建设"候鸟型"养老养生基地为目标,培育发展理疗养生业,提升康养服务业水平。三是发展红色旅游,依托大别山红色旅游区,发展红色文化旅游,开发打造对党忠诚教育现场课、情景课展示交流等系列红色研学教育产品,打造信阳红色旅游教育品牌。

(五)打造生态产品品牌,提升生态产业形象

加强信阳市生态产业品牌建设,打响"绿色、康养、红色"品牌。加强农产品地理标志管理和品牌保护,深入实施地理标志农产品保护工程,做好"固始萝卜""新县山茶油""信阳毛尖"等品牌保护工作。加强信阳红色旅游品牌创建工程,加深信阳红色旅游文化内涵,提升品牌知名度。

五、促进信阳市生态产业化的建议

在坚持生态优先、绿色发展理念的基础上,遵循自然规律和市场规律,探索生态产品经济价值的市场实现机制,实现"绿水青山就是金山银山"。

(一)摸清本底与统筹规划

实现"绿水青山是金山银山"的先决条件,是要搞清楚有多少绿水青山。生态产业化不仅与国土资源、生态文明、区域协调、乡村振兴息息相关,而且需要科学合理地进行生态产业化布局和实施规划。政府需要立足新发展理念,树立大局观、长远观、整体观,进行生态产业化的科学布局。由地方政府牵头,设立专家组,联合农业农村局、自然资源和规划局、生态环境局、林业和茶产业

局、统计局等相关部门就当地情况进行实地调研,采用计算机科学领域的新技术,如信息传感器技术、生物计算方法和数据库系统,获取准确的生态资源信息。

调研内容应涵盖生态资源、自然环境、历史文化、经济状况、基础设施、人口住宅等多个方面。根据调研情况进行统一布局,整合现有的主体功能区划、自然保护地体系、生态功能区划、环境功能区划、生态保护红线、自然岸线等生态环境空间,落实"三区三线"的空间管控边界。建立健全规划、实施的指导政策和专家小组,落实责任制和监督制,优化国土资源空间,在耕地、住宅等人民切身利益问题上要根据国家现行的政策法规实现土地流转,循序渐进,鼓励人民、调动人民的积极性,推动土地流转规范有序进行。

(二)推进生态资源资产化

生态资源是经济发展的优质资源。在生态产品价值实现过程中,应充分认识到生态资源所蕴含的经济价值,真正认识到"绿水青山就是金山银山"。生态产业化的首要问题就是生态资源的资产化,即推动"山水林湖草"成为可衡量价值的"资产"。生态资源的价值核算应以政府为主导,组建自然资源核算专家组,联合当地的国土资源部门,根据实际情况将当地的自然资源划分为不同类别,即耕地、森林、草原、湿地等。生态资源的价值核算为后续资本化的实现奠定了基础,当地可以在政府部门的统筹领导下,将已经确权核算的生态资源作为资本纳入生态产业绿色经济体系。在自然资源的整合过程中,地方政府部门应负责将当地的生态资源打包,统一整合,以避免产权主体不清晰、生态资源零散化、"利息"分配破碎化以及群众矛盾的产生等问题。当地政府要积极建立健全相关的配套服务平台,比如市场化的融资机构和大数据管理平台,方便后续的管理与运营。

(三)构建生态产权制度和市场体系

森林草地水流等生态要素产权明晰、生态产权制度完善是推进生态产业化的制度基础。一是做好自然资源资产产权的确权、登记和颁证工作,明晰自然资源资产产权主体,明确自然资源资产监管权,保障收益权,建立归属清晰、权责明确、监管有效的自然资源资产产权制度。二是建立自由透明、公开公正的生态产权交易市场。依托公共资源交易平台开展自然资源资产产权交易,建立健全碳排放权、排污权、水资源使用权、用能权等生态产权市场交易体系，完善生态产权市场交易规则，规范交易行为。三是科学评估生态产品和服务的价值。生态产品和服务的价值包括生态系统的生态价值和生态产品交易的市场价值两个方面。

（四）培育生态产业化经营主体

要在市场中实现生态经济价值，关键在于将生态服务由无偿享用的资源转变为具有市场需求的商品。引进有生态产品开发能力、市场开拓能力的龙头企业；农户也可以以承包经营权、承包的集体林地经营权等生态资产入股，组建股份合作社等农业新型经营主体，从而成为生态产业化经营主体，生产特色生态商品，如生态农产品。健全生态产品和服务的技术支持体系，研发具有市场需求的生态产品。依托优美的生态环境，开发特色康体养生、休闲旅游、生态农产品、中药材等生态产品，发展生态旅游、生态农业等生态产业，通过市场化经营变绿水青山为金山银山，并以金山银山来反哺绿水青山，实现生态资源的保值增值，充分释放生态环境的经济和社会价值。

（五）健全生态补偿制度

按照"谁保护、谁受偿""谁贡献大、谁多得"的原则，权、责、利相一致，综合补偿与分类补偿相结合，构建政府转移支付、区域横向补偿和市场交易相互补充的生态补偿制度。随着我国经济发展，政府财政收入的增加，各地区有能力逐步提高生态补偿标准。对因保护生态环境而影响经济社会发展的重点生态功能区、环境脆弱区要逐步加大转移支付力度，提高生态环境保护和建设者的受益水平。不断完善生态保护效果与补偿资金挂钩的激励约束机制，提升提供公共生态产品的生态功能区的基本公共服务和人均收入。

（六）开发碳汇资源价值

建议信阳市政府相关部门积极与上级林业、生态环境、发展改革等部门沟通对接，了解吃透并用好、用足最新政策。强化部门协调联动，明确职责，形成工作合力。一是从市政府层面，组建碳汇工作办公室，专门负责碳汇林的建设规划和管理协调工作，建议由市林业和茶产业局牵头会同生态环境、发展改革等部门及相关乡镇组成，市财政每年给予一定工作经费保障。负责制定相关规章制度和年度工作计划,推进碳汇专家库的建设和管理,组织开展碳汇体系建设、实施和监管工作。立足本地特色,探索创新碳汇管理机制,推动实现碳达峰、碳中和目标。二是成立碳汇促进会(协会)。搭建政府与企业沟通平台,发挥社会组织的桥梁作用,引导促进本市高耗能企业购买本市森林碳汇产品,为本市营林造林提升碳汇水平提供资金。

建议依据《中共中央 国务院关于完整准确全面贯彻新发展理念做好碳达峰碳中和工作的意见》,国际能源署(IEA)发布的《中国能源体系碳中和路线图》,以及《河南省林业碳汇行动方案(2021—2030年)》等,编制实施信阳市林业碳汇经营规划,加强森林抚育经营和低效林改造,实施高效固碳树种结构调优工程。通过优化林种、树种结构,发展高效固碳树种和高效固碳群落,提升生态系统固碳能力。此外,实施生态修复工程。开展废弃矿区生态修复,探索实施"生态修复+废弃资源利用+产业融合"的废弃矿山生态修复新模式,提升废弃矿区整体生态功能。

2022年,国家林业和草原局启动林业碳汇试点建设,全国有18个城市获批林业碳汇试点城市。其中,浙江丽水市2021年就将创建"中国碳中和先行区"作为市委市政府的工作重点,设立了森林碳汇管理局,已经取得了一系列丰富的制度成果和成功的实践经验。信阳市相关部门可通过交流学习、走访调研丽水市对口部门,对标补差,积极申报国家林业碳汇试点城市。

(七)建立生态审计和监督机制

党的十九届三中全会后,国家成立自然资源部并向地方驻派自然资源督察机构,实现对自然资源管理和利用的全方位督察。地方政府要积极配合、协调自然资源督察机构的督察工作,并出台一系列有关生态文明建设的政策制度,使整个生态产业化过程有法可依、有政策可循。建立人民群众广泛参与的基层生态环保监督体系。参与生态产业化的全体人员不仅是整个产业体系的经营群体,更是社会治理体系的参与者。要将中国特色的社会治理思想、理念融入基层监督体系中来,提高社会各界的生态和环保意识,调动普通群众的积极性和主动性,促使监督、审计机制民主化、大众化。发挥环境保护协会等民间组织的外部监察作用,建设生态文明全民参与机制。

六、本章小结

生态产业化是指以生态资本为逻辑起点,以市场化运营与社会化生产的方式促进生态产品与服务的经济价值得以变现,从而实现产业经济与生态环境良性循环发展,并且在产业化的过程中需要兼顾生态效应,即在开发中保护并实现生态资源的永续利用。就目前而言,全球生态产业化主要以生态农业园和生态产业园为主,例如菲律宾玛雅农场、以色列生态农场以及德国生态农业园都是生态农业园典范;而丹麦卡伦堡生态工业园、美国切塔努嘎生态工业园、日本北九州生态工业园等是生态产业园典范。总体而言,全球生态产业化进程在不断加快,规模不断扩大,与其他产业的相互协作能力不断加强,而且生态产品等级不断细化、标准化。

虽然我国生态产业化起步较晚,但生态资源丰富,国家注重生态环境保护,因此进行生态产业化发展有较大优势。由于我国地域辽阔,地形地貌和气候条件都较为复杂,因此在不同地区形成了不同的生态产业化模式。具有代表性的有三明市夏阳乡的"四级五类"发展模式、漳平市上界村的"旅游＋林业＋文化"模式、毕节市的"生态产业化和产业生态化"互融模式。

就目前而言,信阳市生态产业化发展现状还存在诸多问题。从模式来看,生态农业、生态旅游、林下经济都有涉及,但是普遍发展规模小、产值低。除生态旅游和茶产业有一定影响力外,其他模式都没有形成产业。从政府规划来看,生态产业化的发展框架不清晰,虽然有部分生态产业化发展规划,但整体执行力不强、效果不明显。从居民角度看,生态资源归属问题不清晰,收益分配存在争议。从资源开发来看,由于生态资源统计与转化问题长期没有得到解决,加之信阳市缺乏应有的人才与资金支撑,生态资源开发的难度较大。

依据信阳市生态产业化发展现状,并借鉴国内外生态产业化宝贵经验,信阳市生态产业化应从7个方面着手,即摸清本底与统筹规划,推进生态资源资产化,构建生态产权制度和市场体系,培育生态产业化经营主体,健全生态补偿制度,开发碳汇资源价值,建立生态审计和监督机制。在发展方式上,应聚焦5个方面:建立生态农业产业模式,大力发展特色农业;建立生态旅游产业模式,加快发展休闲度假康养旅游业;建立生态林业模式,多措并举开发林下经济;建立生态文化模式,推进文旅深度融合;打造生态产品品牌,提升生态产业形象。

第十二章
农村人口就地就近转移的制度创新与政策引导

一、文献评述

城镇化作为工业化和现代化的重要标志,一直是世界各国政府和学者密切关注的课题。改革开放以来,尤其是党的十六大首次在中央层面上明确提出城镇化发展战略后,中国的城镇化发展取得了显著的成就,而具有中国特色的就地就近城镇化道路在推动城镇化进程中发挥了重要作用。就地就近城镇化有利于实现资源合理配置,避免资源过度集中于少数地区,有助于促进城镇化的均衡发展和社会的公平公正(胡宝荣和李强,2014)。就地就近城镇化极大地缓和了异地城镇化带来的交通拥堵、住房紧张、留守老人和儿童以及"空心村"等问题。2022年党的二十大报告提出"以城市群、都市圈为依托构建大中小城市协调发展格局,推进以县城为重要载体的城镇化建设"。2023年中央一号文件明确要求"深入推进县域农民工市民化,建立健全基本公共服务同常住人口挂钩、由常住地供给机制"。良好的宏观政策环境,为推行就地就近城镇化提供了政策保障和难得的机遇。但随着城镇化进程的加快,与之相关的各项制度出现了一定的滞后性和盲目性,这就造成就地就近城镇化的推进面临诸多阻碍。

由于国外的社会经济体制与我国不同,多数发达国家的城镇化是在市场经济的推动下进行的,因此,国外关于城镇化体制问题的研究更多侧重于市场经济制度层面。Henderson等(2000)认为中央政府的过度干预是部分发展中国家大城市人口规模过度扩张的主要原因。Davis等(2003)认为国家政府部门在资本市场、财政金融以及公共品的提供上偏向部分城市和地区,促进了城市规模的扩大。Henderson(2010)认为政府在城镇化过程中作用的增强会导致资本和财政资源配置的偏向,形成大规模人口迁移。

国内学者关于制度对城镇化影响方面的研究也取得了丰富的成果。由于制度性障碍是城镇化进程中普遍存在的问题,其制约着就地就近城镇化的整体推进。而就地就近城镇化的推进又有利于应对中国城镇化发展瓶颈,降低城镇化的制度障碍,促进城镇化合理布局与保障农业和农村可持续发展,同时也符合当前农村人口的城镇化意愿。对此,学者们从体制改革创新和市场机制改革创新两个方面,针对就地就近城镇化进程中户籍制度、土地制度、城镇保障住房制度与农村宅基地制度、财税制度、社会保障改革,以及投融资机制创新等相关领域展开了大量探索性研究。

(一)户籍制度

户籍制度是影响城镇化的主要因素,是城镇化直接的表现形式,同时户籍制度的完善也是城镇化发展的重要组成部分(李欢,2019)。周依苒(2018)认为户籍制度落后会对城镇经济可持续性发展、城镇化进程、城乡统筹一体化的发展结构产生阻碍。虽然近年来各级政府对户籍制度改革非常重视并不断付诸实践,但在就地就近城镇化发展过程中,户籍制度改革如果无法和城镇化保持同步,就会成为城镇化进程的制约力量,在一定程度上对经济可持续发展与流动人口的有效管理造成阻碍作用。

(二)土地制度

土地是城市的载体,土地能否合理高效流动、实现优化配置,农民各项土地权益能否得到切实保障,制约着就地就近城镇化建设的进程与效率。宋宜农(2017)认为推进就地就近城镇化需要深化农村土地流转制度改革,通过农村土地流转可以促进劳动力和土地的有效配置,从而达到统筹城乡的目的。李小静(2016)认为在就地就近城镇化推进过程中,政府既要通过宏观调控控制土地流转的速度和规模,保障城镇能够吸纳农村土地流转后转移出来的剩余劳动力,又要完善土地流转制度,保障农民的合法土地权益。桂华(2019)对比了珠三角、苏南和浙江地区就地就近城镇化土地开发模式,认为土地制度改革,有利于资源配置,有利于社会财富公平分配,有利于就地就近城镇化建设。刘明娟(2019)分析了安徽省就地就近城镇化发展过程中农村土地流转面临的问题,提出要加大土地流转、规范土地流转行为、建立土地流转信息平台、加强政府监管,从而促进就地就近城镇化建设和缩小城乡差距,实现城市和农村的协调发展。

(三)住房制度

安居是促进农村转移人口进城的必要条件,是让农民扎根城市的重要保障。如何深化住房制度改革,特别是农村宅基地制度改革,是就地就近城镇化建设中亟须解决的重要课题。朱留虎(2016)认为加快发展公共租赁住房,是推进就地就近城镇化的必然要求,要逐步建立起以公共租赁住房为基本形式的城镇基本住房保障制度,积极筹集公共租赁住房房源,有效管理公共租赁住房。陈卫华和吕萍(2017)认为当前的宅基地制度改革未能探索出农村住房隐形市场的规制问题,导致住房和宅基地资源浪费,制约了就地就近城镇化发展。地方政府需要因势利导深化住房制度改革,发展农村住房市场,激活住房资产功能,促进城乡劳动力、土地和资金等要素双向流动。马玉勤(2019)从法律、农民权益和使用效率层面分析了我国当前农村宅基地制度存在的问题,认为就地就近城镇化住房制度改革必须首先完善宅基地退出政策及其配套措施,建设以村民为主体的新型社区。

(四)财税政策

财税政策是促进就地就近城镇化发展的重要手段。就地就近城镇化发展需要大量基础设施与公共服务资金投入,离不开财税政策的大力支持。科学、合理的财税体制能够与就地就近城镇化建设形成互动,是就地就近城镇化建设的助推器(司洁萌,2018)。何涛(2016)在分析就地就近城镇化资金约束与财税政策支持机理的基础上,提出了加强政府财政资金投入、完善地方税收体系、构建新式财政转移支付制度等就地就近城镇化发展财税政策。司春燕(2016)认为财税政策既能为新型城镇化建设筹集资金,又能发挥资源配置职能。在就地就近城镇化中,首先要优化中小企业发展的财税政策扶持机制,降低中小企业融资门槛,降低中小企业的税负。同时优化财税政策体系,将财税政策向民生保障倾斜。

(五)社会保障制度

进一步完善农村转移人口社会保障体系,可以为进入城镇生活的农民消除内心的不稳定因素,降低其对农地保障的依赖。就地就近城镇化进程与社会保障水平存在明显的互制互促关系,就地就近城镇化的速度与水平决定着社会保障制度的发展状况,而社会保障水平的高低及社会保障制度完善与否也影响着就地就近城镇化的进程与质量(郑兰先,2016)。江维国(2017)在梳理我国就地就近城镇化中农村转移人口社会保障问题时发现,农村转移人口的社会保障及其可持续性困境有所偏离就地就近城镇化建设的本质要求,在完善就地就近城镇化过程中农村转移人口社会保障时,要特别注重加强法治建设、清晰界定土地产权以及全方位规范征地程序。刘迟等(2017)认为服务性是社会保障的根本内涵,在就地就近城镇化过程中,社会保障制度应建立"以人为本"的社会服务体系,构建新型城镇化社会治理格局。

此外,曹宗平(2010)认为在西部地区,以县域经济的发展带动次级区域经济发展是突破现有制度壁垒的最佳城镇形态。郑杭生等(2011)以城市包容化发展为目标,提出了逐步推进和深化户籍制度改革、理顺城市社会管理体制、创新社会管理等措施。汪海波(2012)认为城乡二元的社会结构是影响城镇化的重要制度因素。汪大海等(2013)提出制度化治理是新型城镇化的模式选择,是推进城镇化向有序化、规范化和科学化发展的有效途径。曾智洪(2017)基于城镇化的发展困境构建了新型城镇化包容性制度创新体系。刘晶、方创琳等(2019)将制度因素纳入城镇化质量评价体系中,对"一带一路"沿线国家的城镇化发展质量进行了综合评价。

就地就近城镇化作为城镇化的一部分,二者之间的制度安排必然存在许多共通之处,但与异地城镇化相比,就地就近城镇化的实现方式和路径具有一定的差异性与独特性,这就要求就地就近城镇化的制度供给创新应具有特色性、包容性和针对性,而目前国内关于此方面的研究相对比较薄弱。农民作为推进城镇化的重要主体,其意愿在一定程度上影响着城镇化的质量和效率。尊重农民意愿的就地就近城镇化是坚持"以人为本"的城镇化。因此,聚焦就地就近城镇化过程中亟须解决的关键问题,在归纳总结现有制度障碍及改革经验的基础上,以尊重农民意愿为前提,加大制度创新力度,高效释放制度红利,是破解就地就近城镇化推进困局的关键所在。

二、河南农村人口就地就近转移面临的关键问题

2022年末河南省常住人口9872万人,常住人口城镇化率为57.07%,较2020年的55.43%增长了1.64个百分点,但仍然低于全国平均水平(低了8.15个百分点),就地就近城镇化具有较大的提升空间。

(一)转移不彻底

由于工资水平较低、社会排斥、户籍分层、社保不完善、城镇生活压力较大等原因,河南多数转移人口并未在城镇实现安居,加之就地就近城镇化过程中人口转移的地理空间范围极小,多数农村人口会根据劳动力市场需求的变化,游走于城乡之间。此外,河南大部分地区的小城镇由于技术、资金、政策、人才等方面的原因,未能充分发挥城乡经济纽带的作用,对乡村地区社会经济发展的拉动力不强,而乡村地区的产业支撑度低、工业化相对滞后,使得人口非农化转移面临困境。

(二)土地利用率低

在就地就近城镇化建设的过程中,非市场化配置的建设用地指标分配制度使中央和地方以及地方和地方之间陷入持续的博弈行为中,而城乡建设用地增减挂钩制度和人地挂钩制度则会造成社会力量参与度不足或政府失灵等问题,这些制度障碍都会造成土地资源的低效配置,不利于城镇化的推进(曹飞,2019)。此外,"土地财政"和"政绩晋升"等因素造成地方政府对原有制度形成"路径障碍",不利于城镇化制度的改革和可持续发展(刘永健、耿弘,2018)。如部分地方政府为单方面追求政绩,在建设了大量新型农村社区后,并未真正实现农户入住,浪费了大量土地资源。

(三)产业支撑不够

就地就近城镇化发展的关键在于产业发展,而在河南现有的就地就近城镇化过程中,小城市、县城、小城镇及乡村地区由于自身工业基础薄弱,产业发

展难以形成规模效应,劳动市场呈现供大于求的现象,农村转移人口难以通过就业实现非农化。此外,部分地区在发展特色产业时,由于缺乏科学规划造成产业布局分散,难以成长为劳动密集型的优势产业,对农村劳动力的吸纳能力有限。

(四)就业市场二元化

众所周知,对就地就近转移到大中城市的农村人口而言,以城乡二元户籍制度为基础形成的二元劳动力市场一定程度上损害了农村劳动力的权益。二元劳动力市场主要包含了第一劳动市场(首要劳动市场)和第二劳动市场(次要劳动市场)。第一劳动市场具有薪资高、劳动环境好、工作保障及福利好的特点。而第二劳动市场则薪资水平较低、工作条件差且不稳定、保障福利较少。劳动市场的城乡二元化使劳动者在求职时就被区别对待,由于长期以来多重因素的影响,且农民的劳动技能和受教育水平难以满足首要劳动市场的需求,他们往往只能进入第二劳动市场,工资水平较低且难以享受到良好的制度福利,长此以往的恶性循环导致农村转移劳动力始终处于社会底层,被社会排斥,成为社会政策中的弱势群体,不利于社会稳定和发展。

(五)社会保障不均衡

包含社会保险、社会福利、社会救济等内容的社会保障制度作为一种利益再分配制度,可有效缓解社会财富分配不均衡的现象,但由于我国二元化的城乡结构,城镇居民和农村居民所享受的社会保障待遇存在巨大差距。可以说在一定程度上社会保障制度障碍是户籍制度障碍的延伸。在这种不均衡的社会保障制度下,就业已实现非农化的农民会将土地视为其社会保障的底线,宁愿闲置也不愿放弃,造成土地资源严重浪费,阻碍就地就近城镇化进程。

三、农村人口就地就近转移的制度障碍及改革经验

就地就近城镇化过程中面临的困境和问题大多是由制度因素而引发的,特别是城乡二元分割社会结构的长期影响,造成户籍制度、土地制度、社会保障制度等多种因素阻碍城镇化进程。面临诸多制约因素,各地政府也在不断探索破除制度障碍的路径,并取得了一定的经验。

（一）户籍制度障碍及改革经验

1. 户籍制度障碍

户籍制度是一项国家基本行政制度，在保障公民就业、教育、社会福利等权益方面发挥着重要作用。学界普遍认为户籍制度是影响城镇化进程的核心制度。之前我国的户籍属性包括农业户口和非农业户口两种，这种世袭制的城乡二元户籍制度造成了严重的社会不公平现象，限制了人口流动，阻碍了农村社会经济的发展。

第一，城乡隔离的二元户籍制度惯性依然存在。随着户籍制度的改革，我国已建立了城乡一体化的户口登记系统，一定程度上消除了二元户籍制度带来的不利影响。作为以地级市和县级城镇为核心的城镇化（李强，2019），就地就近城镇化在一定程度上缓解了传统户籍制度引发的多种问题，但这种缓和只是在县域范围内。在地级市范围内，城乡隔离的二元户籍制度仍然影响着人口有序流动。如河南部分城市的就业岗位仅面向本市市区户籍的人口公开招聘，这就在一定程度上制约了乡村地区的人口就业，不利于社会公平。同时，许多城市的优质中小学也只招收本地生源，对非本市户籍学生采取严格的禁入制度。这就导致城乡之间的社会财富分配严重不平衡，农村人口难以享受和城市人口同等的社会福利政策，且在一般情况下，城市更容易成为投资者的首选，进而造成城乡差距越来越大。此外，长期以来制度上的城乡分化对国民意识造成了根深蒂固的影响，城市户口优于农村户口的等级观念使城市人和农民之间的社会融合难以真正实现。

第二，户籍制度改革滞后降低了农村人口落户城镇的意愿。进入21世纪以来，政府已经意识到二元户籍制度对城镇化发展的掣肘，因此不断加快改革步伐，出台了一系列相关的政策措施。2019年，中共河南省委、河南省人民政府印发的《建立更加有效的区域协调发展新机制实施方案》提出，促进城乡区域要素自由流动，推动郑州市放宽落户条件，其他城市全面取消落户限制。截至目前，允许农民进行户口迁移的都是一些中小城镇，如南阳、新乡、漯河等城市已实施"零门槛"准入政策，取消在城区、城镇落户的"稳定住所、稳定就业"基本迁入条件限制。但由于自身经济体量小、基础设施建设不完善、公共服务不到位、就业创业环境不理想等原因，这些中小城镇对周边农民吸引力不强。郑州市2018年户籍新政出台以后，放宽了农业转移人口落户条件。但具体来看,仍有一些硬性指标要求,比如"在城镇就业居住5年以上的农村转移人员""举家在城镇就业居住"等,而学历落户、购房入户和投资落户等政策,对广大的农业户籍人口仍显不公。此外,户籍制度改革没有真正落实到位,一些法律、法规修改滞后于户籍管理制度改革,如土地承包法等,导致农村土地承包、集体资产分红等仍是制约人口迁移的主要因素。从实际情况看,农民落户城镇的意愿并不强烈。

第三,现行的户籍制度不利于实现社会福利均等化。当前的户籍改革虽然取消或放宽了农民进城落户的限制,但总体来看,改革还缺乏系统性,城乡二元户籍管理制度根本性质没有改变。户籍制度改革没有从根本上消除不公平待遇,政府通过户籍制度来保护本地公民的资源分配,但外来务工人员基本上很难获得相应的社会保障、子女教育等公共服务权利。虽然2016年《河南省居住证实施办法》全面实施,承诺维护城镇居住生活的流动人口教育、就业、医疗卫生、办理出入境证件、申领驾驶证、办理生育服务等6项基本公共服务和9项便利,但是在具体的运行过程中,流动人口在享受同城居民待遇,特别是子女就近入学等问题上还存在困难。长期如此,就会引起外来人口的不满,给社会带来不稳定因素。

2. 改革经验

党的十八大、十八届三中全会及2013年中央城镇化工作会议都对户籍制度改革提出了明确要求,2014年国务院印发了《关于进一步推进户籍制度改革的意见》,实施"全面放开,有效放开,合理确定,有效控制"的落户政策,帮助有能力在城镇稳定就业和生活的农业转移人口有序实现市民化,以促进城乡一体化发展。在此大背景下,各地纷纷对户籍制度的相关方面做出政策性调整,以助推城镇化进程。

在落户条件方面,天津市将居住年限作为积分落户中的关键指标,并将夫妻和子女投靠落户条件降至结婚3年或本人居住满5年。广东省广州市则为合同制消防员和保洁员等城市公共服务特殊岗位人员单列落户指标。深圳市从人才、学历方面对落户政策做出了调整,大专学历、中专+中级职称、紧缺工种高级工等均符合落户标准。东莞市则取消积分落户制度,允许持有居住证、参加城镇社保分别满5年的外来人口及其配偶、子女落户。落户政策的放宽降低了城市的进入门槛,为城乡一体化发展和就地就近城镇化创造了有利条件。

山东省威海市坚持按照"进得来""住得下""留得住""融得进"的就地就近城镇化发展目标,不断实践,突破各项限制农业转移人口市民化的政策体制,大力促进这部分人口市民化。具体而言,一是鼓励农村就业人口来威海就业和生活。通过制定《威海市居民户口迁移管理暂行办法》,对本地农村居民户口迁移到重点区域小城镇等实行"零门槛",进一步放宽县城和中心城区的落户门槛,让本市更多农村居民及外地高层次人才自愿有序地进入城市生活。二是深化农村"三项改革",提高农民城镇安家落户能力。把农民对集体资产的所有权、土地承包经营权、宅基地用益物权等权利用法律文书或权证固定下来,有效消除农民进城的后顾之忧。

在服务管理方面,江苏省推行居住证一证通用的制度,降低了行政负担和农民的转移成本。四川省成都市设立了100多个公安一站式落户服务办证点,便于外来人口的落户证件办理。此外,山东省通过信息网络系统实现了省内户口迁移业务的网上办理,为户口迁移提供了极大的便利。

相关取消城乡二元户籍制度的政策在一定程度上缓解了城市居民和农村居民之间待遇不同的问题,但由于二元户籍制度的长期影响,相匹配的社会制度并未及时改进,且公民意识等非正式制度对农民群体的歧视依然存在。

(二)土地制度障碍及改革经验

1. 土地制度障碍

土地是农村经济发展的重要驱动力,在一定程度上决定了农村的生产关系,影响着农民生产的积极性,对农村与城市经济结构的调整也起到至关重要的作用。我国实行土地的社会主义公有制,即全民所有制和劳动群众集体所有制。在具体实践中,这种制度容易导致农民在征地过程中少有话语权,难以真正从土地流转中获得增值收益。近几年,通过收益分配改革,一定程度上实现了国家、集体、农民三者利益的兼顾,但相关分配机制仍在一定程度上缺乏科学性和合理性。两税改革后,部分地方政府为促进GDP增长,多以提高土地出让金来增加财政收入,这就导致了房价高涨,而农民在就近转移时无力在城镇购房,无法安家落户,使就地就近城镇化面临困局。归纳来看,土地制度障碍主要体现在两个方面。

第一,土地流转制度障碍。理论上,就地就近城镇化的推进,有助于促进农村土地的流转。然而,我国目前土地流转制度还不完善、农民土地权益保护的法律意识比较淡薄、农村市场化程度较低等问题仍然存在,导致土地流转过程中农民利益受到损害的案例时有发生。同时,农村土地闲置也是困扰地方政府的重要问题,随着就地就近城镇化步伐的不断加快,农民对土地的依赖性逐渐降低。大多数农村青壮年选择外出打工,到城市寻找较高薪酬的工作,而从事农业生产的多是留守的老人和妇女,使得耕地撂荒等土地闲置问题日益突出。

第二,土地征收制度障碍。土地征收与农民的切身利益直接相关,一直都受到政府和农民的密切关注。现阶段,我国土地征用方面的法律法规还不完善,没有统一的标准。一方面,征收土地由地方政府主导,同用地企业共同商讨决定,往往没有真正向农民征求意见,加之农民对征地的相关政策、征地程序和补偿程序缺乏了解,导致农民的权益得不到有效保障。另一方面,一些地方政府部门在征地时给农民的征地补偿很低,却以高价出让土地,征地货币补偿标准与失地农民之间的心理预期差距较大。而在征地补偿资金支付过程中,部门截留资金、挪作他用、克扣资金等现象时有发生,从而损害了农民利益。

2. 改革经验

广东省佛山市南海区把集体土地转变为国有建设用地来参与土地流转,引入市场机制以实际拍卖的价格入股开发项目,获得收益分成。在土地征地补偿方面,采取货币形式、土地入股等非货币形式,将多种补偿方式相结合。在土地收益分配方面,进行股权固化改革,以户为单位对集体经济成员进行身份确权,依据年龄决定股份多少并参与分红。为了规范土地交易,南海区建立了集体土地的交易流转中心,统一对流转土地进行审核和定价,提升土地流转透明度。这种股份制的土地制度明确了农民的土地权利,保障了农民的利益,很好地解决了就地就近城镇化过程中的土地流转问题。

2012年安徽省芜湖市发布了《芜湖市农民集体所有建设用地使用权流转试点方案》与《芜湖市农民集体所有建设用地使用权流转管理办法》,明确土地流转标准,严格控制非农业建设用地。土地收益分配方面,在权衡相关参与者投资份额的基础上,以固定比例进行收益分配,并依据实际情况及时调整。这些措施提高了流转土地的利用率,保护了农业耕地,但从整体来看,个体农民的参与度不够造成利益诉求难以得到满足,且土地价格及收益分配多由政府决定,市场机制发挥的作用较小。

2011年浙江省嘉兴市以城乡统一发展为核心,进行了"两换两分"的土地改革。"两换"主要是指以土地承包权换取股份或进行租赁,进而实现生产方式的转换;以宅基地置换城镇或新农村社区内房产,进而实现生活方式的转换。"两分"是指将承包地和宅基地加以区分界定,将农村土地流转与农民搬迁相区分,以避免管理上的重叠和混乱。同时在实施过程中,切实尊重农民意愿,以相应的政策制度来保障农民的参与权和话语权。这种改革措施很好地解决了就地就近城镇化过程中农民的安置问题,降低了农民对土地的依赖度,使农村的生产及生活方式发生了一定的转变。

黑龙江省大庆赛车小镇的建设过程中,面对用地问题,地方政府根据实际情况,深化地企融合,创新供地用地模式,将2.5平方千米的油田矿区废弃建设用地用于建设产业项目,提高土地利用率。这种因地制宜地创新用地模式的做法,不仅解决了土地资源稀缺问题,还在保护耕地的基础上实现了土地资源的优化配置。

河南省许昌市鄢陵县陈化店镇东明义村通过宅基地换房模式较好地完成了农村新型社区建设,推动就地城镇化进程。在政府的主导下对村民760余亩的住房占地进行科学评估,再由开发商全额予以拆迁补偿,同时进行新型社区建设,整村搬迁后节省的10%土地由开发商用于旅游开发,其余进行复耕(宣超、陈甬军,2014)。这种由政府主导、市场参与的土地开发模式很好地实现了土地资源的集约、整合、再利用,有利于提高土地利用率,促进就地就近城镇化的高质量发展。

(三)社会保障制度障碍及改革经验

1. 社会保障制度障碍

我国就地就近城镇化过程中城乡社保制度的障碍是由宏观层面的战略体制以及居民自身的参保意识等多方面因素造成的(张明斗,2017)。当前各省市区在社会保障政策的制定上会依据自身情况,出现全国范围内标准不一、待遇不同的现象。社保制度的碎片化使各地市之间难以衔接,农民工在跨地区调动时,社保政策和制度的不统一使其难以享受可靠稳定的社会保障,不利于城乡统筹发展。同时,农村劳动人口的社保项目不够健全,社会保险的覆盖率也比较低。此外,外来人口的大量进入必然会摊薄城镇现有人口的公共福利,触动部分群体的既得利益,引发部分现有城镇人口的抵触心理,不利于人口转移(范毅、魏邵,2013)。

还应当看到,城乡之间的社会保障不平衡问题依然存在。一方面,城乡社保制度的差异较大,表现在覆盖比例、参保水平,以及缴费方式等各个方面,一定程度上阻碍了城乡统筹发展的进程。而就社会保障的本质而言,农村居民比城镇居民更需要各方面的保障权益。另一方面,城镇务工人员社会保障项目不健全、覆盖面窄。尤其是现行的社保制度,规定这部分人员可以纳入城镇社会保障制度的前提是签订劳动合同,但是基于他们本身工作流动性较大的事实,还有自我雇佣者占有很大比例这一原因,这部分务工人员往往被目前的社会保障制度排除在外。

2. 改革经验

面对社会保障制度不均衡现象,我国各地政府部门依据当地进城务工人员的特点,因地制宜地制定了适合地方的社会保障政策和公共服务政策,形成了各具特色的社会保障实践模式。例如,以广东省、河南省、陕西省、甘肃省等为代表的"城保模式",将流动人口纳入既有的城镇职工社保体系中,实行统一社会保障制度,实现城乡一体化。但这种模式只针对城镇流动人口,具有一定的局限性,同时由于成本较高,难以调动用人单位及农民工参保的积极性。以浙江省、广东省深圳市、北京市等为代表的"双低模式"将外来从业人口所能承受的保费降低在其经济范围之内,保障水平也随之下降,这在一定程度上有利于与城镇社保的接轨,减轻外来从业人员与用人单位负担,但对于部分参保人口来讲却限制了其社会保障待遇的提高。以上海市、成都市为代表的城市则针对流动人口制定了"综保模式",商业保险公司承担了整个社保体系的运作,与城镇职工社保体系泾渭分明,且将农民工的各项保险(养老保险、医疗保险、失业保险)捆绑在一起由用人单位全额缴纳,但这种模式存在保险项目不够全面、与城镇社保衔接困难等问题。此外,山西省将城镇流动人口纳入流出地农村社会保障体系中,形成了独具特色的"农保模式"。这种模式减轻了城镇地区的社保压力,便于规范管理,但由于人口流动在外,也存在一定的管理障碍。

(四)就业制度障碍及改革经验

1. 就业制度障碍

我国劳动法虽然赋予了公民平等的就业权利,但城乡二元结构引发的就业问题由来已久。由于受生活环境及教育资源的影响,就地就近城镇化过程中的部分农村人口自身职业技能和素质水平较低,且社会关系网薄弱,不具备良好的择业竞争力,难以进入环境、福利、待遇优越的首要市场,而就业和教育培训制度的不完善又使农村人口难以提高就业水平。受二元劳动市场的限制,农民工的合法劳动权益难以保障(刘汉涛,2017)。在这种社会大环境下,部分地区的就业政策依然为农民设下了门槛,使《中华人民共和国劳动法》赋予农民与城镇人口平等的就业权利难以得到保障。同时多数企业在用工时,面对农民会采取有别于城镇人口的规章制度,在福利待遇方面也会加以区分,如不签署就业合同、不缴纳社会保险等现象。此外,农民工技能培训政策在执行起来比较困难,各相关机构的财政责任和行政责任没有明确,出现相互推诿的现象(纪韶、李小亮,2019)。

2. 改革经验

广西壮族自治区南宁市为帮助农民就业创业,同时更好地服务企业用工,每年都开展"春风行动"招聘会。"春风行动"期间,各县区政府及人社部门会组织培训学校在招聘会现场进行技能演示,并提供职业技能培训和创业培训等服务,同时建立就近就业人员的档案信息,形成有效的沟通和反馈机制,确保农村劳动力的合法权益不受侵犯。这种方式在企业与劳动力之间搭建了有效的对接平台,有效地保障了双方利益,一定程度上解决了就地就近城镇化过程中的就业歧视问题。

甘肃省玉门市通过开展技能培训来提升农村劳动力的综合素质和转移就业能力,进而解决农民就业问题,增加农民收入。为了提高培训质量,当地政府将公办培训机构和民办培训机构统筹起来,增强师资力量,同时提升培训规模。为了促进就地就近城镇化,培训的工种多以手工业制作、美容美发、餐饮等为主,使农民能够实现居家创业。此外,当地建立的双向对接机制实现了技能培训与农户需求、媒体、相关部门、用工市场以及富民产业的多方位对接,全方位地为农民就地就近就业创造条件(孙跃贤,2018)。

山东省威海市推进城镇基本公共服务均等化,加大对进城农村居民就业的支持。大力实施农民技能培训工程,积极探索城乡居民社会保障整合办法,确保农村居民进城后生活条件不降低,长期发展无阻碍。建立了城乡统一的居民基本养老保险制度和基本医疗保险制度,并在教育、文化等方面也给予更多支持,促进农民工加快融入城市生活。

湖北省鄂州市不断加大对农村社会保障体系的支出,为失地农民提供专项财政支持,促进社会保障,解决农民由于失去土地而产生的一系列问题;大力开展劳动技能培训活动,提高农民技能,着力解决农村劳动力在就业过程中由于技能缺失而丧失就业机会的问题;建立完善的制度保障体系,统一城乡劳动力市场,建立城乡劳动者平等就业制度。此外,建立健全相关规章制度,保障就地就近城镇化顺利实施。鄂州市在推进就地就近城镇化进程中,坚持一切严格依法办事、依规办事,同时不断制定和完善各种相关制度,把各项工作纳入规范化、制度化、法治化的轨道,有法可依,有据可循,为就地就近城镇化保驾护航。

(五)改革经验的启示启迪

1. 坚持以政府调控为主导

就地就近城镇化存在自上而下和自下而上两种模式。在自上而下城镇化模式中,政府起着重要的作用。政府通过制定一系列发展规划、发展战略及引导城市建设投资等手段推动地区经济发展。在自下而上城镇化模式中,市场力量起主导作用,由市场来调节农村经济活动,它是一种自发式的城镇化模式。其中,政府在就地就近城镇化进程中扮演着重要角色,尤其在一些市场无法发挥作用的领域,政府的调控作用不可替代。就地就近城镇化建设中必须以政府调控为主导,建立健全就地就近城镇化中的规划建设、基础设施建设、产业布局、公共服务、社会保障等调控及引导机制,促使和动员农民群众广泛参与,形成政府主导、以群众为主体的就地就近城镇化发展局面。

2. 坚持以完善制度为根本

就地就近城镇化发展要着重解决与农民切身利益相关的问题,让农民能够享受与城市居民同等的社会保障和公共服务,帮助他们改善居住环境,并加强教育和文化熏陶,让农民逐渐成为真正的市民。户籍制度、土地制度的改革一定程度上保护了农民的利益,但在具体实际操作中仍存在问题。因此,要着力抓落实,保障农民合法权益不受损害,消除农村转移人口就地就近城镇化的思想顾虑。

3. 坚持以法律保障为后盾

健全完善的法律法规,是保障就地就近城镇化顺利实施的必要条件。建立良好的外部法律环境,创造安居乐业的社会秩序和切实有效的社会保障体系。一方面要完善就地就近城镇化进程中户籍制度改革、土地制度改革、住房制度改革、财税制度改革以及社会保障制度改革配套的法律法规,把推进就地城镇化的各项工作纳入规范化、制度化、法治化的轨道,做到有法可依、有据可循。另一方面,加快推进农民土地权益保护立法进程,切实维护和尊重农民根本利益。

四、促进河南农村人口就地就近转移的制度供给与政策引导

经济因素和制度因素是决定城镇化发展的关键因素,而制度又在一定程度上影响着经济的发展,故而制度障碍是城镇化发展的最大障碍。我国现有的制度缺陷严重阻碍了就地就近城镇化的进程,要加快城镇化步伐,走中国特色的城镇化道路,制度创新是根本途径。在就地就近城镇化的过程中,政府和民众是推动其进程的两大主体。政府作为制定和实施公共决策的机构,提供公共产品和公共服务是其基本职能。因此,政府有责任依据形势变化及时进行制度创新,提高就地就近城镇化的效率。作为城镇化进程中的重要参与者,农民是制度最直接的作用对象,有资格参与到制度创新的过程中去,他们也是制度创新的经验之源。因此,在就地就近城镇化制度供给创新的过程中,尊重农民意愿是基本前提和重要保障。

(一) 宏观政策

宏观政策属于正式制度的范畴。正式制度是由国家或企业等正式组织制定和推行的一套明确的行为准则,如法律、政策、契约等,其最终目的是实现组织的共同目标,且有专门的强制机构保障其实施的有效性,是国家管理和社会发展的主要制度依据。

就地就近城镇化的宏观政策制定应紧紧围绕城镇规划和区域发展两个方面。城镇规划涉及城市的定位、发展方向、规模、基础设施建设等多项内容,科学合理的城镇规划能够使土地及空间等资源得到合理利用,是城镇建设和城镇管理的重要依据,也是就地就近城镇化高质量发展的重要保障。因此,在城镇规划政策的制定上,要依据各地实际情况和相关法律,在尊重农民意愿的基础上,以科学的发展观和现代化技术,促进就地就近城镇化高质量发展。现阶段,同全国情形一样,河南省城乡发展不平衡问题仍然十分突出。基于此,区

域发展战略可以使落后地区在政府的宏观调控下享受一定的政策福利,为经济发展创造良好的环境,为落后乡村地区的就地就近城镇化创造有利条件。

(二)微观制度

户籍、土地、就业以及社会保障方面的问题是就地就近城镇化过程中面临的关键问题。土地制度的改革和创新是推进就地就近城镇化的重要前提,而户籍制度的改革和创新则是尊重农民意愿的就地就近城镇化制度改革和创新中的核心,是其他制度改革和创新的基础。就业制度的改革和创新决定着就地就近城镇化的质量和效率,社会保障制度的改革和创新则为就地就近城镇化消除后顾之忧。因此,微观制度的改革和创新将围绕这四个关键制度展开。

1. 户籍制度的改革和创新

户籍制度作为一种基础性制度,对其他社会管理制度有着极大的影响(龚维斌,2018)。户籍制度的改革和创新可以通过两种路径来实现。第一种是自上而下的裂变式改革,直接取消户籍制度以及与之相关的制度内容。第二种是包容渐进式的改革。在推进城乡一体化发展的政策背景下,逐渐放松户口迁移条件,同时逐步实现城乡居民在社会保障、教育等方面的均等化,使二元户籍制度的影响逐渐淡化消除。基于我国人口众多、幅员辽阔的客观现实,包容渐进式的改革方式适合当下国情。

(1)明确户籍制度的公共服务功能。户籍制度确立的最初目的是掌握人口情况和证明公民身份,信息服务功能是其核心功能。随着利益分配的介入,户籍制度管理的目标也发生了变化,部分公民会以瞒报或变更事实来获取更多利益。因此,户籍制度的改革和创新要首先明确其公共服务的职能,在户籍管理中确保登记信息的真实性和有效性。

(2)立法保障户籍制度改革的有效性。依法治国作为我党领导人民治理国家的基本方略,是国家长治久安的重要保障。户籍制度引发的社会矛盾由来已久,改革和创新过程中势必会涉及部分群体及阶层的利益进而引发新的社会矛盾。此时,法律就成为制度改革和创新的依据和保障,这种力量更有助于实现城乡居民的身份平等。户籍制度的相关立法有利于保护公民的迁徙权和居住权,同时能有效制止带有户籍歧视的行政条例和规则出台,也有利于户籍管理的法治化。

(3)废止依附户籍制度的不合理法规政策。长期以来,我国公民的社会福利和社会待遇都与户籍身份相挂钩,一些法规政策也是在二元户籍制度上建立起来的。久而久之,公众对农村户口形成了刻板印象,户籍歧视这种意识根深蒂固。因此,户籍制度改革的关键是将依附在户籍制度上的不合理法规政策一律废止,相关制度安排要公正合理、一视同仁,赋予农业户口和城镇户口同样的机会和待遇,加快破旧立新进程。

2. 土地制度的改革和创新

随着就地就近城镇化水平的不断提高,大量农民脱离农业农村实现了就业非农化,但其收入构成中的绝大部分仍是以土地为主的财产性收入。为此,要想真正实现城镇化就必须通过土地制度改革和创新降低他们对土地的依赖。

(1) 加快完善土地登记制度。土地登记是明确土地产权主体的重要途径。因此建立并统一土地登记制度的相关政策,明确执行部门和管理范围,规范登记程序和内容标准,确保登记后的法律效力,将有力缓解就地就近城镇化过程中土地所有权模糊、管理不规范、部门职能交叉等现象,同时也有利于合理配置土地资源,提高城镇化效率。

(2) 健全土地征收制度。就地就近城镇化过程中的土地问题大多是在征地过程中暴露出来的。因此,在土地征收过程中政府要明确职责,明确征地范围和标准,规范征地程序,通过政策或法规来加强监管力度,保证征地过程的透明和公正。此外,更要建立完善的征地审批及审查制度,避免出现滥用职权和不合理占用农地的现象。在征地补偿方面,应全面考虑农民的失地成本和搬迁成本,结合市场变动因素,将多种补偿方式相结合,最大程度地维护失地农民的合法权益,并及时处理好安置问题。

(3) 建立完备的土地流转体系。土地流转的关键在于确保农民对土地拥有充分的使用权。在土地流转制度规范过程中,首先要从法律法规层面赋予农民完整的土地承包经营权,同时确保流转程序、流转合同以及土地纠纷处理等都有法可依,同时也要结合各地实际情况允许地方政府自行创新流转模式。其次,农民作为土地流转过程中重要的利益相关者,整个流转过程要建立在尊重农民意愿的基础上,确保农民拥有充分的发言权和参与权。再次,培育土地流转市场,建立土地评估体系,以专业化的信息平台促进土地流转高效有序进行。最后,创造有利的外部环境促进土地流转。完善农村社会保障体系,同时以政策红利降低农民对土地的依赖程度,帮助失地农民解决生活收入问题。

(4) 健全土地收益分配制度。国家、农民、集体以及企业是土地收益分配中的主体,在确定收益分配比例时,失地农民作为"弱势群体",其利益应被充分保护。政府作为服务者,不能以获取收益作为目的,而参与的企业会在后期开发中获得土地的增值收益。因此,土地收益分配比例的确定要充分考虑各方利益诉求,依据相关法律法规,尽可能地实现公平合理。

3. 社会保障制度的改革和创新

社会保障包含了经济保障、服务保障和精神保障等多个方面,而社会保障制度是国家和社会通过经济或非经济手段来帮助社会成员抵御社会风险的一种干预性制度。社会保障制度的改革和创新为就地就近城镇化进程中其他制度的改革创新提供了有力保障。

(1) 深化户籍制度改革,构建统一的社会保障制度。二元化的户籍制度是城乡社会保障出现差异性的根本原因,因此社保制度的改革应建立在户籍制度改革的基础之上,只有将社保制度及政策与户口性质脱钩,才能真正实现身份平等、权益平等。而构建全国统一的社会保障制度需要做好顶层设计,明确制度目标,规范收入分配秩序,完善收入分配调控机制,统一社保调转规则,由上而下,循序渐进地推进。

(2) 完善农村社会保障项目,扩大社保覆盖面。养老保险、医疗保险、生育保险等作为社会保障项目的重要内容,关乎着农村人口的基本生活保障问题,各地政府及相关机构一定要依据相关制度要求严格执行,同时自查社保制度执行中的不足并及时调整,促进农村社会保障项目的不断完善。同时要通过政府、网络等的宣传,提高农村居民的参保意识,并强化社保信息网络系统建设,实现与村民的对接,提高其参保积极性。

(3) 加强立法并强化政府责任,推进社保制度的集成改革,完善的法律法规和有效的监管机制是贯彻实施社会保障制度的两大前提,是进行社保制度改革的重要保障。政府作为改革的主体,在社会保障体系建立过程中要拥有高度使命感,充分发挥自身的主导作用,根据地方的经济发展水平,从养老、就业、医疗、基础设施等方面多形式多层次地推进社保制度集成改革(郭廓,2018)。

4. 就业制度的改革和创新

就业制度有增加就业机会、调整优化就业结构、改善劳动力供给质量等多种功能,科学合理的劳动就业制度有利于吸纳农村富余劳动力、化解城镇就业压力、提高就业质量和劳动者的整体素质。因此,就业制度的改革和创新将极大地促进就地就近城镇化。

(1)强化农民就业权益的法律保护。当前就地就近城镇化过程中农村劳动人口转移已趋向平稳,此时就业制度的改革应在政府主导下结合市场需求,向降低农民流动就业的成本以及社会公平方面努力。政府应加强就业市场的法治建设,同时做好信息传递、就业平台搭建、技能培训等公共就业服务,让农村劳动力在流动就业中的合法权益得到有效保障。

(2)加大就业供给侧结构性改革力度。现代服务业是农民在就地就近城镇化过程中实现就业的主要行业。因此,从就业岗位的供给侧入手,以政策红利为支撑,鼓励电商、运输、物流等就业容量大、就业方式灵活的产业快速发展,有利于农民通过创业或就业安定下来,逐步实现市民化。

(3)完善转移劳动力就业培训体系。提升农村劳动人口的就业竞争力是实现其就业稳定的重要举措。首先,政府应完善培训法律法规,明确相关部门的职责和义务,以法律约束规范培训事业发展。其次,根据市场需求,充分了解劳动力市场信息,加大宣传力度,以短期、长期培训相结合,就近、联动培训相结合的方式,实现就业培训在时间上延展和空间上扩大。再次,培训开展要因地制宜,立足各地实际情况与农民自身需求和意愿,多层次多形式地开展就业培训。最后,加强监管,确保培训工作的高质量进行。

五、本章小结

农村人口就地就近转移过程中面临的困境和问题大多是由制度因素引发的。近年来,各地政府也在不断探索如何破除或改革不利于新型城镇化发展的关键制度,并取得了一批阶段性成果以及可资借鉴的地方经验。①在户籍制度改革方面,主要是创新城镇落户办法、为市民化找"钱"找"地"、解决随迁子女教育问题。②在土地制度改革方面,主要是深化农村产权制度改革,健全土地征地补偿与土地收益分配制度,规范土地交易流程与定价,提升土地流转透明度,切实保障农民合法权益。③在社会保障制度改革方面,主要经验是因地制宜地推行"城保模式""双低模式""综保模式""农保模式"等。④在就业制度改革方面,主要经验有:统一城乡劳动力市场,建立劳动者平等就业制度;形成的信息沟通和反馈机制,提高劳动力市场供求的匹配度;提供职业技能培和创业培训服务,增强转移人口的就业能力。

上述改革经验表明,在推动农村人口就地就近转移过程中,应当坚持以政府调控为主导,坚持以完善制度为根本,坚持以法律保障为后盾。据此,促进河南农村人口就地就近转移的制度供给与政策引导建议是:在户籍制度方面,明确户籍制度的公共服务功能,立法保护户籍制度改革的有效性,废止依附户籍制度的不合理法规政策;在土地制度方面,加快完善土地登记制度,健全土地征收制度,同时建立完备的土地流转体系与土地收益分配制度;在社会保障方面,逐步构建统一的社会保障制度,扩大农村社会保障项目的覆盖面,并推进城乡社保制度的集成改革;在就业制度方面,强化农民就业权益的法律保护,加大就业供给侧结构性改革力度,完善转移劳动力就业培训体系。

参 考 文 献

[1] Burgess E W. Residential segregation in American cities [J]. The Annals of the American Academy of Political and Sosial Science, 1928 (01):105-115.

[2] Cohen B. Urbanization in developing countries: Current trends, future projection, and key challenges for sustainability[J]. Technology in Society, 2006(01):63-80.

[3] Davis J C, Henderson J V. Evidence on the political economy of the urbanization process[J]. Journal of Urban Economics, 2003(01):98-125.

[4] Everett L. A theory of migration[J]. Demography, 1966(01):47-57.

[5] Friedmann J. China's urban transition[M]. London: University of Minnesota Press, 2005.

[6] Harris C D. The market as a factor in the localization of industry in the United States [J]. Annals of the association of Amercican geographers, 1954(40):315-348.

[7] Harvey D. The urbanization of capital [M]. Oxford: Blackwell, 1985.

[8] Henderson J V. Cities and development[J]. Journal of Regional Science, 2010(01):515-540.

[9] Hillman B. The causes and consequences of rapid urbanisation in an ethnically divers region: Case study of a county town in Yunnan[J]. China Perspectives, 2013(03):25-32.

[10] Kale V S, Joshi V U. Urbanization, human mobility and environmental conflicts in Mumbai and Chennai Metropolitan Regions, India[J]. SECOA FP7 Research Project, 2012(01):129-160.

[11] Kang S, Spiller M, Jang K, et al. Spatiotemporal analysis of macroscopic patterns of urbanization and traffic safety: Case study in Sacramento County, California[J]. Transportation research record, 2012 (01):45-51.

[12] Michaels G, Rauch F, Redding S J. Urbanization and structural transformation[J]. The Quarterly Journal of Economics, 2012(02):535-586.

[13] Shaftoe H. Convivial urban spaces, creating effective public spaces [M]. London:Earthscan, 2008.

[14] Shahbaz M, Lean H H. Does financial development increase energy consumption? The role of industrialization and urbanization in Tunisia [J].Energy Policy, 2012, 40:473-479.

[15] Shen J. Scale, state and the city: Urban transformation in post-reform China [J].Habitat International, 2007, 31(3-4):303-316.

[16] 蔡昉,林毅夫,张晓山,等.改革开放40年与中国经济发展[J].经济学动态,2018(08):4-17.

[17] 蔡继明,王栋,程世勇.政府主导型与农民自主型城市化模式比较[J].经济学动态,2012(05):58-65.

[18] 蔡继明.乡村振兴战略应与新型城镇化同步推进[J].学术前沿,2018(05):76-79.

[19] 蔡秀玲,陈贵珍.乡村振兴与城镇化进程中城乡要素双向配置[J].社会科学研究,2018(06):51-58.

[20] 曹飞.城乡土地利用视角下的新型城镇化:制度桎梏与协同模式[J].经济体制改革,2019(02):27-32.

[21] 曹前满.高质量就业的支撑条件与现实困惑:技术依赖与劳动排斥[J].经济学家,2021(04):41-51.

[22] 曹宗平.县城应成为西部地区城镇化的重点[J].经济学家,2010(01):98-99.

[23] 曾繁荣,王志锴,方玉.新型城镇化建设进程中融资研究综述[J].商业经济研究,2019(03):150-154.

[24] 曾鹏,向丽.农业转移人口就近城镇化意愿的地区差异[J].人口与经济,2017(04):89-97.

[25] 曾小春,钟世和.我国新型城镇化建设资金供需矛盾及解决对策[J].管理学刊,2017(02):26-39.

[26] 曾智洪.中国新型城镇化包容性制度创新体系研究[J].城市发展研

究,2017(05):1-7.

[27] 车蕾,杜海峰.就地就近城镇化进程中"农转非"居民的收入获得——基于陕西汉中的经验研究[J].当代经济科学,2018(05):36-46.

[28] 陈多长,游亚.地方政府土地财政行为对城镇化模式选择的影响[J].经济体制改革,2016(01):20-27.

[29] 陈多长.非政府主导的就地城镇化模式及其政策启示——山东青州南张楼城镇化案例分析[J].社会科学家,2018(06):42-48.

[30] 陈明星,黄莘绒,黄耿志,等.新型城镇化与非正规就业:规模、格局及社会融合[J].地理科学进展,2021(01):50-60.

[31] 陈鹏.城镇化的转向与乡村振兴的机遇[J].深圳社会科学,2019(02):87-96.

[32] 陈爽.信阳市郝堂村旅游发展对劳动力回流影响的调查与研究[D].信阳:信阳师范学院,2019.

[33] 陈卫华,吕萍.新型城镇化目标下农村住房隐形市场规制:堵抑或疏[J].现代经济探讨,2017(10):96-103.

[34] 陈艳,张立.基于"年龄"视角的农村留守人口与外出人口的城镇化意愿研究[J].城乡规划,2018(01):59-68.

[35] 陈轶,刘涛,李子豪,等.大城市边缘区居村农民就地城镇化意愿影响因素——以南京江北新区为例[J].地域研究与开发,2018(06):70-75.

[36] 陈映.我国宏观区域经济发展战略的历史演变[J].求索,2004(09):15-18.

[37] 陈振华,郁秀峰.就近就地城镇化:西南少数民族地区城镇化模式研究——以云南省红河州为例[C]//中国城市规划学会,东莞市人民政府.持续发展 理性规划——2017中国城市规划年会论文集.北京:中国建筑工业出版社,2017.

[38] 丛海彬,邹德玲,刘程军.新型城镇化背景下产城融合的时空格局分析——来自中国285个地级市的实际考察[J].经济地理,2017(07):46-55.

[39] 崔国富.地方高校对城镇化的助推效能与实现对策[J].国家教育行政学院学报,2014(08):32-35.

[40] 崔曙平,赵青宇.苏南就地城镇化模式的启示与思考[J].城市发展研究,2013(10):47-51.

[41] 单卓然,黄亚平.新型城镇化概念内涵、目标内容、规划策略及认知误区解析[J].城市规划学刊,2013(02):16-22.

[42] 邓文,乔梦茹.社会支持体系对失地农民再就业的影响分析[J].江汉论坛,2017(09):44-49.

[43] 董文胜,张佳星.科学发展破茧化蝶书传奇 "三化"协调古寨旧貌换新颜[N].新乡日报,2013-01-04(002).

[44] 杜巍,车蕾.新型城镇化背景下农民工居住意愿与购房能力现状分析[J].当代经济管理,2019(08):34-43.

[45] 段炳德.适应产业结构变迁趋势实现有就业的城镇化[J].发展研究,2017(08):26-29.

[46] 樊纲.两种改革成本与两种改革路径[J].经济研究,1993(01):3-15.

[47] 费孝通.论中国小城镇的发展[J].中国农村经济,1996(03):3-5,10.

[48] 冯奎.城镇化是乡村振兴的重要推手[N].经济日报,2018-08-21.

[49] 冯奎.推进实施就业优先的城镇化政策[J].中国发展观察,2021(01):10-12.

[50] 高珮义.世界城市化的一般规律与中国的城市化[J].中国社会科学,1990(05):127-139.

[51] 耿虹,李彦群,高鹏,等.基于微小产居单元特征的乡村就地城镇化探索[J].规划师,2018(07):86-93.

[52] 龚金星,王汉超.郑州新郑:就地城镇化经验模式[J].农村.农业.农民(B版),2015(04):13-14.

[53] 龚维斌.从历史维度看乡村振兴过程中的户籍制度改革[J].国家行政学院学报,2018(03):19-25,152-153.

[54] 辜胜阻,成德宁.户籍制度改革与人口城镇化[J].经济经纬,1998(01):49-53.

[55] 辜胜阻,成德宁.农村城镇化的战略意义与政策选择[J].中国人口科学,1999(03):32-37.

[56] 辜胜阻,高梅,李睿.就业是城镇化及社会稳定的基石——以新疆为视角[J].中央社会主义学院学报,2014(06):82-86.

[57] 辜胜阻,李洪斌,曹誉波.新型城镇化改革的原则与路径——十八届三中全会的城镇化新政[J].江海学刊,2014(01):79-85.

[58] 辜胜阻,李正友.中国自下而上城镇化的制度分析[J].中国社会科学,1998(02):60-70.

[59] 辜胜阻,刘传江等.中国自下而上的城镇化发展研究[J].中国人口科学,1998(36):1-10.

[60] 辜胜阻,易善策,李华.中国特色城镇化道路研究[J].中国人口·资源与环境,2009(01):47-52.

[61] 辜胜阻.坚持走新型城镇化道路,要突出以人为本[N].中国经济时报,2014-03-04.

[62] 辜胜阻.中国城镇化的发展特点及其战略思路[J].经济地理,1991(03):22-27.

[63] 顾东东,杜海峰,王琦.就地就近城镇化背景下农民工市民化的成本测算与发现——基于河南省三个县市的比较[J].管理评论,2018(03):240-247.

[64] 顾益康,黄祖辉,徐加.对乡镇企业——小城镇道路的历史评判——兼论中国农村城市化道路问题[J].农业经济问题,1989(03):13-18.

[65] 桂华.论土地开发模式与"人的城镇化"——兼评征地制度改革问题[J].2019(01):155-161.

[66] 郭丹,谭莹.农产品价格波动及其随机性因素影响研究[J].价格理论与实践,2020(03):67-70,177.

[67] 郭廓.德国社会保障制度改革对中国城镇化进程中失地农民社会保障体系完善的启示[J].世界农业,2018(05):79-83.

[68] 钱纳里,鲁宾逊,赛尔奎因.工业化和经济增长的比较研究[M].上海:上海三联书店,1989.

[69] 韩俊.乡村振兴与城镇化不是非此即彼的关系[J].环境经济,2018(05):32-33.

[70] 韩占兵.农业劳动力流出最优点、农民荒与粮食安全[J].华南农业大学学报(社会科学版),2014(02):32-40.

[71] 郝直,卢新生."城乡隔离"及其终结——兼论中国城市化的道路[J].人文杂志,1990(02):62-65.

[72] 何涛.促进新型城镇化发展的财税政策问题研究[J].农业经济,2016(11):91-93.

[73] 何志强.南张楼村:德式乡村试验[J].中国土地,2008(08):19-21.

[74] 侯新烁.户籍门槛是否阻碍了城市化?——基于空间异质效应模型的分析[J].人口与发展,2018(03):24-34.

[75] 胡宝荣,李强.城乡结合部与就地城镇化:推进模式和治理机制——基于北京高碑店村的分析[J].人文杂志,2014(10):105-114.

[76] 胡必亮.农业剩余劳动力的地域转移与中国的城市化道路选择[J].农村经济与社会,1992(02):49-58.

[77] 胡恒钊.中国农村就地城镇化的三维向度:战略意义、意愿分析与路径选择[J].云南民族大学学报(哲学社会科学版),2019(06):56-60.

[78] 胡继亮,李栋,李邱帆.非农就业、农民工进城落户意愿与城镇化区位选择——基于微观调查数据[J].农林经济管理学报,2019(05):598-606.

[79] 胡雅茹.灵活就业不能让权益"灵活"[N].人民法院报,2021-04-22.

[80] 胡银根,廖成泉,刘彦随.新型城镇化背景下农村就地城镇化的实践与思考——基于湖北省襄阳市4个典型村的调查[J].华中农业大学学报(社会科学版),2014(06):98-103.

[81] 黄璜,杨贵庆,菲利普·米塞尔维茨,等."后乡村城镇化"与乡村振兴——当代德国乡村规划探索及对中国的启示[J].城市规划,2017(11):111-119.

[82] 黄庆华,周志波,陈丽华.新型城镇化发展模式研究:基于国际比较[J].宏观经济研究,2016(12):59-66.

[83] 黄文秀,杨卫忠,钱方明.农户"就地城镇化"选择的影响因素研究——以嘉兴市海盐县为例[J].浙江社会科学,2015(01):86-92,79,159.

[84] 黄耀冬.城镇化进程中的社会保障制度改革问题研究[J].社会保障研究,2017(02):90-94.

[85] 纪韶,李小亮.改革开放以来农村劳动力流动就业制度、政策演进和创新[J].经济与管理研究,2019(01):64-74.

[86] 江维国.新型城镇化中失地农民社会保障问题研究[D].长沙:湖南农业大学,2017.

[87] 姜德华."保险＋期货"在我国农产品价格风险管理中的应用——基于陕西富县苹果试点的案例分析[J].价格理论与实践,2020(08):120-123.

[88] 蒋和平.改革开放四十年来我国农业农村现代化发展与未来发展思路[J].农业经济问题,2018(08):51-59.

[89] 焦晓云.新型城镇化进程中农村就地城镇化的困境、重点与对策探析——"城市病"治理的另一种思路[J].城市发展研究,2015(01):108-115.

[90] 金良浚.新型城镇化背景下产城一体化发展探究[J].中国国情国力,2013(11):40-42.

[91] 黎鹏.崇左县城镇体系的地域空间结构特点及其优化[J].广西师范学院学报(自然科学版),2003(S1):106-110.

[92] 李秉仁.我国城镇化道路问题的讨论[J].城市规划,1983(02):27-28.

[93] 李超,覃成林.要素禀赋、资源环境约束与中国现代产业空间分布[J].南开经济研究,2011(04):123-136.

[94] 李发戈.小城镇建设与农业转移人口就近就地城镇化——以成都市为例[J].山东行政学院学报,2017(03):100-105.

[95] 李军,吕庆海.中部地区城乡一体化路径探析:就地城镇化[J].贵州社会科学,2018(08):121-127.

[96] 李军红.新型城镇化背景下农业转移劳动力住房制度设计研究[J].经济研究参考,2018(69):47-50.

[97] 李俊鹏,王利伟,谭纵波.基于居民城镇化意愿的中部地区县域城乡空间重构研究——以河南禹州市为例[J].小城镇建设,2017(05):13-19.

[98] 李克强.协调推进城镇化是实现现代化的重大战略选择[J].行政管理改革,2012(11):4-10.

[99] 李培.社会主义新农村建设的模式探究——以"城乡等值化试验"为例[J].财经问题研究,2007(05):83-88.

[100] 李强,陈宇琳,刘精明.中国城镇化"推进模式"研究[J].中国社会科

学,2012(07):82-100,204-205.

[101] 李强,陈振华,张莹.就近城镇化与就地城镇化[J].广东社会科学,2015(01):186-199.

[102] 李强,陈振华,张莹.就近城镇化模式研究[J].广东社会科学,2017(04):179-190,256.

[103] 李强,张莹,陈振华.就地城镇化模式研究[J].江苏行政学院学报,2016(01):52-60.

[104] 李强.多元城镇化与中国发展:战略及推进模式研究[M].北京:社会科学文献出版社,2013.

[105] 李强.就近城镇化与就地城镇化——以城市群为主体的大中小城市协调发展的重要支撑[N].北京日报,2019-02-25.

[106] 李强.旅游城镇化发展模式与机制研究[D].长春:东北师范大学,2013.

[107] 李天德,陈志伟.新常态下地方政府投融资平台转型发展探析[J].中州学刊,2015(04):20-23.

[108] 李铁.城市精细化治理不能忽视的关键点[N].北京日报,2019-12-09.

[109] 李铁.关注逆城镇化现象 推动乡村振兴发展——学习习近平总书记关于城镇化与逆城镇化的讲话精神[J].人民论坛,2018(15):58-60.

[110] 李喜梅.传统农区农业劳动力过剩与短缺并存的困境及其出路[J].农业经济,2016(09):74-75.

[111] 李小静.新型城镇化视角下我国农村土地流转问题探析[J].改革与战略,2016(03):108-110.

[112] 李晓梅.新型城镇化进程中的农民工稳定就业影响因素研究[J].农村经济,2014(12):100-104.

[113] 李亦楠,邱红.新型城镇化过程中农村剩余劳动力转移就业研究[J].人口学刊,2014(06):75-80.

[114] 李云,陈宇,卓德雄.乡村居民的就地城镇化意愿差异特征——基于两省21村的调查[J].规划师,2017(06):132-138.

[115] 李增刚.以城乡等值化实现就地城镇化——山东青州南张楼村的

案例研究[J].理论学刊,2015(08):32-42.

[116] 李卓,停左.改革开放40年来中国农民工问题研究:回顾、反思与展望[J].云南社会科学,2018(06):16-21.

[117] 厉以宁.积极发展中等城市 促进城镇化健康发展[J].发展,2005(09):11.

[118] 厉以宁.中国应走农民"就地城镇化"道路[J].新农业,2013(22):30.

[119] 厉以宁.中国应走农民"就地城镇化"道路[N].光明日报,2013-10-15.

[120] 廖永伦.基于农村就地城镇化视角的小城镇发展研究[D].北京:清华大学,2016.

[121] 廖永伦.就地就近城镇化:新型城镇化的现实路径选择[J].贵州社会科学,2015(11):123-127.

[122] 林毅夫,蔡昉,李周.中国的奇迹:发展战略与经济改革[M].上海:上海人民出版社,2002.

[123] 林毅夫.深化农村体制改革,加速农村劳动力转移[J].中国行政管理,2003(11):20-22.

[124] 林志群.中国城镇化道路与"星火计划"[J].科学,1986(04):242-250.

[125] 刘斌,张兆刚,霍功.中国三农问题报告[M].北京:中国发展出版社,2004.

[126] 刘波,李娜,彭瑾.杨凌示范区就地城镇化的路径探索[J].西北农林科技大学学报(社会科学版),2015(01):42-47.

[127] 刘成友,刘婵.南张楼"混血"乡村的未完答卷[N].人民日报,2013-08-06.

[128] 刘迟,杨帅,罗婷.新型城镇化社会治理中的社会保障服务体系构建[J].东北师大学报(哲学社会科学版),2017(02):178-182.

[129] 刘岱宁.传统农区人口流动与城镇化模式研究——以河南为例[D].开封:河南大学,2014.

[130] 刘汉涛.城镇化进程中的农民工就业与制度变迁[J].人民论坛·学术前沿,2017(15):94-97.

[131] 刘洪贵.走出农区创新路就近就地城镇化——山东省禹城市以"两区同建"推进新型城镇化的探索与实践[J].城市化杂志,2017(01).

[132] 刘吉双,张旭,韩越.粮食适度规模经营与土地流转合理价格测算——基于新型农业经营主体视域的分析[J].价格理论与实践,2020(07):62-65.

[133] 刘景华.英国就地城镇化呈现阶段性特征[N].中国社会科学报,2015-07-06.

[134] 刘俊喆,何大明.对河南农村劳动力向小城镇转移趋势的调查研究[J].河南科学,1986(Z1):176-182.

[135] 刘明娟.新型城镇化背景下农村土地流转问题研究——以安徽省为例[J].淮海工学院学报(人文社会科学版),2019(09):113-116.

[136] 刘森.新型城镇化及新乡市的实践[J].经济研究参考,2013(22):65-67.

[137] 刘文勇,杨光.以城乡互动推进就地就近城镇化发展分析[J].经济理论与经济管理,2013(08):17-23.

[138] 刘彦随,杨忍.中国县域城镇化的空间特征与形成机理[J].地理学报,2012(08):1011-1020.

[139] 刘永健,耿弘,孙文华.SCP分析范式下农地城镇化的制度绩效——以产权弱化及制度变迁的理论视角[J].农村经济,2018(06):17-23.

[140] 卢红,杨永春,王宏光,等.农业与服务业协同推动的"就地城镇化"模式:甘肃省敦煌市案例[J].地域研究与开发,2014(05):160-164,170.

[141] 卢小君.社会质量视角下农业转移人口就近城镇化研究[J].山东行政学院学报,2022(02):42-51.

[142] 陆大道,陈明星.关于"国家新型城镇化规划(2014—2020)"编制大背景的几点认识[J].地理学报,2015(02):179-185.

[143] 麻学锋,刘玉林,谭佳欣.旅游驱动的乡村振兴实践及发展路径——以张家界市武陵源区为例[J].地理科学,2020(12):2019-2026.

[144] 马德功,尚洁,曾梦竹,等.成都新型城镇化进程中的农民工就业问题研究[J].经济体制改革,2015(01):100-105.

[145] 马光川,林聚任.新型城镇化背景下合村并组的困境与未来[J].学

习与探索,2013(10):23-27.

[146] 马海韵,李梦楠.人口就地就近城镇化:理论述评与实践进路[J].江海学刊,2018(06):105-111.

[147] 马杰三.当代中国的乡镇企业[M].北京:当代中国出版社,1991.

[148] 马丽,潘颖.中国新型城镇化与乡村振兴融合发展的路径及对策研究[J].湖北农业科学,2021(16):209-213.

[149] 马庆斌.就地城镇化值得研究与推广[J].宏观经济管理,2011(11):25-26.

[150] 马侠,王维志.中国城镇人口迁移与城镇化研究——中国74城镇人口迁移调查[J].人口研究,1988(02):1-7.

[151] 马玉勤.新型城镇化背景下农村宅基地制度改革研究[J].现代化农业,2019(03):62-64.

[152] 毛安然.乡村振兴背景下农业劳动体面化的必要性与可行性[J].兰州学刊,2019(06):195-208.

[153] 梅星星,高亚文,侯建辉.河南省特色小镇建设现状分析与细节把握[J].安徽农业科学,2018,46(33):189-192.

[154] 孟春,高伟.世界城镇化的发展趋势与我国城镇化的健康推进[J].区域经济评论,2013(04):94-98.

[155] 莫旋,唐成千,阳玉香.城镇化进程中流动人口就业影响因素与就业选择——分层异质视角下多元选择模型的实证分析[J].商业研究,2019(07):36-41.

[156] 倪建伟.就地城镇化的新近进展、现实困境与破解策略——山东省德州市新型城镇化第三次专题调研报告[J].农业经济问题,2017(06):64-69.

[157] 聂建波.世界自然遗产地武陵源景区内建筑、居民拆迁研究[D].长沙:湖南师范大学,2009.

[158] 农村劳动力流动课题组.中国农村劳动力流动的回顾与展望[N].广州日报,2000-09-27.

[159] 潘海生,曹小锋.就地城镇化:一条新型城镇化道路——浙江小城镇建设的调查[J].政策瞭望,2010(09):29-32.

[160] 庞新军,冉光和.传统城镇化与就地城镇化对农民收入的影响研

究:基于时变分析的视角[J].中国软科学,2017(09):91-98.

[161] 彭斌,芦杨.乡村振兴战略下就地城镇化发展路径析论[J].理论导刊,2019(12):85-89.

[162] 彭荣胜,卢俊阳.人的现代化视域下我国城镇化高质量发展问题研究[J].信阳师范学院学报(哲学社会科学版),2021(06):31-38.

[163] 彭荣胜.传统农区就地就近城镇化的农民意愿与路径选择研究[J].学习与实践,2016(04):59-67.

[164] 彭荣胜.基于主体功能区建设的传统农区农村人口就地就近转移研究[J].学习与实践,2012(11):47-54.

[165] 彭荣胜.农村劳动力转移对欠发达地区城镇化的影响[J].学术交流,2011(10):169-172.

[166] 彭荣胜.区域经济协调发展的内涵、机制与评价研究[M].北京:经济科学出版社,2012.

[167] 齐骥.依托乡土文化实现"就地城镇化"的"荻浦样本"——浙江桐庐县荻浦村的调查与思考[J].中国发展观察,2014(01):12-14.

[168] 齐嘉楠.空间、规模与结构:城镇化背景下农业流动人口居留意愿变动研究[J].人口与社会,2018(05):29-39.

[169] 祁新华,方忠明,陈谊娜.中国就地城镇化海盐样本的理论与实证[M].北京:科学出版社,2018.

[170] 祁新华,朱宇,周燕萍.乡村劳动力迁移的"双拉力"模型及其就地城镇化效应——基于中国东南沿海三个地区的实证研究[J].地理科学,2012(01):25-30.

[171] 乔金亮.农业比较效益低是退租弃耕症结所在[N].经济日报,2019-08-09.

[172] 乔小勇."人的城镇化"与"物的城镇化"的变迁过程:1978—2011年[J].改革,2014(04):88-99.

[173] 秦磊,张守伟.新型城镇化背景下的农民工就业问题探讨[J].内蒙古农业大学学报(社会科学版),2014(6):150-153.

[174] 秦震.论中国政府主导型城镇化模式[J].华南师范大学学报(社会科学版),2013(03):24-29,161.

[175] 曲玥.区域发展差异与劳动密集型产业转移[J].西部论坛,2015

(01):42-50.

[176] 任远,施闻.农村劳动力外出就业视角下的城镇化发展趋势[J].同济大学学报(社会科学版),2015(02):48-56.

[177] 山东社会科学院省情研究中心课题组,王波.就地城镇化的特色实践与深化路径研究——以山东省为例[J].东岳论丛,2014(08):130-135.

[178] 石洪萍.促灵活就业需有更灵活制度[N].无锡日报,2021-04-05.

[179] 司春燕.新型城镇化中扩大消费需求的财税政策研究[J].商业经济研究,2016(04):39-41.

[180] 司洁萌.新型城镇化建设呼唤财税体制改革[J].人民论坛,2018(17):86-87.

[181] 宋玠,冯淼.西北地区"镇级市"就地城镇化发展路径探索[J].规划师,2018(01):92-97.

[182] 宋天颖,旷薇,周晓颖."就近就地城镇化"模式特征及价值认知——以山东省蓬莱市为例[C]//中国城市规划学会,杭州市人民政府.共享与品质——2018中国城市规划年会论文集.北京:中国建筑工业出版社,2018.

[183] 宋宜农.新型城镇化背景下我国农村土地流转问题研究[J].经济问题,2017(02):63-67.

[184] 苏红键.促进新型城镇化与乡村振兴联动实现城乡共荣[J].中国农村观察,2018(10):74-76.

[185] 苏小庆,王颂吉,白永秀.新型城镇化与乡村振兴联动:现实背景、理论逻辑与实现路径[J].天津社会科学,2020(03):96-102.

[186] 孙博,段文婷,许艳,等.职业分化视角下的农民城镇化意愿与影响因素研究——以胶东地区为例[J].城市发展研究,2019(05):10-15.

[187] 孙洁,朱喜钢,郭紫雨.由镇升区的就地城镇化效应思辨——以马鞍山市博望镇为例[J].现代城市研究,2018(06):106-112.

[188] 孙跃贤.建立双向对接机制促进就近就地就业[N].中国劳动保障报,2018-09-15.

[189] 唐方杰.对中国城市化问题的几点认识[J].武汉大学学报(社会科学版),1990(04):64-69.

[190] 唐丽萍,梁丽.适用与限度:我国就地城镇化研究[J].求实,2015

(07):63-69.

[191] 唐琼.四川省就地城镇化困境研究——基于南充市的调查[J].四川行政学院学报,2018(02):26-32.

[192] 田鹏.社会空间视域下就地城镇化的实践逻辑研究——兼论制度红利型就地城镇化[J].学习论坛,2019(11):81-87.

[193] 涂丽.城镇化与中国乡村振兴:基于乡村建设理论视角的实证分析[J].农业经济问题,2018,(11):78-90.

[194] 汪大海,张玉磊.从运动式治理到制度化治理:新型城镇化的治理模式选择[J].探索与争鸣,2013(11):47-50.

[195] 汪海波.我国现阶段城镇化的主要任务及其重大意义[J].经济学动态,2012(09):49-56.

[196] 王博雅,张车伟,蔡翼飞.特色小镇的定位与功能再认识——城乡融合发展的重要载体[J].北京师范大学学报(社会科学版),2020(01):140-147.

[197] 王帆.中国农村"就地城镇化"的影响因素及动力机制研究[J].中共南京市委党校学报,2015(04):37-40.

[198] 王国栋.中国中部和东部就地城市化的差异——基于中原城市群与海西城市群的比较研究[J].创新,2010(05):73-76.

[199] 王国新.杭州城市湿地变迁及其服务功能评价——以西湖和西溪为例[D].长沙:中南林业科技大学,2010.

[200] 王军,詹韵秋,王金哲.谁更担心在人工智能时代失业?——基于就业者和消费者双重视角的实证分析[J].中国软科学,2021(03):64-72.

[201] 王君,张于喆,张义博,等.人工智能等新技术进步影响就业的机理与对策[J].宏观经济研究,2017(10):169-181.

[202] 王俊帝,刘志强,刘俪胤,等.基于地理探测器的中国典型样带建成区绿地率空间分异的影响机理研究[J].生态经济,2020(10):104-111.

[203] 王丽英,张明东,刘后平.家庭生产要素配置对西部地区农户城镇化意愿的影响[J].西部论坛,2017(03):8-13.

[204] 王琦.城镇化中散工就业保障制度存在的缺失与完善[J].学术界,

2015(11):223-232.

[205] 王胜今.关于我国城市化道路、模式的若干思考[J].人口学刊,1988(02):3-8.

[206] 王天玉.新业态就业中的"单工伤保险"[N].中国社会科学报,2021-03-31.

[207] 王文杰,李维平.在三个"1500万"的背后——我国劳动就业方针初探[J].瞭望周刊,1988(07):22-24.

[208] 王新志,王亮.新型城镇化进程中农民的进城意愿与利益诉求研究——以齐河县为例[J].经济动态与评论,2016(02):24-47.

[209] 王燕青,李隆玲,武拉平.农民种粮是否有利可图?——基于粮食种植成本收益分析[J].农业经济与管理,2016(01):69-79.

[210] 王轶,王琦.新常态背景下特大城市失地农民的就业问题研究[J].当代财经,2016(05):3-11.

[211] 王毅平.从乡村工业发展看我国城市化的道路[J].社会,1989(04):4-7.

[212] 王永记.以人为核心,以产业为支撑,获嘉县科学有序推进新型城镇化建设[N].新乡日报,2014-09-01.

[213] 王勇,李姗姗.河南:23条政策助农民工就地、就近就业[J].中国经济周刊,2009(08):21-22.

[214] 王玉虎,张娟.乡村振兴战略下的县域城镇化发展再认识[J].城市发展研究,2018(05):1-6.

[215] 韦朕韬,赵仁康,任跃文.人口半城镇化对我国城乡收入差距影响研究[J].工业技术经济,2018(04):99-105.

[216] 翁计传,闫小培.中山市农村就地城市化特征和动力机制研究[J].世界地理研究,2011(02):76-83.

[217] 吴碧波,黄少安.乡村振兴战略背景下西部地区农村就地城镇化的模式选择[J].广西民族研究,2018(02):16-23.

[218] 吴碧波.中国农村就地城镇化模式选择研究[D].北京:中央财经大学,2016.

[219] 吴婧.失地农民的再就业困境及就业率提升的路径探索[J].江苏社会科学,2017(03):100-105.

[220] 吴翌琳,张心雨.城镇化背景下农民进城定居意愿及影响因素分析

[J].经济学家,2018(02):88-92.

[221] 向丽.农业转移人口就近城镇化意愿的代际差异分析——基于就业质量视角[J].改革与战略,2017(01):117-121.

[222] 萧冬连.农民的选择成就了中国改革——从历史视角看农村改革的全局意义[J].中共党史研究,2008(06):32-43.

[223] 谢呈阳,胡汉辉,周海波.新型城镇化背景下"产城融合"的内在机理与作用路径[J].财经研究,2016(01):72-82.

[224] 谢玲红."十四五"时期农村劳动力就业:形势展望、结构预测和对策思路[J].农业经济问题,2021(03):28-39.

[225] 熊爱华,魏玉婷.城镇化对就业的影响机制及促进就业的路径研究[J].山东社会科学,2019(12):73-77.

[226] 徐静珍,王富强.统筹城乡发展目标及其评价指标体系的建立原则[J].经济论坛,2004(15):91-92.

[227] 徐丽,张红丽.农户就地城镇化的影响因素及其福利影响——基于四省农户微观数据的实证分析[J].社会科学家,2016(06):72-77.

[228] 徐维祥,李露,刘程军.乡村振兴与新型城镇化的战略耦合—机理阐释及实现路径研究[J].浙江工业大学学报(社会科学版),2019(01):47-55.

[229] 徐兴田,苗莲英.发展乡镇企业的战略意义[J].社会科学辑刊,1984(06):65-68.

[230] 许怡,许辉."机器换人"的两种模式及其社会影响[J].文化纵横,2019(03):88-96.

[231] 宣超,陈甬军."后危机时代"农村就地城镇化模式分析——以河南省为例[J].经济问题探索,2014(01):122-126.

[232] 严瑞河.基于子女教育视角的北京郊区农民城镇化意愿分层[J].中国农业大学学报,2017(04):188-198.

[233] 言咏.不能让灵活就业者"裸奔"[N].经济观察报,2021-03-22.

[234] 晏群.关于"中心镇"的认识[J].小城镇建设,2008(07):33-34.

[235] 杨赛赛,潘建伟.城镇化对城乡收入差距影响研究:以河南省为例[J].商业经济研究,2018(18):186-189.

[236] 杨卫忠.农业转移人口就地城镇化的战略思考[J].农业经济问题,

2018(01):53-63.

[237] 杨云善.河南就近城镇化中的小城镇"空心化"风险及其化解[J].中州学刊,2017(01):76-80.

[238] 姚士谋,张平宇,余成,等.中国新型城镇化理论与实践问题[J].地理科学,2014(06):641-647.

[239] 叶骁军.控制与系统:城市系统控制新论[M].南京:东南大学出版社,2001.

[240] 殷志静,郁奇虹.中国户籍改革[M].北京:中国政法大学出版社,1996.

[241] 袁方成,杨灿.乡归何处:农民迁移的"差序格局"及其逻辑[J].清华社会学评论,2017(01):122-142.

[242] 远宝剑.从产业结构变化趋势看我国的城市化道路[J].管理世界,1990(04):202-203.

[243] 岳文海.中国新型城镇化发展研究[D].武汉:武汉大学,2013.

[244] 岳雪莲.民族地区人口城镇化与城镇就业增长协同态势分析[J].中南民族大学学报(人文社会科学版),2015(06):58-62.

[245] 张光辉.新型城镇化、户籍制度改革与农民工市民化研究[J].产经评论,2019(05):108-123.

[246] 张娟娟.推进以人为核心的新型城镇化路径探析——就地城镇化[J].河南农业,2017(15):52-54.

[247] 张明斗,王姿雯.新型城镇化中的城乡社保制度统筹发展研究[J].当代经济管理,2017(05):42-46.

[248] 张荣.河南省农村劳动力转移的现状、问题及对策[J].南阳师范学院学报,2016(11):39-43,60.

[249] 张荣天,李传武.中部地区农民城镇化意愿及其影响因素研究——以安徽典型县域为例[J].世界地理研究,2020(01):112-119.

[250] 张甜,朱宇,林李月.就地城镇化背景下回流农民工居住区位选择——以河南省永城市为例[J].经济地理,2017(04):84-91.

[251] 张喜才,张慧,陈秀兰.农产品价格波动演变轨迹、基本规律及其对策[J].商业经济研究,2021(03):123-126.

[252] 张燕.加快完善我国农业转移人口的社会保障制度[J].经济纵横,

2014(01):7-12.

[253] 张勇,包婷婷.城镇化进程中农民进城定居意愿影响因素的实证分析[J].干旱区资源与环境,2019(10):14-19.

[254] 张宗军.地方财政支持新型城镇化的资金需求预测与融资渠道转换[J].西北人口,2018(05):82-89.

[255] 赵晓旭.新型城镇化"人往哪里去":"就地城镇化"与"异地集聚发展"之争[J].中国名城,2015(07):33-36.

[256] 郑杭生,陆益龙.开放、改革与包容性发展——大转型大流动时期的城市流动人口管理[J].学海,2011(06):76-80.

[257] 郑兰先.新型城镇化进程中的社会保障问题研究[J].学习与实践,2016(09):101-106.

[258] 郑永兰,汤绮.新生代农民工就近城镇化意愿影响因素研究——基于江苏省的调查[J].山东科技大学学报(社会科学版),2019(01):79-85.

[259] 周斌.特色产业经济是城镇化发展的基石——闽浙三镇小城镇建设考察的启示[J].小城镇建设,2003(09):76-77.

[260] 周强.农业生产者体面劳动水平研究[M].长沙:中南大学出版社,2011.

[261] 周如昌.对我国乡村城镇化的一些看法[J].中国农村经济,1985(12):1-8.

[262] 周潇君,施国庆,黄健元.人口转变与城镇化发展背景下安徽省就业问题研究[J].华东经济管理.2016(10):37-43.

[263] 周雪光.西方社会学关于中国组织与制度变迁研究状况述评[J].社会学研究,1999(04):28-45.

[264] 周一星.城市地理学[M].上海:商务印书馆,1995.

[265] 周一星.城市发展战略要有阶段论观点[J].地理学报,1984(04):359-369.

[266] 朱炯翟.我国世界遗产的管理与保护[J].当代经济,2012(15):36-37.

[267] 朱林兴.关于小城镇的作用和城市化模式的思考——对"小城镇化"观点的商榷[J].财经研究,1989(02):39-43.

[268] 朱宇,祁新华,王国栋.就地城镇化:理论与实证[M].北京:科学出版社,2012.